|情报理论研究丛书|

国家安全情报与战略抗逆力

张家年 | 著

金城出版社
GOLD WALL PRESS
·北京·

图书在版编目（CIP）数据

国家安全情报与战略抗逆力 / 张家年著. -- 北京：金城出版社有限公司，2024.6
ISBN 978-7-5155-2565-5

Ⅰ. ①国… Ⅱ. ①张… Ⅲ. ①国家安全－关系－信息工作－研究 Ⅳ. ①D035.3②G25

中国国家版本馆CIP数据核字（2024）第013742号

国家安全情报与战略抗逆力
GUOJIA ANQUAN QINGBAO YU ZHANLUE KANGNILI

作　　者	张家年
责任编辑	蔡传聪　李晓凌
责任校对	王秋月
责任印制	李　滨
开　　本	710毫米 × 1000毫米　1/16
印　　张	16
字　　数	254千字
版　　次	2024年6月第1版
印　　次	2024年6月第1次印刷
印　　刷	北京科信印刷有限公司
书　　号	ISBN 978-7-5155-2565-5
定　　价	55.00元

出版发行	**金城出版社有限公司**　北京市朝阳区利泽东二路3号 邮编：100102
发 行 部	（010）84252396
编 辑 部	（010）61842989
总 编 室	（010）64228516
网　　址	http://www.baomi.org.cn
电子邮箱	jinchengchuban@163.com
法律顾问	北京植德律师事务所　（电话）18911105819

本书得到国家社科基金项目

“新时代科技安全情报理论构建与运作模式研究”

（编号：19BTQ089）的支持和资助

前 言

总体国家安全观重大命题提出之后,《国家安全法》《反间谍法》《反恐怖主义法》《网络安全法》等一系列事关我国国家安全的重要法律先后颁布,国家安全的内涵与外延得到进一步诠释、充实和拓展。国家安全保障是国家的安全与稳定、和平与发展的重要基石,其中,国家安全情报在国家安全保障中发挥着“耳目、尖兵和参谋”的重要作用。但是,国家安全情报并不足以解决国家安全保障中的所有问题,特别是非传统安全领域的问题和非常规性的突发事件。

随着时代的变迁和发展,影响和危害国家安全的突发事件频发,使得情报工作易处于被动和出现缺位现象,从而给国家安全保障带来严峻的挑战。正因为国家安全情报的局限性,难以覆盖国家安全所有领域,同时应急管理又以临时性、应激性处置为主,后知后觉,难以有效应对突发事件,因此,要保障国家安全,除了重视国家安全情报之外,还应重视另一国家安全保障力量——战略抗逆力在准备、应对、处置各类(包括潜在的)对国家安全产生威胁或危害的突发事件过程中所发挥的重要作用。另外一个问题是,国家安全情报与战略抗逆力同是保障国家安全的重要力量,在应急管理中,国家安全情报作为支撑性力量为突发事件处理提供决策支持和情报服务。但是,目前国家安全情报与战略抗逆力之间只是单向性的支持,或前者嵌入后者管理体系之中,二者之间没能在国家安全保障实践中形成真正的合力,即还未建立能发挥具有融合效应的长效机制。

本书从总体国家安全观视角出发，首先，围绕国家安全保障这一目标，以情报循环和战略抗逆力循环为基础，以信息链（流）、决策流、突发事件流、反馈流为纽带，结合国家安全情报与战略抗逆力之间存在的竞合关系和融合效应，规范地构建国家安全情报与战略抗逆力融合模型，并进一步建立保障和促进二者融合的运作机制。其次，围绕融合模型，以案例研究的方法，通过正反两个案例阐释二者融合的实践经验和教训，并就我国相关领域中国家安全情报与战略抗逆力融合提出相应策略或建议。最后，运用德尔菲法（Delphi）和模糊综合评判法（Fuzzy），先后确立国家安全情报与战略抗逆力融合绩效指标体系、权重体系和评价标准体系，从而为国家安全情报与战略抗逆力融合提供绩效评价工具，并且在实践中应用该绩效评价体系。本书研究内容包含以下五个部分。

第一，导论部分。主要介绍本书的研究背景、研究目的、研究意义、研究思路、研究方法、研究框架、研究创新点等内容；对国内外国家安全情报研究、战略抗逆力研究的现状进行了回顾与总结，分析研究当中存在的不足，并引出本书所关注或要解决的主题。

第二，国家安全情报与战略抗逆力融合的理论研究。首先，系统性地从情报概念、特征、结构、原理、实践与评价要素等方面阐述国家安全情报理论。在国家安全保障体系中，国家安全情报是被“激活”的知识，发挥着“耳目、尖兵和参谋”的作用，相当于国家安全保障之“矛”。其次，在已有多学科关于抗逆力研究基础上，借助 Bicomb（书目共现分析系统）和文本分析，进一步归纳、分析，凝练出普遍意义上的战略抗逆力理论架构。在国家安全保障体系中，战略抗逆力是被“激活”的能力，相当于国家安全保障之“盾”。再次，分析了突发事件应对模式和流程，在此基础上拓展至应急管理与情报、抗逆力之间的关系。最后，基于总体国家安全观理论，论证了国家安全情报与战略抗逆力同是国家安全保障中的基础性能力，并从资源配置优化角度，运用博弈方法论证了国家安全情报与战略抗逆力之间的竞合关系。

第三，国家安全情报与战略抗逆力融合模型的构建与案例分析。主要包含四个方面的主题内容。首先，从社会物理学、管理学等学科视角，探究二者间的各种融合效应，包括互补效应、共轭效应、共生效应和共振效应，这些融合效应也是二者融合之基础。其次，在已有的国家安全情报、战略抗逆力和应对突发事件等研究基础上，以及包含二者融合的理论基础、动力、原则、要素、流程等，从国家安全保障框架与功能层面构建国家安全情报与战略抗逆力融合模型。再次，从二者融合过程出发，就如何推动二者间的融合，进而实现整体的国家安全保障目标，进一步分析了国家安全情报与战略抗逆力融合的运作机制问题。主要包括共享与合作机制、预警与预防机制、协同与联动机制、激励与保障机制等。最后，以美国情报融合中心的建设与伊朗核电站遭病毒袭击这正反两个案例为代表，通过分析以佐证国家安全情报与战略抗逆力融合的重要性和必要性。从中得到相应启示：在新形势下，应当加强我国国家安全各领域中国家安全情报与战略抗逆力的融合建设，如反恐斗争、信息安全、智慧城市建设、国家战略的抗逆力等方面；并且指出促进二者的融合，是我国推动国家安全保障能力建设的应然和必然。

第四，国家安全情报与战略抗逆力融合绩效评价体系的开发。主要解决三个方面的问题。在国家安全保障实践中，从哪些方面来考察国家安全情报与战略抗逆力的融合效果——二者融合绩效指标包含哪些内容？如何衡量这些绩效指标在国家安全情报与战略抗逆力融合绩效中的重要程度？怎样判断二者融合的绩效水平达到相应的等级？这三个问题分别涉及国家安全情报与战略抗逆力融合绩效指标体系、权重体系和评价标准（参照）体系。本书在理论归纳研究和专家讨论的基础上，初步确定国家安全情报与战略抗逆力融合的指标体系框架。再通过两轮德尔菲法和模糊综合评判法来确立国家安全情报与战略抗逆力融合的绩效指标体系、权重体系，并根据每个指标项的具体量化特性或质性边界，确定相应的绩效评价依据和评价等级的划分，从而为国家安全情报与战略抗逆力的融合绩效提供相应的评估工具。书中假设以K市作为实践应用对象，后续反馈表明，评价结果基本上与K市的实际层面一致。

第五，总结部分。对本书研究内容进行了总结和梳理，并就研究中存在的不足进行了分析，也指出了未来研究的方向和路径。

目录

第一章
导　论

第二章 国家安全情报与战略抗逆力的基础理论

第三章 国家安全保障体系中两种基础性能力及相互关系

第四章
国家安全情报与战略抗逆力融合模型及运作机制

第五章

国家安全情报与战略抗逆力融合绩效

第六章

总结与展望

第一章
导　论

国家安全是一个国家赖以生存、稳定、发展、创新的基石、底线和基本条件。近年来，世界形势风起云涌，各种逆全球化、保护主义、单边主义、极端主义、民粹主义、恐怖主义以及天灾人祸等给人类经济社会发展带来了严重威胁，同样，也给我国国家安全、经济社会发展、改革开放大局带来了威胁和风险，导致国家安全形势错综复杂。当前，我国处于近代以来最好的发展时期，世界处于百年未有之大变局，两者同步交织、相互激荡。国家安全则是大变局的“定海神针”。

党的二十大报告指出，国家安全是民族复兴的根基，社会稳定是国家强盛的前提。必须坚定不移贯彻总体国家安全观，把维护国家安全贯穿党和国家工作各方面全过程，确保国家安全和社会稳定。

一、研究背景和研究意义

国家安全情报和战略抗逆力都是国家安全保障的重要力量。国家安全情报是事关国家安全的重要信息和知识，为国家安全决策、行动、评估等提供重要保障。战略抗逆力则是国家在面临灾难、危险、危机或突发事件时，其自身抵御、吸收并在困境中恢复和保持安全与稳定的一种能力。在当下经济社会发展极不稳定、极不平衡的情况下，对于二者及二者间关系的研究尤为重要。

（一）研究背景

1. 非传统国家安全问题更为突出

“这是最好的时代，这是最坏的时代”，狄更斯《双城记》的开篇名句放在当下也恰如其分。虽然和平与发展仍是当前世界发展的主旋律，但这并不意味着天下太平。

（1）在经济方面，贸易保护主义日盛，经济摩擦此起彼伏。

（2）在地缘政治与民族矛盾的冲突中，中东北非冲突不断，并导致了涌向欧洲的难民潮；美国虽一强独霸，但也呈战略收缩趋势；世界各地的地缘政治争端持续不断，冲击欧洲国家安全。

（3）国土安全形势日益严峻，如大规模杀伤性武器扩散、恐怖袭击事件频频发生，特别是“独狼”式恐怖袭击更是防不胜防（如 2015 年 11 月巴黎恐怖袭击事件）。

（4）在自然灾害和疾病防控方面，地震（如 2008 年我国“5 · 12”汶川大地震、2012 年日本“3 · 11”大地震等）、海啸（2004 年在东南亚由强震引起的海啸）、飓风（2005 年美国“卡特里娜”飓风）、大规模疫情暴发（非洲的埃博拉疫情、南美的寨卡病毒、SARS 疫情、COVID-19 疫情等）以及各类生态环境恶化等突发事件不间断地重创世界各地。

（5）在生产安全领域，企业生产、火灾、交通等安全生产事故也给社会生产带来严重的安全损失。

（6）在民粹主义与意识形态方面，2016 年英国公投意外脱欧与美国总统大选的结果，民粹主义、逆全球化浪潮、极端主义、恐怖主义恣意膨胀等给世界稳定、和平与发展带来了诸多不确定性。在英国智库经济与和平研究所（Institute for Economics and Peace, IEP）发布的《2015 年度全球恐怖主义指数》报告中，展示了西方国家遭受“独狼”式恐怖袭击事件频次和死亡情况

(2006—2014)，见图 1.1。值得警示的是，在该报告中，中国遭受恐怖主义危害的指数是 6.294，排名第 22 位，超过了美国（美国指数是 4.613，排名第 35 位），说明我国反恐形势非常严峻。图 1.2 是 2000—2014 年全球遭受恐怖主义袭击的损失统计，全球由于恐怖主义袭击的损失在 2013 年、2014 年有大幅度的上升。其中，2014 年的损失已经超出发生“9·11”恐怖袭击的 2001 年（据经济与和平研究所 2016 年统计）。

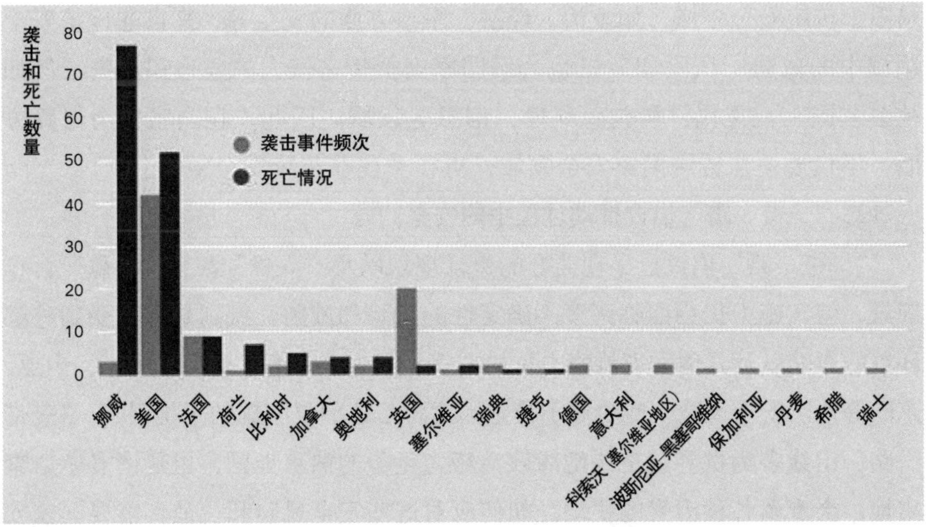

图1.1 2006—2014年西方国家遭受“独狼”式恐怖袭击事件频次和死亡情况统计柱形图

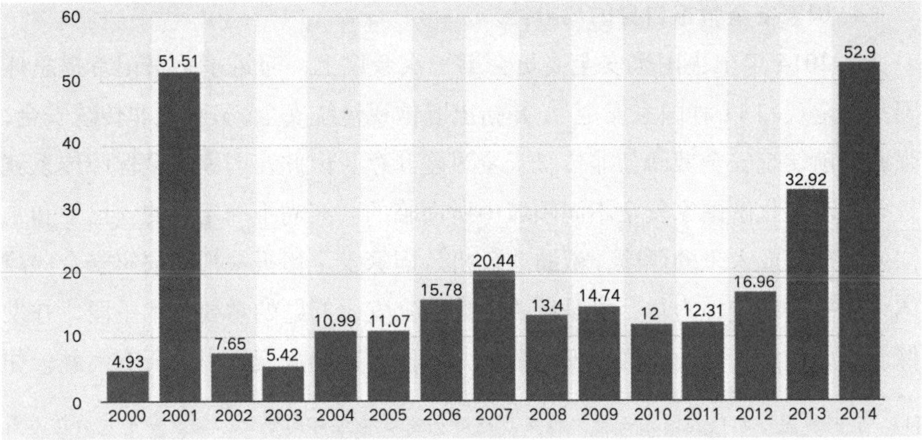

图1.2 2000—2014年全球遭受恐怖主义袭击的损失情况（单位：亿美元）

以上只是部分自然灾害与恐怖袭击的统计情况，限于篇幅，一些经济、财产损失不一一列出。

(7) 在科技发展领域，物联网技术、云技术、移动互联网技术、大数据技术等推动了信息社会的发展，但同时也增加了新的安全风险，如网络信息安全已经上升为各国国家安全战略关注的热点。总的来说，世界仍然很不安宁。

以上这些说明世界安全态势正在发生根本性的变化，国家安全领域不再局限于传统安全领域，如政治、经济、军事方面的安全等，来自非传统安全领域中的威胁、风险和危机也会给国家安全带来极大的危害和损失，例如社会、国土、文化、科技、环境、信息等领域。因此，在国家安全保障方面，不仅要关注传统国家安全领域，更要关注非传统安全领域。

2.“一带一路”倡议推动过程中的安全问题

“一带一路”倡议已呈现美好的愿景规划以及“双赢”甚至“多赢”合作前景，但实施中仍会面临诸多不确定性的风险和威胁，特别是容易受到外部环境的影响以及其他国家战略力量的干扰，同时，东海、南海、中东、中亚、东欧等地区安全风险、威胁等不稳定因素将是该倡议实施的干扰因素。“一带一路”沿线多为世界动荡或地缘政治势力竞争的热点地区，也是诸多矛盾聚集地，会遭到各种因素的扰动。如何应对这些安全风险和挑战，需要国家安全保障体系为“一带一路”倡议实施保驾护航。

3. 国家安全情报自身的局限性

在 2014 年中央国家安全委员会第一次会议上，习近平总书记首提总体国家安全观和 11 种国家安全[1]，并指出既重视传统安全，又重视非传统安全，强调当前传统安全威胁与非传统安全风险并存。因此，国家安全保障体系就是要防范和化解国家安全不同领域中所面临的、充满不确定性的、已知和未知的、现实或未来的危险、威胁或危机。国家安全情报被视为国家安全保障体系的重要基础性力量，也是解决上述国家安全问题的重要技术手段，并发挥着重要作用。然而，国家安全情报并不能覆盖国家安全中的所有问题，如

[1] 全书研究以此11种国家安全为框架。随着国家安全形势的变化，国家安全领域在不断扩展，如现在增加了太空安全、极地安全、数据安全等。

情报自身的不确定性以及选择性所产生的负面影响。换言之，国家安全保障体系不能仅依赖于国家安全情报，特别是如自然灾害、“独狼”式的恐怖袭击、2008 年爆发的金融危机等对国家安全和发展带来潜在的冲击和影响。对于此类“黑天鹅”式突发事件，国家安全情报工作很难准确地进行预测或预见。

4. 应急管理中突发事件应对的局限性

应急管理的对象是突发事件。我国主要依据《突发事件应对法》《安全生产法》《国家突发公共事件总体应急预案》等法规进行管控和处置，并向下形成相应垂直子部门或机构，以承担各省、市、自治区突发事件的应急管理。应急管理体系的建立为我国应急管理突发事件应对提供了较为完善的框架，对相关领域安全生产、社会安全等领域的安全保障发挥了积极作用。但是，从应急管理理念、文化、应对机制、体制等方面来看，该体系仍是一种被动性、暂时性、应对性的管理体系，缺乏积极性、主动性、抗逆性（resilient）的思维、理念、文化、机制。

5. 智慧城市发展中的安全问题

一个值得关注的社会发展趋势是智慧城市的建设与发展，在大数据技术、物联网技术、云计算技术、人工智能等支持下，智慧城市、智慧医疗、智慧教育、智慧交通等逐渐从概念成为现实。这些“智慧 +”系统及其底层设备和技术集成了社会赖以生存的关键服务和保障，如交通、医疗、通信、能源、金融、电力等，这些服务是由以信息通信技术为主干技术的关键基础设施与核心资源（critical infrastructure / key resources, CI/KR）的互联互通作为支撑。信息技术、网络技术、工业自动化等核心技术易被国外信息技术或产业巨头所把控。而互联互通、高度集成和相互依赖，使得这些“智慧 +”系统在应对潜在的局部性中断或攻击时又是脆弱的、不安全的，并可能使城市出现影响波及面很大的公共服务功能失灵。因此，如何保障关键基础设施与核心资源的安全，是智慧城市应急管理中的重要方面。虽然应急情报必不可少，但是仍不足以保障其安全运维。

（二）研究意义

国家安全保障体系一直是国家安全领域决策者和实践者所关心的主题，近几年也逐渐成为学术界的研究热点。虽然国家安全情报的角色、目标和能力在国家安全保障过程中被寄予厚望，但国家安全情报也时常力有不逮。而战略抗逆力逐渐由隐喻型研究转向本体式理论研究，且在实践层面可成为国家安全保障的另一重要屏障。基于此，本书以总体国家安全观的视角构建国家安全情报与战略抗逆力融合模型，以及二者融合绩效评价体系。这为国家安全保障体系研究探索了新的理论思路，也为国家安全保障决策及其实施提供了可行的策略与方向。

1. 理论意义

第一，在研究对象方面。现有国家安全保障体系研究多集中于国家安全情报体系，由于国家安全情报自身的局限性（不确定性与选择性），难以处置国家安全中的所有威胁、危险和危机，特别是类似“黑天鹅”的突发事件，更是防不胜防。而现有的突发事件处置、应急管理、危机管理的研究又多从微观、局部或具体的层面展开论述，且有被动、应急之嫌。在突发事件研究中，相关研究重视情报在应急决策、管理等方面如何发挥其支持作用，如情报可使突发事件的处置过程更加科学、及时、准确，从而降低可能的不利后果、巨大损失或负面影响。但鲜有从战略抗逆力的视角去研究自然灾难（地震、风灾、海啸、洪灾等）、疫病传播、安全生产事故、恐怖主义袭击、舆情发酵等突发事件所带来的非传统国家安全问题。而且在抗逆力研究成果中，研究者着眼于系统内部以解决安全能力不足的问题，但由于学科分野较大，各自关注焦点有差异，还未形成普适性的概念体系。本书引入“战略抗逆力”应对国家安全保障中的问题或由于情报失察（失败、失误）引发的突发事件，丰富和拓展了本领域的研究内涵与对象。

第二，在研究视角方面。总体国家安全观强调既要重视传统国家安全，也要重视非传统国家安全。说明总体国家安全观蕴含“普遍联系的、整体的、相互作用的，主要矛盾以及矛盾的主要方面”等辩证的哲学理念，创新地把新时代国家安全范畴从狭隘的国防安全、政治安全等传统国家安全范畴扩大至总体国家安全范围。本书就是从系统论、矛盾论的哲学视野来考察国家安全情报体系和战略抗逆力的相互关系、相互作用、相互影响，以及相互融合的必要性和重要性。侧重于从二者的关系、融合模型、融合路径等学术要素进行理论探索，在理论研究方面具有前瞻性。

第三，在理论贡献方面。首先，本书从情报学理论出发研究国家安全情报的优势和不足，从各个学科的抗逆力理论中归纳抗逆力理论普遍性的内涵、原则、过程和方法等理论要素，对国家安全情报理论和战略抗逆力理论进行归纳，并分析其优势和不足；其次，构建国家安全情报体系和战略抗逆力融合模型；最后，开发国家安全情报与战略抗逆力融合评价指标体系。本书形成了“国家安全—国家安全保障体系—国家安全情报与战略抗逆力（基础性能力）—国家安全情报与战略抗逆力的融合模型—二者融合绩效评价体系的构建”的理论构思（论证路径），完善和丰富了国家安全保障理论框架。

2. 现实意义

首先，国家安全情报与战略抗逆力都是国家安全保障体系中的重要组成部分。在实践中，二者分别属于不同的组织机构，有着不同的安全指导思想，运行着不同的管理系统。在保障国家安全过程中，二者之间还未协同、形成合力，而是处于“平行”的工作状态。因此，通过本书研究，相关成果能为我国国家安全保障实践中二者脱节问题的解决提供可行的思路。

其次，战略抗逆力与国家安全情报的融合模型与机制的构建，有助于国家安全保障能力的提升和优化。战略抗逆力多体现在国家应急管理中心（办公室）、突发事件处置机构的功能配置上，国家安全情报多由特定情报机构或部门承担。因此，各类国家安全情报需与相应的突发事件处置部门及时有效地分享，并融入战略抗逆力作用的相应阶段（计划、感知、准备、响应、吸收、恢复、适应、反思等），同时战略抗逆力相应阶段中的各类信息（情报）、反思后的经验、知识也能反哺于国家安全情报的工作流程（目标或任务的选择、信息的搜集和处理、信息的分析和解读、情报产品的形成与决策支持等）。

再次，本书中国家安全情报与战略抗逆力的融合模型与机制，虽然是针对国家安全保障层面所提出的，但对国家安全具体领域的实践也有指导性意义。例如在信息安全领域，尤其是针对网络安全层面，保障网络和核心数据资源的安全，仅通过网络安全情报预警与防范潜在入侵，几乎是不可能完成的任务。网络战略抗逆力则是通过完善与提升网络软硬件系统的安全保障能力，以抵御入侵。另外，该模型或机制对于其他主体的管理实践也有一定的普适性，如企业、集团、组织、社区、城市、地区等一些微观或中观层面的主体。

最后，国家安全情报与战略抗逆力融合绩效评价体系，将为国家安全保障能力评估提供有益的评价工具。借助该绩效评价体系，能判断某个地区或领域的国家安全保障能力所处的层次，以及发现二者融合过程中存在的具体问题，并提供反馈建议，便于完善和提高国家安全保障能力，因而具有一定的实践价值。

另外，本书的研究在国家安全相关决策过程中也能发挥建设性的作用，如制定国家关键基础设施和核心资源抗逆力战略规划，定期发布各种安全战略，目的是引发全民的关注和思考，提升各级各类主体（个体、团体、集体、组织、机构、政府等）的抗逆性意识、抗逆性思维、抗逆性文化等方面的水平，推动抗逆性实践水平的提高，具有积极的社会意义。

二、国内外研究综述

（一）国家安全情报研究综述

1. 信息链与国家安全情报的内涵和流程

（1）信息链与情报的内涵。梁战平曾指出：情报学中的核心问题是信息和情报，“信息链”由事实（fact）、数据（data）、信息（information）、知识（knowledge）、“情报”或“智能”（情报和智能是并列的，均为 intelligence）五个链环构成。马费成进一步分析了信息链中信息与情报的关系，并指出当前国家在反恐斗争、国家安全、环境污染、气候变化等方面制定重大决策，都需要学者和研究机构提供相应的 intelligence，即（战略性）情报。因此，知识与智能（或情报）的研究可定义为“intelligence studies”——如何将知识和信息转化为解决方案、情报、智能，并提供给各级领导……因此，information science（信息科学）中包含了 intelligence studies，并且从情报的知识、行动和组织三个维度做了阐述。沈固朝也认为应将 intelligence studies 纳入 information science 范畴之中。如图 1.3 所示。在我国，情报（intelligence）的功能定位是“耳目、尖兵和参谋”；国外学者，如弗里德曼（Friedman）与泽克豪瑟（Zeckhauser）则从决策视角提出“情报（功能）不仅是消除不确定性，而且要确定‘潜在的不确定性’”。关于情报的本质，我国著名科学家钱学森做过精辟的论断：情报是激活了的、活化了的知识……是利用资料提取出来的活东西，情报本质上是一种知识，而这种知识是源于信息的，“激活”的条件是解决问题的需求、目标与任务的驱使。在我国的两部法律《国家安全法》与《反恐怖主义法》中，“情报”术语均是以“情报信息”表述，说明了情报与信息的关系。综上，情报就是一种信息，是信息链的组成部分，是位于信息链的高端且具有高附加值的信息。情报不能游离于信息链之外，如果脱离了这根“链条”谈情报，便为“无根之萍”。因此，情报是本书研究国家安全情报理论的逻辑起点。

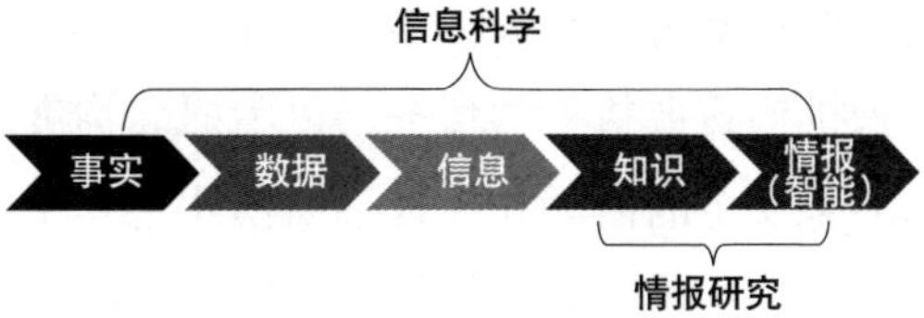

图1.3 信息链的结构

（2）国家安全情报。情报学研究领域非常广泛，如科技情报、专利情报、社会情报、应急情报、反恐情报、竞争情报等，其中竞争情报主要面向企业（组织）的生产和管理，以帮助他们提升价值、危机管理、应急管理及突发事件的处置水平等，这些情报一般涉及某领域或组织中单一情报的问题。如果把信息链中的“数据—信息—知识”视为树干，那么各领域中的情报就组成了“伞状”树冠，国家安全情报是这树冠的分支之一。类似概念还有战略情报、国家情报、国家竞争情报。

国家安全情报的相关概念较多，多出现在国际政治、军事安全研究成果中。谢尔曼·肯特认为，情报是知识……是保障国家安全和福祉所不可或缺的知识，既是在世界各地追求和平、推崇自由所必备的建设性知识，同时也是我们保护国家、坚持理想所必需的知识（成为美国干涉他国、侵略他国的主要借口）。舒尔斯基（Shulsky）也指出，情报是“与国家政府制定和实施政策相关的信息，以维护国家安全利益、处置现实中以及潜在的敌人威胁”。美国制定的《国家战略情报法案》认为，国家战略情报是指和国家安全领域相关的，涉及当前和长期的，全面性、综合性且具有洞察力的情报，是从国家宏观层面为制定和执行战略决策提供支持。同样，在美国《情报改革与恐怖主义防范法（2004年）》中，“国家情报”和“国家安全相关的情报”则是指所有情报，包括从国内或者国外搜集得到的信息：①情报不仅属于某个联邦政府部门，还应与总统发布的指示保持一致。②情报主要涉及的目标：(a) 对国家、人民、财产或利益产生威胁的；(b) 涉及大规模杀伤性武器的研发和扩散的；(c) 其他与国家安全或国土安全相关的事。“国家安全情报”(National Security Intelligence) 作为一个完整关键词，是被约翰逊（Johnson）首次提出：国家安全情报既可以是一种信息产品，也可以是一个过程，还可以是一组由国家秘密机构将要执行的任务。以上概念均有其特定的背景，有其局限性，特别在国家安全的内涵和外延不断演化进程中，国家安全情报的内涵不再只局限于外交、军事、政治等传统国家安全领域中的决策信息。

（3）“情报与安全信息学”与ACP[1]平行情报体系。2003年“情报与安全信息学”(intelligence and security informatics, ISI) 的概念框架首次被提出，IEEE学会与美国国家自然科学基金会从2005年开始连续召开IEEE International Conference on Intelligence and Security Informatics学术会议，发表

[1] 王飞跃指出，ACP是人工社会（Artificial societies）、计算实验（Computational experiments）和平行执行（Parallel execution）的有机组合。

了一系列研究成果[1]。王飞跃等认为，ISI 是解决情报与安全问题相关的信息学，核心内容是研究怎样利用并开发先进的数字化和网络化信息系统和智能算法，促成 ICT、组织结构和安全策略的集成，促进情报搜集和安全分析更加系统化和科学化，保障国际安全、国家安全、社会安全、商业安全和个人安全。ISI 是一个交叉学科（有待于进一步完善和发展），围绕国家安全领域中的问题，利用先进信息技术开发的安全情报系统对相关数据进行分析，获取安全情报以保障社会安全、国土安全、疾病预防、舆情事件等，获得很好的实际应用效果，值得进一步关注。

王飞跃等人还进一步提出 ACP 平行情报体系，认为情报是封装的智能，智能是开放的情报。所谓 ACP 平行情报体系，概括起来就是，“其核心理念在于虚与实互动、情报与智能合一的平行思想，两个关键支撑为 ACP（Artificial societies+Computational experiments+Parallel execution, 人工社会 + 计算实验 + 平行执行）理论和社会物理信息系统 CPSS（Cyber-Physical-Social Systems）基础设施，三个主题为智能组织或智能结构、智慧行动或智慧管理、社会智能或智能解析，四个集成为使人员、装备、信息、使命密切地融为一个整体，最终目标是使情报工作所面临的 UDC——不确定性（Uncertainty）、多样性（Diversity）和复杂性（Complexity），转化为完成特定任务和使命所生成情报之 AFC——灵捷（Agility）、聚焦（Focus）、收敛（Convergence）等品质和特性”。其融合理念非常鲜明，将信息技术、人工智能、人员、情报以及行动等要素融合，推动“特定任务和使命”的 AFC。这是本研究中战略抗逆力的理论支点之一。

（4）信息链与国家安全情报流程的关系。信息（情报）链的序列决定了情报活动的流程，即调查（survey）—信息（information）—情报（intelligence）—决策（decision）。美国国防部国防技术情报中心编纂的《联合情报》给出联合情报链组成（见图 1.4，左侧部分）[2]，如果把它竖立起来，

[1] 相关内容可访问其官方网站http://ieee-isi.org/。

[2] Defense Technical Information Center. JP 2-0, Joint Intelligence[DB/EL][2014-10-12]. www.dtic.mil/doctrine/new_pubs/jp2_0.pdf.

即为图 1.4 右侧部分，情报链便是一个漏斗状，而“搜集”“处理和开发”“分析和产品”如同过滤网或浓缩阶段，将海量数据、信息进行层层过滤或浓缩，到情报产品输出时，已经是体量最小、价值最大化了。另外，美国情报界（Intelligence Community, IC）一些组织也有各自的情报分析流程（见图 1.5 中的 A、B 和 C）[1]。经比较发现，这些情报工作流程与我国学者提出的信息（情报）链和情报分析流程基本上是一致的。

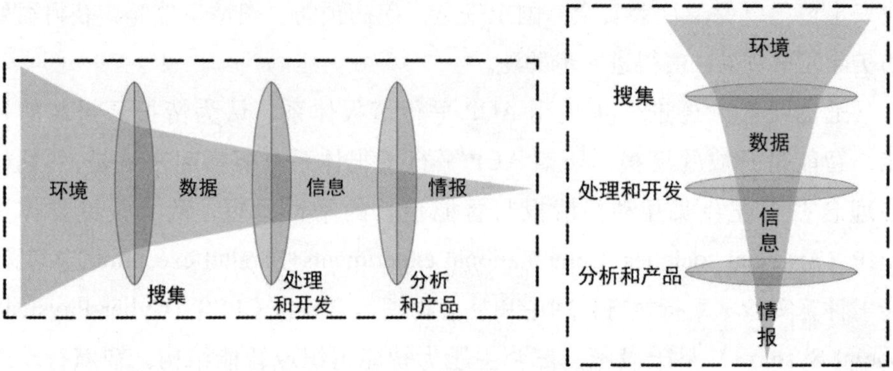

图1.4　美国国防部联合情报链示意图

A. 美国陆军情报分析流程　　B. 美国联邦调查局情报分析流程　　C. 美国国防部联合情报分析流程

图1.5　美国国家安全部门情报分析流程图

---

[1]　三幅示意图分别来自：Army U S. FM 34-3, Intelligence Analysis[M]. Washington, DC: Department of the Army, 1990: 2-1. Federal Bureau of Investigation. Intelligence Cycle[EB/OL][2014-12-26]. http://www.fbi.gov/about-us/intelligence/intelligence-cycle. Defense Technical Information Center. JP 2-0, Joint Intelligence[DB/EL][2014-10-12]. www.dtic.mil/doctrine/new_pubs/jp2_0.pdf。

2. 国家安全情报组织体系的研究

情报工作一般由固定的组织或机构执行，而情报组织根据国家安全态势在不断调整，以适应国家安全与发展的需要。

（1）美国国家安全情报组织体系。美国国家安全情报组织体系是随着国内外环境的变化而调整，虽然在具体功能和任务上有所不同，但总的战略目标是不变的——为其国家安全和维护世界霸权而服务。美国遭受“9·11”恐怖袭击事件之后，布什政府新设国土安全部负责国土安全和反恐。根据《情报改革与恐怖主义防范法》又增设国家情报总监（director of national intelligence, DNI）职位，主要负责和协调各情报机构的情报工作。安全情报的具体目标确定和任务执行，则是由相应各情报部门去实施。目前，美国安全情报组织是由17个隶属不同单位的情报部门组成的庞大情报集团，称之为情报界。随着安全范围的扩大，其国家安全情报范围也不断地延伸。如进入21世纪以来，美国非常重视网络安全，将信息和网络安全上升为国家安全战略。2010年5月成立网络司令部，主要任务是进行网络防御作战，并且对敌对国家和实施网络攻击的黑客进行打击。德国专家拉尔夫·拉格纳（Ralph Lagner）曾指出，2010年6月对伊朗纳坦兹核设施进行攻击的“震网”病毒开发者，可能隶属于美国国防部。Internet及其构成的虚拟场域已成为美国重要情报来源、情报作业场域、信息分析工具以及实施反情报工具等，如美国中情局购买Amazon公司的计算机云端系统，利用该系统的云技术分析、处理大数据以获得情报。

（2）我国国家安全与国家安全情报组织体系。①总体国家安全观。当前我国国家安全内涵与外延比历史上任何时候都要丰富，时空领域比历史上任何时候都要宽广，内外因素比历史上任何时候都要复杂，必须坚持总体国家安全观，以人民安全为宗旨，以政治安全为根本，以经济安全为基础，以军事、文化、社会安全为保障，以促进国际安全为依托，走出一条中国特色国家安全道路。[1]同时，明确了我国国家安全体系中的11个重要领域。总体国

[1] 2014年4月15日，习近平总书记召开中央国家安全委员会第一次会议，强调坚持总体国家安全观，参见https://www.gov.cn/xinwen/2014-04/15/content_2659641.htm?ivk_sa=1023197a。

家安全观理论有着丰富内涵和辩证法思想：其丰富内涵主要体现在兼顾传统国家安全与非传统国家安全，其辩证哲理则表现为对国家安全问题的全面性、综合性、系统性、辩证性的理解和把握，并包括系统的非传统思维和丰富的非传统内容。② 我国国家安全情报体系。目前，关于我国国家安全情报体系的研究很少，大多是从宏观视野探讨国家情报体系的目标、运作流程、组织架构等。

3. 国家安全情报的评估

（1）情报（信息）评估。对情报（信息）的评估，相当于传播理论中"守门人"（Gatekeeper）的功能，从情报活动流程（图 1.4）来看，情报信息逐步被选择、过滤和评估，然后逐步浓缩成最有价值的情报产品。基于情报（信息）生产者或管理者与使用者的角度，情报评估可分为：情报（信息）质量的评估（情报生产者或管理者按照一定信息生产规范或标准来评估信息或情报的质量）、情报（信息）服务对象的满意度评估（即满足用户的期望或超出用户期望程度）。在我国情报学界，与情报（信息）服务评估相关的研究也很多。在科技情报评估、专利情报评估、竞争情报评估等方面，也多从质量和服务的视角去评估。在情报评估研究中，已经形成了相应的情报评估学科，如信息计量学、知识计量学、网络计量学，以及各种情报评估方法和工具。

（2）国家安全情报评估。由于国家安全各领域的特殊性，以及安全情报信息产品的高价值、情报用户的特定性等，国家安全情报评估也有其特殊性，其评估者、评估客体、评估对象、评估过程和结果等一般很少正式对外公布，因而人们难以知其在国家安全决策中的绩效水平。当然也有公开性的评估，如由美国国家安全情报委员会公开的两份报告：1990 年《关于南斯拉夫局势的国家情报评估》和 2002 年《关于伊拉克大规模杀伤性武器的国家情报评估》，前者是成功的典范，后者却是失败的教训。其他则是属于学术研究性质的，主要从历史事件分析的视角探究国家安全情报在国家安全事件中的作用，尤其是出现战略性失误的地方，如《情报与反情报国际杂志》（*International Journal of Intelligence and CounterIntelligence*）、《情报与国家安全》（*Intelligence and National Security*）等杂志中相关的研究较多。但研究者多是国际关系学、历史学、政治学等领域的专家或长期在一线从事情报工作或相关情报机构的管理者，研究方法也多以文本解读和演绎等质性研究为主，鲜有涉及信息（情报）链的前端和中端分析。显然，他们的研究更多的是将情报置于国际政治、经济、军事和外交境脉中进行定性分析。在我国情报学界，往往集中于信息链的中前端，与 intelligence 相关研究相对较少，或研究的是企业竞争情报，而与国家安全情报评估相关的研究则更少。

（3）情报失察的研究。由于情报中的问题导致主体的决策产生失误，即情报失察（intelligence failure），也有称情报失误、信息失灵。情报失察研究，源于二战期间珍珠港事件中美国国家安全情报失察的研究。目前，国内研究主要集中在两个领域：企业竞争情报和突发事件的应急管理。多以情报视角、通过案例来分析情报在企业经营或突发事件决策中的支撑作用，以期通过情报评估来分析情报在企业流程或突发事件处置环节中的失察原因，从而提供解决情报失察的策略。由于情报的预警、决策功能是基于确定性的目标或对象展开的信息搜集、处理、分析和判断，因此难以在规定目标或任务之外的某一突发事件发生前给予相应的预警。如类似“黑天鹅”的突发事件，此时，情报更易处于被动和出现缺位现象。因此，如何正确对待情报失察，是值得情报评估研究者思考的一个问题。

（二）情报视角下应急管理（突发事件）的研究

应急管理对象是突发事件，是指突然间发生，一般造成或可能导致严重的社会危害，有必要采取应急处置策略的自然灾害、事故灾难、公共卫生事件和社会安全事件。突发事件一般具有难以预测、难以进行有效防御、难以彻底根除的特征，但其后果又多是灾难性的，负面影响极大。我国已把应急管理纳入国家战略管理中，并制定了《突发事件应对法》。

1. 情报与应急管理关系的研究

史波与梁静国认为，情报在应急管理过程中为管理者作出决策并采取行动提供与突发事件处置有关的重要信息。刘焕成等探讨了美国电子政务环境对应急管理的支持。宋丹与高峰以案例研究来分析美国情报组织在应急管理中发挥的作用及启示。

2. 情报与智慧城市关系的研究

智慧城市以更透彻感知、更广泛互联互通、更深入智能化为特征，以智能化信息技术解决城市发展过程中的各种问题。辜胜阻等提出了智慧城市要实现智慧整合，以解决联通中由于分割分治形成的“信息孤岛”问题以及“城市病”。李纲与李阳也阐述了情报在智慧城市应急决策体系中的作用。范维澄提出要构建智慧韧性城市，将城市的应急响应与城市的基础设施、城市的公共服务相联系，而这“韧性”(resilience)，即是本书所指的抗逆力。

3. 情报在突发事件中的作用与流程

徐绪堪等以突发事件处置过程中所涉及三大流程：组织机构流程、业务流程、信息流程为基础，构建基于“组织—流程—信息”的突发事件情报分析框架。陈祖琴与苏新宁提出构建基于情景划分的突发事件应急响应策略库，以支持突发事件处置过程中的策略选择。李纲与李阳就突发事件的监测与识别提出了构建一个以情报为核心的突发事件监测与识别的理论架构，展示突发事件应急决策过程中的情报作用。

（三）有关战略抗逆力理论的研究

在国家安全保障研究及实践领域，尚无抗逆力理论的相关研究，而抗逆力理论研究又分散于其他不同学科领域。由于不同学科关注抗逆力的视角、焦点、目的的差异性大，因此，它们在抗逆力理论体系贡献中也不尽相同。本书拟从抗逆力理论的逻辑起点——抗逆力概念为抓手，尝试寻找其在各学科领域中共性的概念、原则、方法等理论元素，从而为后续研究提供坚实的基础。

1. 抗逆力概念溯源

（1）抗逆力概念。抗逆力，英文为 resilience，源于拉丁文 resilíre 并由此演变而来，本意是“回弹”。在韦氏在线词典中，resilience 含义包括：第一，指受到外部压力变形之后，物体（系统）有恢复至原有尺寸和外形的能力；第二，主体在历经不幸或变化后的恢复或适应能力。中文有多种译法：压弹、恢复力、复原力、韧性、回复力、弹性、承受力等。出现了对应中文词汇的多义性，是因为不同学科从各自视角关注 resilience 的不同特性，因此，中文词汇的术语可能所表达的并非都是 resilience 的本意或内涵，有的需要根据语境做相应的解释。如弹性，中文里本意是指某物体本身固有的，一种在外力作用下发生形变且外力消失后能恢复到原来大小和形状的属性。首先，这一解释将其作为性质，而不是能力，只表述出 resilience 的第一层含义。其次，被动与消极地应对外力，没能表达出 resilience 第二层含义中的主动性和适应性。术语不统一，必然产生应用情境的多元性、歧义性，也不利于学术上的交流。

在这些译法中，本书认为“抗逆力”比较恰当和准确地表达出其英文本意。首先，resilience 是一种能力，并非自身固有的性质或属性，resilience 是为了维持主体或系统基本功能的连续性和结构完整性，在遇到外部压力或冲击时激发出来的能力，像“弹性”译法就没能准确表达出 resilience 概念的本质内涵。其次，resilience 是抵御、抵抗各种危险、威胁、危机的能力。最后，“逆”还有“逆转”之意，具有转危为机的积极意蕴，并非仅是被动反应或响应（response）。

（2）相关组织或政府机构提出的抗逆力概念。联合国减灾办公室（UNISDR）给出的界定：抗逆力是系统的一种能力和组成部分，具有提前（备灾而不是提前预知）、吸收、适应或从灾难性事件中及时和有效地恢复过来的作用，包括保持其必要的基本结构和功能，并得以保存、恢复或改善。另外，经济合作与发展组织（OECD）认为：抗逆力是家庭、社区和国家从外部冲击中恢复，同时在面临长期的痛苦、改变和不确定的时候，能积极地适应和改变自身结构和生存手段，其核心是一种不仅能抵御不利的冲击并从中得以恢复，而且比以前更为强劲地“弹回”（bounce back）并从中获得经验、知识的能力。OECD 还提出国家的经济抗逆力、社会抗逆力、机构（组织）抗逆力、环境抗逆力等概念。美国产业标准协会（ASIS）在其制定的标准《ASIS SPC.1-2009》中指出：抗逆力是一个组织在复杂多变环境中的适应性能力。[1] 美国国土安全部认为，抗逆力是

[1] 抗逆力是组织的一种抵御外部事件对其影响的能力，或是受到外部事件影响后在可接受的时间段恢复到可接受的绩效水平；同时，抗逆力是一个系统在面临内部和外部变化时，必要时以柔性降级的方式维持其功能连续性和结构完整性的能力。

适应变化的环境，忍受并从突发事件引起的中断（disruption）中快速恢复过来的一种能力。抗逆力是应对恐怖主义、网络攻击、流行病和自然灾害的国家防备工作，由各级政府、私人和非营利部门以及公民分担共同的责任。从这些概念来看，抗逆力大多与自然灾害、应急管理、恐怖主义袭击等引发的突发事件之间是紧密联系的，也是针对非传统国家安全领域中问题的应对能力。

（3）*学科领域研究中的抗逆力概念*。学科领域的差异性，使得抗逆力的内涵在各学科中的表达也有所差异。影响最深远和具有标志性的是生态学家霍林（Holling）的概念，他较早地将抗逆力概念引入生态系统恢复研究中，并认为抗逆力是自然界生态系统所具有的吸收、改变并保持连续性的能力。在心理学和社会学领域，抗逆力被用来衡量个人、家庭和社区在面临变化或危机时，能保持个体身心、家庭主要功能与结构连续性的能力。在供应链管理领域，很多研究者将抗逆力概念移植到对供应链稳定性与连续性的评估，认为抗逆力是一个系统在受到干扰后恢复到原始状态或进入一个新状态，甚至达到更令人满意状态的一种能力。在管理学研究中，Lengnick-Hall 和 Beck 提出，组织抗逆力就是指组织具有对其生存带来可能威胁的规避能力、处置能力、吸收能力和恢复能力。还有学者从系统复杂性视角提出，构建系统的"协作抗逆力"（collaborative resilience）以应对潜在的危机，转危为机。在城市管理中，范维澄认为：城市韧性（resilience city）是指城市具有吸收潜在的对城市社会经济、技术系统和基础设施的冲击和压力，但仍能基本保持相同的功能结构、系统和身份的能力。城市韧性概念强调了城市系统对不确定性的适应能力。美国国家科学院（National Academy of Sciences，NAS）的定义为：抗逆力是主体或系统为了应对不利事件（及后果），所具有的一种筹备性和规划性的能力，并从不利事件中得以恢复且更好地适应。以上各领域中的抗逆力概念都反映出 resilience 概念最核心的特征，即保持主体或系统原有基本结构的完整性和连续性。

2. 抗逆力研究的统计分析

（1）*Google 学术搜索结果*。以检索式"title=resilience"进行搜索，具体年度文献分布如图 1.6 所示。这说明抗逆力在学术研究中受到越来越广泛的关注，并在理论研究上取得明显的进展，同时也能间接说明抗逆力实践应用的普遍性。

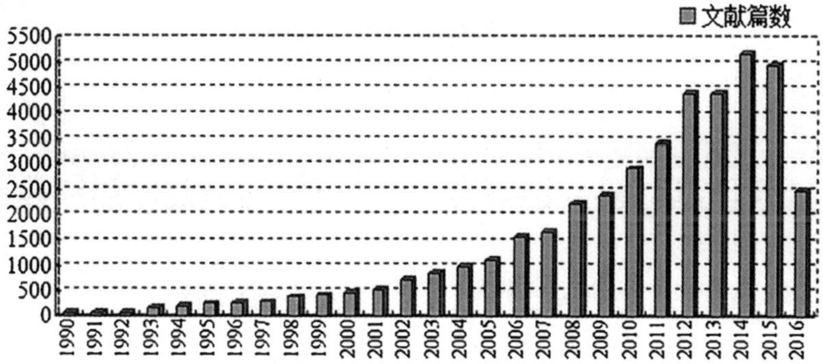

图1.6 Google学术搜索中以resilience为主题搜索的文献年度分布图[1]

（2）WOS 数据库中学术论文统计。在人类社会发展过程中，各种脆弱性、混乱、风险、不确定性、随机性、波动性和压力等负面因素频发，并可能导致各种危机以及危机发生后负面效应的叠加或并发，给世界的发展前景带来诸多不确定性。这吸引了众多领域的专家学者投身抗逆力研究中，WOS 数据库中的搜索结果见图 1.7[2]，表 1.1 则是搜索结果中各专业领域发文占比情况。

[1] 作者于2016年6月21日上午10点，在Google Scholar学术搜索平台上，用检索式title=resilience搜索，共获得检索结果82400条记录。

[2] 2016年6月20日12点于WOS平台上检索，时间跨度: 1990—2016。WOS检索式为：主题: (“organizational resilience”) OR 主题: (“community resilience”) OR 主题: (“urban resilience”) OR 主题: (“national resilience”) OR 主题: (“social resilience”) OR 主题: (“engineering resilience”) OR 主题: (“economic resilience”) OR 主题: (“system resilience”) OR 主题: (“business resilience”) OR 主题: (“strategic resilience”) OR 主题: (“disaster resilience”) OR 主题: (“supply chain resilience”)。索引数据源: SCI-EXPANDED, SSCI, A&HCI, CPCI-S, CPCI-SSH, ESCI, CCR-EXPANDED, IC。本次检索结果：1845条记录。

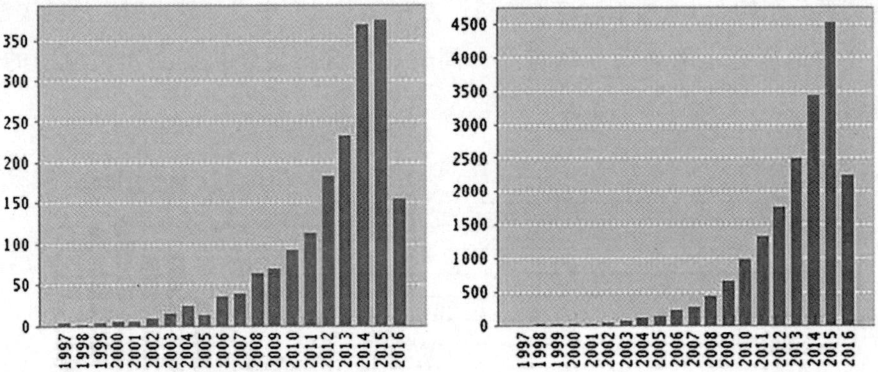

图1.7　WOS中resilience文献发文量和引文量年度分布情况（单位：篇）

表1.1　WOS中resilience研究结果在不同领域的分布情况

序号	Web Of Science 研究领域或学科	文章数	占比
1	Environmental Studies	282	15.3 %
2	Environmental Sciences	208	11.3 %
3	Ecology	164	8.9 %
4	Water Resources	160	8.7 %
5	Public Environmental Occupational Health	146	7.9 %
6	Geosciences Multidisciplinary	138	7.5 %
7	Meteorology Atmospheric Sciences	124	6.7 %
8	Economics	115	6.2 %
9	Geography	108	5.9 %
10	Management	104	5.6 %
11	Planning Development	99	5.4 %
12	Engineering Civil	81	4.4 %
13	Urban Studies	76	4.1 %
14	Operations Research Management Science	67	3.6 %
15	Business Finance	65	3.5 %
16	Engineering Industrial	55	3.0 %
17	Computer Science Information Systems	54	2.9 %
18	Computer Science Theory Methods	53	2.9 %
19	Sociology	53	2.9 %
20	Engineering Electrical Electronic	51	2.8 %

（续表）

序号	Web Of Science 研究领域或学科	文章数	占比
21	Business	48	2.6 %
22	Psychiatry	48	2.6 %
23	Psychology Multidisciplinary	46	2.5 %
24	Green Sustainable Science Technology	43	2.3 %
25	Social Sciences Interdisciplinary	42	2.3 %

从年度分布图（图 1.6）可以看出，相关研究在 2008 年之后增长迅速，也符合这一时期世界政治、经济、社会等领域中所呈现出的日益动荡不安的状态，研究成果主要分布在政治、经济、气候与生态环境、工程学、公共管理（突发事件应对）、文化领域、管理学科、城市研究领域、心理学等。利用 Citespace 可视化分析软件对前面文献元信息进行分析，尽管对检索关键词进行限制，但从分析结果来看，抗逆力研究分散，主题多元，学科分布广（多数领域相对封闭，与其他学科中抗逆力文献互引较少），主题聚类非常分散，其结果见图 1.8。其中在最集中区域（椭圆形部分），主要领域包括自然灾难、气候变化、生态系统、心理学、应急管理等，核心文献是霍林的文章，见图 1.9。

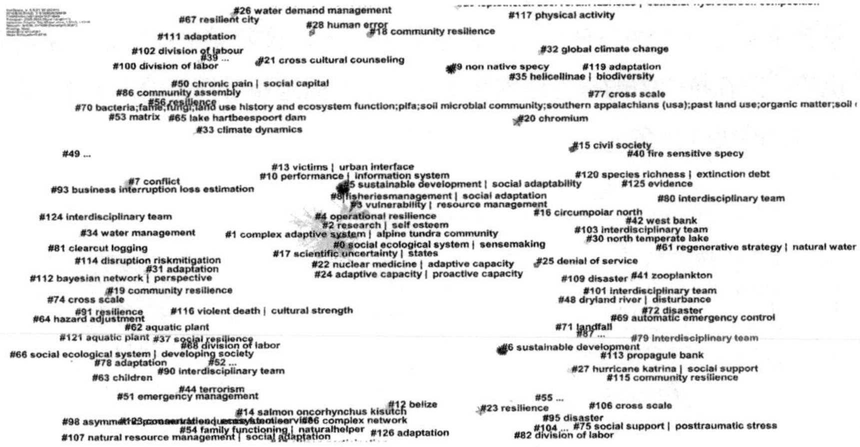

图1.8 Citespace对resilience领域文献可视化主题聚类分析结果

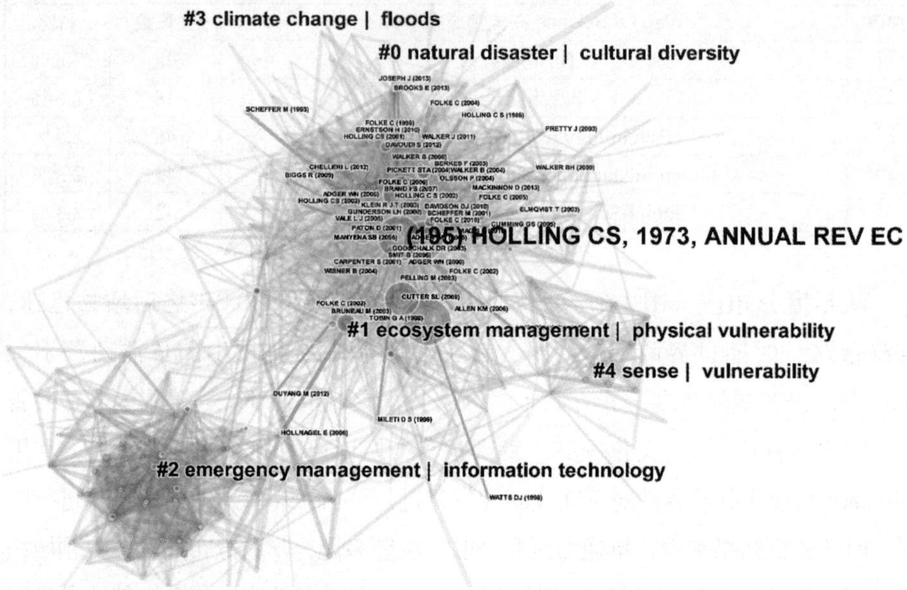

图1.9 Citespace对resilience领域文献可视化分析结果（部分）示意图

在这些文章中，发文量前 10 名的国家分别是美国、英国、澳大利亚、加拿大、意大利、中国、德国、日本、新西兰和法国（见表 1.2）。其中，美国发文量超出发文总数的三分之一，也近似于后面紧接着 4 个国家发文量的总和，说明美国在抗逆力的理论研究与实践应用方面是相对领先的。表 1.3 为文章署名单位的统计排名。

表1.2 发文量前十的国家

序号	国家	记录数	占总数百分比
1	USA	636	34.472 %
2	England	248	13.442 %
3	Australia	225	12.195 %
4	Canada	98	5.312 %
5	Italy	92	4.986 %
6	China	74	4.011 %

（续表）

序号	国家	记录数	占总数百分比
7	Germany	71	3.848 %
8	Japan	61	3.306 %
9	New Zealand	59	3.198 %
10	France	56	3.035 %

表1.3 发文量前十的主要机构

序号	发文机构	记录数	占总数百分比
1	加州大学联合体（美国）	49	2.656 %
2	联邦科学工业研究组织（澳大利亚）	32	1.734 %
3	詹姆斯·库克大学（澳大利亚）	29	1.572 %
4	昆士兰大学（澳大利亚）	29	1.572 %
5	伦敦大学（英国）	27	1.463 %
6	佛罗里达州大学联合体（美国）	24	1.301 %
7	宾夕法尼亚高等教育系统（美国）	20	1.084 %
8	俄勒冈州大学联合体（美国）	19	1.030 %
9	纽约州立大学联合体（美国）	19	1.030 %
10	东京大学（日本）	18	0.976 %

另外，《科学》《自然》等知名杂志或其子刊中也刊发了与抗逆力相关的研究成果，如《复杂网络中通用抗逆力模式》《实务抗逆力：概念、设计和分析》《改变抗逆力的范式》等。这些不同领域的研究成果，说明了抗逆力理论研究与实践应用取得的重要进展。

（3）国内抗逆力相关研究。以中国知网 CNKI 数据库为平台，在 2016 年 6 月 20 日下午以“关键词 =resilience”或“关键词 =resilient”为检索式，查询时间范围跨度为 1990—2016 年间发表的文章。检索结果为 4564 条记录。

表1.4　与resilience相关研究文献来源学科统计

序号	学科名称	刊文文献数	序号	学科名称	刊文文献数
1	心理学	681	10	宏观经济管理与可持续发展	118
2	电信技术	665	11	环境科学与资源利用	97
3	教育理论与教育管理	628	12	轻工业及手工业	95
4	公路与水路运输	545	13	有机化工	93
5	建筑科学与工程	275	14	计算机软件及计算机应用	90
6	自动化技术	143	15	互联网技术	81
7	企业经济	142	16	铁路运输	69
8	临床医学	139	17	高等教育	59
9	社会学及统计学	124	18	金属学及金属工艺	53

从表 1.4 可看出，我国在抗逆力方面的相关研究成果主要分布于心理学、教育学（心理学研究成果应用于教育之中）、电信技术、建筑和交通运输、企业经济等学科。安全科学与灾害防治学科领域有 41 篇，说明抗逆力在安全生产和灾害防治领域受到人们的重视，但主要是具体的安全生产层面。在组织管理、应急管理、反恐怖主义等领域，关于抗逆力的研究很少。表 1.5 是关于抗逆力文献引文排名前 20 的文章作者、主题、期刊、发表时间及引文数量等信息。其中，心理学相关文献 13 篇，生态和地理环境相关文献 5 篇，社会系统方面 2 篇。在主题、学科分布上，我国抗逆力研究主要是在心理学、生态学等领域，在组织管理、应急管理、突发事件等方面相对较少，在国家安全保障领域则处于空白状态。

表1.5　我国resilience文章引文量排名前20的统计表

序号	作者	主题	发表时间	来源	被引量
1	于肖楠、张建新	韧性(resilience)——在压力下复原和成长的心理机制	2005-09	心理科学进展	515
2	胡月琴、甘怡群	青少年心理韧性量表的编制和效度验证	2008-08	心理学报	502
3	孔红梅、赵景柱、马克明等	生态系统健康评价方法初探	2002-04	应用生态学报	489
4	史培军	四论灾害系统研究的理论与实践	2005-12	自然灾害学报	345

（续表）

序号	作者	主题	发表时间	来源	被引量
5	曾守锤、李其维	儿童心理弹性发展的研究综述	2003-11	心理科学	335
6	席居哲等	心理弹性(Resilience)研究的回顾与展望	2008-07	心理科学	274
7	席居哲、桑标	心理弹性(resilience)研究综述	2002-07	健康心理学杂志	273
8	李海垒、张文新	心理韧性研究综述	2006-05	山东师范大学学报(社科版)	256
9	马伟娜、桑标、洪灵敏	心理弹性及其作用机制的研究述评	2008-03	华东师范大学学报(教育科学版)	255
10	于肖楠、张建新	自我韧性量表与Connor-Davidson韧性量表的应用比较	2007-09	心理科学	196
11	席居哲	基于社会认知的儿童心理弹性研究	2006-05	华东师范大学	171
12	史培军、王静爱、陈婧等	当代地理学之人地相互作用研究的趋向——全球变化人类行为计划(IHDP)第六届开放会议透视	2006-02	地理学报	170
13	李海垒、张文新、张金宝	青少年心理韧性量表(HKRA)的修订	2008-06	心理与行为研究	132
14	荆继武、冯登国	一种入侵容忍的CA方案	2002-08	软件学报	129
15	陈建文	青少年社会适应的理论与实证研究：结构、机制与功能	2001-04	西南师范大学	113
16	刘婧、史培军、葛怡等	灾害恢复力研究进展综述	2006-02	地球科学进展	108
17	方修琦、殷培红	弹性、脆弱性和适应——IHDP三个核心概念综述	2007-09	地理科学进展	106
18	雷万胜、陈栩、陈锦添	大学生心理韧性研究	2008-02	中国健康心理学杂志	104
19	杜立婕	使用优势视角培养案主的抗逆力——一种社会工作实务的新模式	2007-09	华东理工大学学报(社科版)	103
20	刘取芝、吴远	压弹：关于个体逆境适应机制的新探索	2005-04	湖南师范大学教育科学学报	98

从图1.10的统计来看，我国抗逆力研究在2000年以前是萌芽期，相关文章极少，2001年后呈直线式增长，2015年全年发文量达605篇。这一方面说明抗逆力在相关学科研究中逐渐成为显学，另一方面说明各种恐怖主义袭击、

自然灾害、经济危机等实际问题要求学者必须予以关注，提出应对各种国家安全问题的重要措施和策略。但从国内诸多研究来看，心理学中抗逆力研究相对比较成熟和深入，其他领域中研究处于起步阶段，多是引介国外的研究或进展。

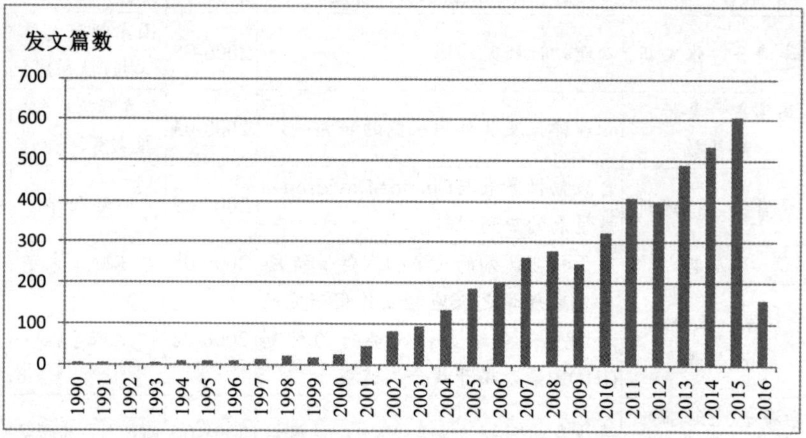

图1.10　我国resilience相关的研究成果年度分布统计图

（4）resilience 研究的深入。从国家社会科学基金与国家自然科学基金历年资助与抗逆力相关的基金项目分析来看，这些科研项目推动了我国抗逆力理论与实践的深入研究。涉及领域主要有社会学、经济学、管理学、工程学、城市规划、环境、物理管理、危机管理、运筹学等。

相关信息分别见表 1.6 与表 1.7。

表1.6　国家社会科学基金资助与resilience相关的项目情况统计

序号	学科	项目名称	立项年份	主持人	所属单位
1	人口学	基于劳动者个人选择和养老金激励机制的弹性退休制度研究	2016-06	郝佳	中央财经大学
2	社会学	弹性延迟退休年龄政策下劳动者退休意愿的预测建模研究	2016-06	封丹珺	山东大学

（续表）

序号	学科	项目名称	立项年份	主持人	所属单位
3	理论经济	基于生态弹性视角的农地可持续发展评价研究	2016-06	黄英	济南大学
4	管理学	旅游地社会—生态系统弹性及其适应性管理研究	2015-06	李志龙	湖南商学院
5	社会学	“失独者”心理健康状况及心理弹性作用机制研究	2014-06	张静平	中南大学
6	政治学	体制弹性与中国城市政府摊贩监管机制创新研究	2014-06	孙志建	上海市委党校
7	社会学	海军航空兵心理弹性训练方案研究	2014-06	彭李	第三军医大学
8	管理学	应急物流供应链脆弱性演化机理及弹性构建研究	2014-06	王海燕	武汉理工大学
9	管理学	竞争互动视角下民营企业战略弹性能力构建与提升路径研究	2014-06	马东俊	新乡学院
10	应用经济	基于脱钩弹性的我国钢铁工业经济增长、能源消耗和碳排放关系研究	2013-06	王俊岭	石家庄经济学院
11	应用经济	内生于税制的税收弹性：优化与创新	2012-05	邢树东	吉林财经大学
12	应用经济	经济发达地区能源消耗与经济增长的脱钩弹性效应及能源减量驱动的实证研究	2012-05	梁日忠	上海大学
13	理论经济	房地产市场行为金融特征及其预期弹性管理机制研究	2012-05	李伟军	安徽工业大学
14	应用经济	我国弹性退休制度与养老保险计发办法配套改革研究	2009-06	彭浩然	中山大学岭南学院
15	统计学	时变弹性生产函数：理论与应用研究	2009-06	章上峰	浙江工商大学
16	应用经济	要素流动弹性与后发区域产业结构优化的路径选择及制度创新——以广西北部湾经济区为例	2008-06	蒙丽珍	广西财经学院
17	社会学	基于弹性与积极心理学视角的和谐社会心态研究	2008-06	席居哲	华东师范大学
18	应用经济	竞争与规制下的人力资源弹性管理研究	2007-06	徐芳	中国人民大学
19	应用经济	第三产业弹性就业冲突管理制度研究——以广州第三产业为例	2003-08	李敏	华南理工大学

表1.7 国家自然科学基金资助与resilience相关的项目情况统计

序号	学科	项目名称	立项年份	主持人	所属单位
1	经济地理学	欠发达地区灾后恢复重建的脆弱性格局与弹性机理研究	2015	周侃	中科院地理科学与资源研究所
2	政府管理	基于IM模型的城市关联基础设施系统的脆弱性与弹性评价研究	2015	徐文平	武汉科技大学
3	电子学与信息系统	面向航空机场运行信息系统的协同应急响应和弹性灾难恢复方案的研究	2015	吴志军	中国民航大学
4	建筑设计与理论	基于弹性城市理论的水敏性空间设计方法研究——以武汉市为例	2015	舒阳	武汉大学
5	发展心理学	艾滋孤儿心理弹性的影响因素及发展性干预研究	2014	赵国祥	河南大学
6	城乡规划设计与理论	绿色基础设施导向的城市生态弹性规划分析模型研究	2014	尹海伟	南京大学
7	城市与生命线工程防灾	体系环境下区域旅游经济系统的弹性机制研究——以广西两区一带为例	2014	白丽明	广西财经学院
8	农林经济管理	极端气候下的中国水资源对粮食安全影响的风险评估和弹性对策研究	2014	洪阳	清华大学
9	财税管理与政策	增值税收入的税率弹性、福利效应及简并税率结构的模拟分析	2014	寇恩惠	中央财经大学
10	城乡规划设计与理论	大城市都市区“紧凑—多核—弹性”地域结构理论及其应用研究	2014	黄亚平	华中科技大学
11	优化理论与方法	非常规突发事件下港口—腹地物流运输网络弹性的测度与优化研究	2014	刘南	浙江大学
12	物流与供应链管理	供应链弹性驱动机制及其优化与测度方法研究	2014	刘家国	哈尔滨工程大学
13	社会保障管理	弹性退休政策调整的决策机理及约束条件研究	2013	林义	西南财经大学
14	工程管理	关联基础设施网络弹性提升的机制与方法研究——以城市住区为例	2013	李玉龙	中央财经大学
15	城市与生命线工程防灾	关联基础设施系统的弹性评估	2012	欧阳敏	华中科技大学

（续表）

序号	学科	项目名称	立项年份	主持人	所属单位
16	公司理财与财务管理	财务弹性影响公司价值的路径研究	2012	马春爱	中国石油大学（北京）
17	资源环境政策与管理	能源与气候变化政策建模中要素替代弹性研究	2012	查冬兰	南京航空航天大学
18	管理系统工程	基于生物细胞弹性理论的供应链弹性测度模型研究：以食品安全事件冲击下的食品供应链为例	2011	赵林度	东南大学
19	供应链基础理论	中断情形下供应链网络弹性决策和协调模型研究	2011	于海生	鲁东大学
20	供应链基础理论	不确定环境下的供应链弹性策略研究	2011	肖人彬	华中科技大学
21	非传染病流行病学	农村留守儿童“留守应激”及其“弹性”发展的神经生物学机制研究	2011	孙业恒	安徽医科大学
22	会计理论与方法	盈余管理方式的选择及其经济后果研究：基于会计弹性的分析	2011	李彬	西安交通大学
23	危机干预	小耳畸形患者心理弹性结构模型构建和预警机制研究	2010	蒋海越	中国医学科学院
24	社会心理学	儿童心理弹性的生物学和社会心理机制及促进心理弹性发展的追踪研究	2010	范方	华南师范大学
25	公共安全与危机管理	非理想状态下人群的弹性微观动力学建模与分析	2009	卢春霞	上海交通大学
26	非传染病流行病学	儿童青少年心理弹性纵向设计统计模型研究	2009	刘巧兰	四川大学
27	金融管理与政策	国际金融危机背景下的汇率制度风险控制及汇率弹性空间研究	2009	黄志刚	福州大学
28	物流与供应链管理	面向干扰事件风险环境的弹性供应链系统设计与运作集成优化方法研究	2009	关志民	东北大学
29	发展心理学	儿童心理弹性的生物学、社会心理因素及促进心理弹性发展的队列研究	2009	范方	华南师范大学
30	管理系统分析	基于弹性需求的客运网络列车开行方案优化方法	2009	邓连波	中南大学

（5）抗逆力理论体系的渐趋成熟。一般的，（学科）理论体系的成熟还表现在某个领域中有学术杂志以及批量的相关学术专著涌现。近些年来，一些与抗逆力相关的学术杂志开始创刊（见表 1.8），抗逆力理论的专著也不断问世，说明抗逆力理论研究的学术共同体初步建立，学术交流有了稳定的传播交流平台，可促进抗逆力理论研究更加成熟和向融合贯通的方向发展。

表1.8　国外与抗逆力（resilience）相关的杂志

序号	期刊名	访问地址	收录数据库或主办单位	期刊刊号
1	Resilience: A Journal of the Environmental Humanities Resilience	http://www.resiliencejournal.org或https://www.jstor.org/journal/resilience	JSTOR	EISSN: 23308117
2	International Journal of Disaster Resilience in the Built Environment	http://www.emeraldinsight.com/journal/ijdrbe#	Emerald	ISSN: 1759-5908
3	Resilience: International Policies, Practices and Discourses	http://www.tandfonline.com/toc/resi20/current	Taylor & Francis	Print ISSN: 2169-3293 Online ISSN: 2169-3307
4	Sustainable and Resilient Infrastructure	http://explore.tandfonline.com/cfp/est/tsri-cfp	Taylor & Francis	Print ISSN: 2378-9689 Online ISSN: 2378-9697
5	International Journal of Child and Adolescent Resilience (IJCAR)	http://in-car.ca/ijcar/index.html	International Society of Child and Adolescent Resilience (ISCAR)	无
6	Ecology and Society: A journal of integrative science for resilience and sustainability	www.ecologyandsociety.org/ (SCI收录)	Resilience Alliance, Acadia Univ,Canada	ISSN: 1708-3087
7	International Journal of Supply Chain and Operations Resilience	http://www.inderscience.com/jhome.php?jcode=ijscor	Interscience online	online ISSN: 2052-8698 print ISSN: 2052-868X
8	Resilience: Interdisciplinary Perspectives on Science and Humanitarianism	http://fletcher.tufts.edu/Resilience	The Fletcher School of Law and Diplomacy, Tufts University	无
9	Journal: IR³（Journal Infrastructure Resilience Risk Reporter）	http://carleton.ca/irrg/journal/	Carleton University	无

3. 抗逆力的作用过程与评价内容

（1）抗逆力的组成要素。关于抗逆力的组成，比较有代表性的是4Rs：鲁棒性（robustness）、冗余性（redundancy）、机智（resourcefulness）和迅捷性（rapidity）。我国学者欧阳敏等人根据抗逆力的作用过程将其分为抵御能力、忍受（吸收）能力和恢复能力。而帕森斯（Parsons）等人将抗逆力分为处置能力和适应能力。

（2）抗逆力的作用过程。战略抗逆力是系统的隐性能力，只有系统（主体）发展进程中发生颠覆性事件（disruptive cvcnt）时，才被激活，因此，抗逆力是一种被“激活”的主体能力。Linkov 等人在《自然》子刊发文探讨抗逆力的作用过程，虽是关于生态安全领域中气候变化的主题，但是其论证系统抗逆力作用过程具有一定代表性，见图 1.11。图中展现的是，系统抗逆力在系统遭受外部颠覆性事件过程中的几个作用阶段，以及系统的核心功能（绩效水平）在时间轴上的演变过程。可以看出，抗逆力作用的第一个阶段是计划或规划阶段，其中包括备灾的工作、环境态势感知，这个阶段是系统功能正常时的状态。抗逆力作用的第二个阶段起点是颠覆性（突发）事件的发生，当系统的核心功能受到冲击的时候，将以部分功能的损失保障核心功能的完整和基本结构的延续，最低点便是遭受冲击的最严重后果或损失最大的成本。抗逆力作用的第三个阶段是恢复阶段，其曲线方向与正常状态相比有三个：衰减、适应和创新。

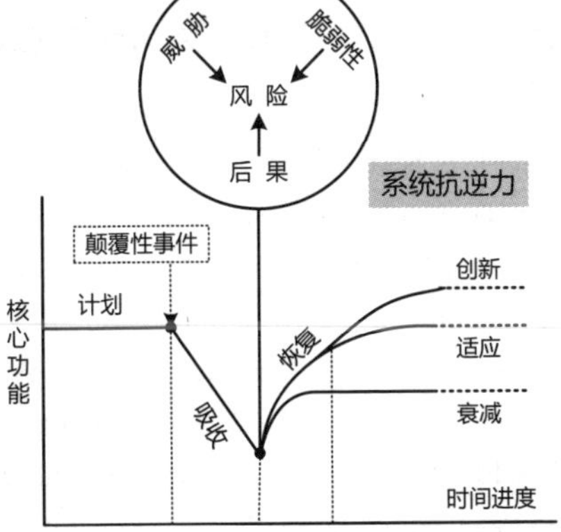

图1.11 系统（战略）抗逆力作用过程示意图

系统抗逆力与战略抗逆力都是从宏观的视角考虑系统或主体抗逆力。从范围大小来看，系统抗逆力包含了战略抗逆力，但从抗逆力的作用过程来看，它们并无太大的差异。如将系统换成国家，那就是国家抗逆力（national resilience），相当于是国家抵御灾难、危险、风险等突发事件的能力，即保障国家安全的抗逆力。如果替换成组织，即为组织抗逆力；替换成社区，即为社区抗逆力。

（3）抗逆力相关的标准。美国产业安全协会（American Society for Industrial Security, ASIS）就抗逆力制定了相关标准：《组织抗逆力：安全备灾和连续性管理系统——使用要求和规范（2009）》，该标准被美国国土安全部私营部门备灾规划项目所采用。《组织抗逆力：成熟度模型——阶段性实现（2012）》，描述了 ANSI/ASIS 的组织抗逆力标准，提供了一系列步骤帮助组织评估它们当前抗逆力管理和备灾的状态，帮助它们设置要实现的目标、要参照的标杆以及策划明智的路径。正在制定的标准还有《供应链抗逆力》和《社区抗逆力》[1]。英国标准（BS 65000 Guidance for Organizational Resilience, 2014）是关于组织抗逆力的标准，目的是帮助组织提升抗逆力以应对风险管理[2]。澳大利亚和新西兰联合标准（AS/NZS 5050:2010 商务连续性——管理与中断相关的风险），也是与抗逆力相关的一部标准[3]。国际化标准组织（ISO）的技术标准委员会（technical committee ISO/TC 292）制定了标准《ISO/DIS 22316 安全与抗逆力——组织抗逆力规范》，并于 2016 年 4 月发布[4]。这些标准制定或颁布时间均为最近几年，充分说明抗逆力越来越受世界各国（组织）的重视。一方面，经济全球化、一体化以及互联互通，使得世界相互依赖，

---

[1] American Society for Industrial Security, ASIS. Resilience Standards[EB/OL].[2016-07-20]. https://www.asisonline.org/Standards-Guidelines/Standards/Pages/Resilience-Standards.aspx.

[2] British Standard Institute. Organizational resilience standard published[EB/OL].[2016-07-22]. http://www.bsigroup.com/en-GB/about-bsi/media-centre/press-releases/2014/November-2014/Organizational-resilience-standard-published/#.V9f9tHp7K7w.

[3] Standards Australia/Standards New Zealand. AS/NZS 5050:2010 Business continuity - Managing disruption-related risk[EB/OL].[2016-08-23]. www.continuitycentral.com/feature0807.html.

[4] International Standard Organization. ISO/DIS 22316 Security and resilience — Guidelines for organizational resilience[EB/OL].[2016-07-22]. http://www.iso.org/iso/catalogue_detail?csnumber=50053.

安全风险、威胁及危机带来的危害（传导或级联）和损失日趋频繁和严重；另一方面，国际社会认识到抗逆力在安全领域的重要性。抗逆力国际标准的制定，也为进一步评估抗逆力提供了准绳和依据。

（4）抗逆力评价方法。抗逆力评价方法、工具和模型与相应的学科领域相关联。在工程学中，依据抗逆力作用时间计算，以衡量系统抗逆力水平。桑尼等人运用建模方法测量供应链抗逆力，选取了 10 个指标项：敏捷力、协作水平、信息共享、可持续性、风险与收益共享、信任、可见性、风险管理文化的创建、适应力、供应链结构。库克等人运用数学公式来计算抗逆力指数，用绩效恢复程度和恢复时间之比表示，类似数学建模评价抗逆力的研究也比较多。

（四）国家安全战略与战略抗逆力之间的关系

1. 美国国家安全与战略抗逆力的关系

近几年，美国国家安全相关的战略中，很多报告和政策涉及战略抗逆力层面。如《国土安全的国家战略（2007）》中 3 处出现 resilient，15 处出现 resilience，该报告把战略抗逆力、经济安全、关键基础设施与核心资产（CI/KR）的安全联系在一起，还提到作业抗逆力（operational resilience）。奥巴马政府于 2010 年发布首份《美国国家安全战略》，在该报告中 resilient 出现了 5 次，resilience 出现了 20 次。报告将战略抗逆力与国家安全相关联，“该战略注意到在国家安全和竞争力、战略抗逆力和道德垂范之间的重要联系”。该战略把战略抗逆力与军事力量、情报能力、外交和发展的实力等一起并列视为国家安全能力体系组成部分，“与此同时，应该强化我国国家安全能力，包括军事能力、情报能力、外交和发展的实力，及其国土安全和战略抗逆力”……在《美国国家安全战略》报告中，抗逆力还与国家、经济、公民、社区、国土安全、关键基础设施、价值观、法律等方面联系在一起，多次强调抗逆力是处置各种威胁、危机以及突发事件等的重要保障。2013 年 2 月美国总统奥巴马签发《总统政策指令 21 号》（Presidential Policy Directive-21, PPD-21）以代替 PPD-7，而 PPD-21 题目就是“关键基础设施安全与抗逆力”

(Critical Infrastructure Security and Resilience)，这足以说明美国非常重视关键基础设施的抗逆力。其他国家，如英国、澳大利亚、加拿大、日本、新西兰等也都重视战略抗逆力对国家安全的贡献（不一一赘述）。

2. 我国相关政策、法律与抗逆力的关系

目前，我国相关的政策、法律，包括与国家安全相关的政策和法律中，还没有直接与抗逆力相关的表述，但相关条款或章节有类似的内容，如《突发事件应对法》就较为全面地涵盖了抗逆力作用过程（预警、备灾、救援、恢复等），《国家安全法》《反间谍法》《反恐怖主义法》等也都有相应的抗逆力内容（不一一赘述）。然而，相关表述仅是间接与抗逆力相关，未能明确提出抗逆力概念，体系性不够，针对性不强。

（五）研究述评与研究问题的提出

1. 研究述评

总体而言，国内外学者在国家安全情报、战略抗逆力理论、国家安全保障之间关系等方面的研究虽然不少，也取得了积极进展，但仍有进一步完善和发展的空间。

第一，国家安全情报的内涵与外延有待统一。国家安全情报是一类被激活的知识，属于情报学信息链高端位置“情报”的一个子类，我们应在总体国家安全观基础上，进一步关注和探究国家安全情报的转化和作用。目前国内外从事国家安全情报研究的专家，主要来自国际关系、政治学、军事情报学等传统国家安全领域，相关研究也多采用案例研究、文本解读等方法，止于情报层面的论述，缺少将信息链作为整体来对情报工作进行研究和分析。情报学界只关注信息链起始端及中端，正如马费成教授[1]多次指出的：我们的学科建设和发展非常有必要将 intelligence 作为信息链的高端环节。但是，我们更多地关注“事实—数据—信息”，在“知识—智能（情报）”层面关注不多，特别是高校对“战

[1] 马费成教授在第三届“华山情报论坛”做了《情报学的内涵、定位及如何服务国家安全》的主旨发言，认为应当加强新形势下信息链的高端研究——intelligence studies，强调了情报研究和工作服务于当前国家安全需要的重要性。

略情报”关注较少，未能满足国家对战略情报的需要。

第二，现有研究未能正确评估国家安全情报的作用。由于国家安全情报工作存在诸多不可避免的概率性因素，因而情报产品在决策过程中具有不确定性。另外，国家安全情报以特定目标（任务、问题）为导向，即情报又具有选择性。国家安全情报的不确定性与选择性决定了国家安全情报有其确定的功能局限（边界），不可能覆盖国家安全保障的所有范围。情报产品不确定性和选择性的存在，有可能导致情报失察，进而给国家安全决策、执行带来一定的风险，而这类风险又恰恰说明需要战略抗逆力作为国家安全的重要屏障。因此，在情报评估中，需要辩证地对待情报失察及其背后的原因，以及如何解决这个问题。

第三，情报视角下突发事件处置的不足未引起足够的重视。多数研究强调突发事件发生后情报在应对决策上的支持；在突发事件发生前，预警情报不足以发现各类突发事件的诱因；在应急管理处置结束后，缺乏对情报端的反馈。因此，相关研究多集中于情报在突发事件的预警、处置、恢复中的作用，大多局限于“亡羊补牢”模式，而这恰恰成为当前应急情报工作的盲区，即应急有余，主动不足。突发事件的发生可分为两种：一种是可预测的，如通过网络监控获取恐怖分子袭击计划的情报；另一种是难以预测的，甚至是不可预测的。因此，突发事件中除了安全情报的支持外，还需要战略抗逆力的支撑和保障。在预警情报不足以发现突发事件的诱因时，则需要提升战略抗逆力的应对水平，以及国家安全情报和战略抗逆力的融合。

第四，战略抗逆力一般性理论尚未建立，且与国家安全保障相关联的研究较少。现有抗逆力研究相对零散分布于相关学科领域，多属于中观或微观层面，且囿于专业领域视野的局限性，学科分割明显，横向联系与融合很少，因此未能形成合力，没有形成普遍意义上的战略抗逆力理论体系。同时，有关战略抗逆力与国家安全保障相关联的研究较少，因此，需要建立战略抗逆力一般性理论，并与总体国家安全观理论进行融合，如此才能应对国家安全保障领域中的问题。

第五，国家安全情报与战略抗逆力融合的研究有待加强。二者同是保障国家安全的力量，国家安全情报是被“激活”的保障国家安全的知识，战略抗逆力则是被“激活”的保障国家安全的行动能力，是应对突发事件的能力。当前情报与抗逆力的研究和实践之间并没有相应的交集，二者的关系还没被相关研究加以发掘。情报评估对抗逆力的构建作用，抗逆力作用后评估对情报能力的建设作用，这两方面还存在欠缺，即情报评估和抗逆力评估之间双向沟通与交流机制的缺失，导致融合、协同的运作机制未能形成。因此，有待于进一步研究揭示国家安全情报和战略抗逆力的内在关系、融合模型、运作机制等。

上述国内外研究综述和总结，为本书研究提供了相应的研究起点和切入点。国家安全情报作为本书的研究起点，是国家安全保障的重要基础之一，但为了弥补国家安全情报工作的局限性，本书引入战略抗逆力作为研究切入点，成为国家安全保障的另一重要基础。本书还从理论视角探究它们之间的内在逻辑关系，为二者融合模型构建和开发融合绩效评价体系奠定基础。

2. 研究问题

结合在研究背景中发现国家安全面临的现实问题，以及研究综述中发现已有相关理论研究的不足，我们得知以上这些问题有一个共性：国家安全情报并不足以覆盖国家安全保障中的所有层面，特别是非传统安全问题以及非常规性突发事件的预警支持和决策服务。战略抗逆力不仅是应对突发事件的重要能力，而且能为国家安全情报提供信息、知识和经验上的反哺。因此，从学理上来看，目前的研究缺乏从“系统思维”视域来探究和构建国家安全保障能力体系，也没有相关研究将国家安全情报与战略抗逆力融合作为研究对象；从我国的实践层面来看，还没有把国家安全情报与战略抗逆力的融合上升至国家安全保障的战略层面。因此，应有创新的视角、思路和方法来研究国家安全保障能力体系。具体问题如下。

问题1：国家安全保障能力构成的问题。国家安全情报在国家安全保障中的位置和作用是毋庸置疑的。但是，在当前国际、国内大环境的相互作用下，如果各种威胁、危机、灾害等仅依赖国家安全情报的预警、预见、预判、分析和评估能力，则超出国家安全情报能力之所及。因此，国家安全保障能力的提升，还应发展战略抗逆力以应对难以预见和预料的危机、威胁和风险所引起的突发事件。

问题 2：情报失察的溯源和情报评估的价值取向问题。国家安全情报工作中出现差错和错误是不可避免的，从而可能导致情报失察。正确看待情报失察是认识和评估情报能力的基础。情报差错（intelligence errors）与情报错误（intelligence wrongs）均可能导致情报失察。而研究者、评价者、公众易产生理解上的偏差，可能会混淆产生情报失察的缘由，以及在理解安全情报工作的边界上产生错位、错觉，从而在情报归因上产生问题。

问题 3：战略抗逆力理论的整合与归纳问题。虽然抗逆力理论和实践研究已经在环境、生态、建筑、管理、工程等领域较为普遍，但主要限定于个体、社区、组织、区域生态等领域，研究视角一般是从微观及中观层面进行研究与应用。然而，战略抗逆力在国家安全保障中的作用还没受到应有的重视。在宏观层面，特别是在国家安全保障体系中，战略抗逆力的要素、结构、作用机制、测度及评价等尚有待进一步探究，需要进一步从各学科、领域的理论研究中，归纳和抽象出战略抗逆力的一般性理论。

问题 4：国家安全情报与战略抗逆力之间的关系和融合效应。国家安全情报能力与战略抗逆力之间存在什么样的关系，是竞争还是合作？国家安全情报与战略抗逆力融合将会产生哪些正向效应？需要通过相应的理论进行描述和论证，从而为二者融合模型以及运作机制的构建等研究提供理论基础。

问题 5：国家安全情报与战略抗逆力间的融合模型及运作机制构建。涵盖如何在国家安全保障体系内实现二者的融合，融合的条件是什么，二者融合的理论、原则、策略、要素、机制、模式将在什么基础上形成和构建等。可根据国家安全保障情境的差异，来界定国家安全情报与战略抗逆力之间融合的层次，如共享与合作、协同与联动等。

问题 6：国家安全情报与战略抗逆力融合绩效评价体系的构建。如何全面理解二者融合在实际国家安全保障领域发挥的作用，在实践中，二者协同配合的效应如何测度，即维度、具体指标、所占位置重要性如何。回答这些问题，需要构建国家安全情报与战略抗逆力融合绩效评价体系。

三、研究思路和研究方法

（一）研究思路

1. 技术路线

本书具体的技术路线与实施步骤，见图 1.12。

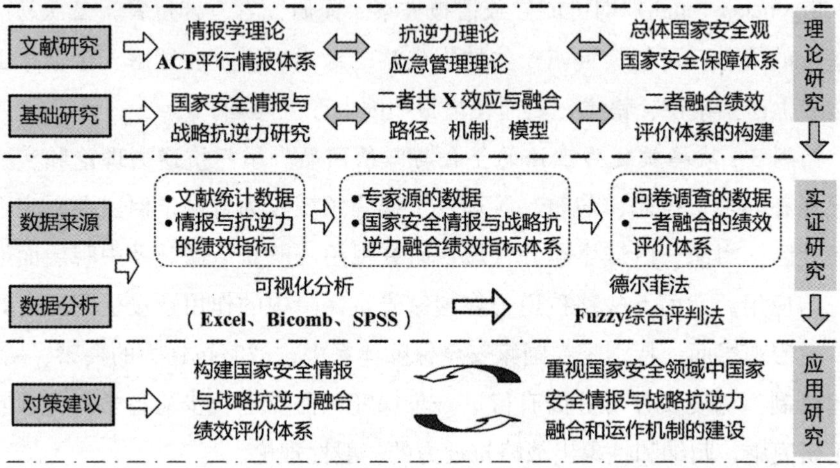

图1.12 技术路线图

2. 研究思路

本书研究思路，即逻辑关系如下。

（1）问题聚焦。以现实世界中各种国家安全事件或问题为事实背景，发现国家安全保障体系中现实问题及原因——国家安全保障实践应用之缺陷；并且通过研究综述，探寻形而上理论研究中存在的问题——国家安全保障理论研究上的不足，从而为本书研究提供真实且有价值的研究问题。

（2）逻辑起点。以情报为逻辑起点，信息链为逻辑过程，厘清国家安全情报的内涵、特征及其在信息链中的位置；再以战略抗逆力为支点，应急管理（战略抗逆力作用）过程为框架，分析国家安全保障体系中战略抗逆力的内涵、特征及作用。

（3）理论框架。梳理、归纳和阐述国家安全情报与战略抗逆力的理论基础，并以总体国家安全观为上位理论框架，分别对国家安全情报和战略抗逆力在国家安全保障中的定位、作用以及相互关系、相互作用效应等层面进行研究。

（4）融合模型。在已有的研究基础之上，根据相应的逻辑关系、运作过程等，研究国家安全情报与战略抗逆力的融合模型、机制及路径等；并通过相应案例分析，指出国家安全情报与战略抗逆力融合的重要性和必要性。同时，也提出我国国家安全领域国家安全情报与战略抗逆力融合的相应策略或建议。

（5）融合绩效。采用相关文献统计分析方法、德尔菲法、综合评判法等，从国家安全情报、战略抗逆力、二者间的融合（合作与共享、协同与联动）等三个方面，确定二者融合绩效指标体系、权重体系和评价标准体系，从而构建二者融合绩效评价体系。

（二）研究难点和研究方法

1. 研究难点

（1）基于总体国家安全观的战略抗逆力与国家安全情报融合理论、模型和机制的构建。抗逆力理论源于多学科抗逆力研究的共性，是主体（系统）应对外部冲击的系统能力，如何与国家安全情报融合，即融合理论、模型和机制的构建，将是本书研究过程中的关键问题。本书拟以信息链、应急管理流程为基础，以信息、情报和知识为纽带，突破融合之研究难点，并为后续实证研究和对策建议提供坚实的理论基础。

（2）国家安全情报与战略抗逆力融合绩效评价体系建立及相关调查数据的获取。由于国家安全情报涉及相关领域的特殊性，因此在数据的获取途径上具有一定的难度。为了确保数据来源的权威性，对于国家安全情报与战略抗逆力融合绩效评价体系的构建，本书依托于全国知名情报学专家和国内其他院校相关领域专家作为德尔菲法的咨询专家，这将是构建国家安全情报与战略抗逆力融合绩效评价体系的重要保障。

2. 研究方法

考虑国家安全情报与战略抗逆力所涉及问题的相互依赖性、复杂性与多元性，本书根据研究的重点或难点，采取不同的研究方法去解决相应的问题。本书主要采用以下研究方法。

（1）文献综述、博弈分析、社会物理学等方法。首先，通过文献综述提供理论基础，如情报学理论、抗逆力理论等；其次，通过文献归纳和演绎，发现现有理论的不足或盲点，作为本书研究的切入点；最后，通过理论的推导和逻辑推理确定相关概念间的关系和作用，如通过博弈方法分析国家安全情报与战略抗逆力之间的关系，通过社会物理学研究方法研究二者之间的共X效应（如共享效应、共轭效应、共生效应等），从而为融合提供相应的理论基础。

（2）文献计量：相关概念、特征的提取，学科演化分析。该方法主要用于国家安全情报与战略抗逆力概念的分析和特征的提取，也为绩效指标项的选择提供依据，同时为研究抗逆力理论演化过程、学科领域与研究主题的分析等提供了支持，为构建普遍意义上的抗逆力理论提供基础性的数据支持。

（3）德尔菲法与模糊综合评判法：确立指标与权重体系。通过这两种方法确定国家安全情报与战略抗逆力融合绩效评价体系，并用于融合绩效评价的实践。由于二者融合绩效内容与特定的专业知识相关度很高，因此，需要具备专业知识和领域背景的专家学者，才能给予有意义的回馈信息，以保证国家安全情报与战略抗逆力融合绩效评价体系建立的合理性、准确性和科学性。

（4）案例研究方法：案例分析和启示。案例研究方法是通过典型案例（美国情报融合中心和伊朗核电站遭病毒攻击），从正反两个方面证明国家安全情报与战略抗逆力融合的重要性和必要性，并提出对我国相关领域安全保障的启示。

（5）数据分析方法：数据分析与工具。用于对文献采集数据、德尔菲法、问卷调查采集到的数据进行分析，包括词频统计、共被引、均值、标准差、变异系数、肯德尔（Kendall）和谐系数等结果的统计或计算，主要借助相关工具，如 Bicomb、Citespace、SPSS、EXCEL 等统计分析工具进行。

四、研究框架和主要内容

（一）研究框架

首先，对已有相关领域的抗逆力理论和应急管理理论研究进行归纳，提炼出普遍意义上的战略抗逆力理论；其次，以信息链为逻辑链条并结合 ACP 平行情报体系对国家安全情报理论进行梳理和建构，包括国家安全情报的流程、知识和组织；再次，在总体国家安全观的基础上，以功能互补为抓手，以信息链（包括知识链、情报链）以及突发事件的演化进程为纽带，以国家安全情报和战略抗逆力间的共 X 效应为融合目标，采用规范性的研究方法构建国家安全情报与战略抗逆力融合模型，并对美国和伊朗两国相关实践案例进行研究；最后，在国家安全情报评价与战略抗逆力绩效评价理论基础上，构建国家安全情报与战略抗逆力的融合绩效指标体系与权重体系。具体研究框架结构如图 1.13 所示。

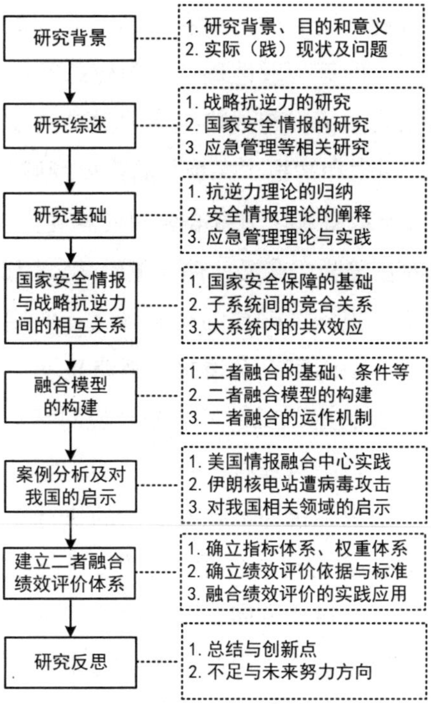

图1.13　本书的研究框架

（二）研究内容

本书研究主要目标是，构建国家安全情报与战略抗逆力融合模型以及绩效评价体系。首先，以总体国家安全观中国家安全辩证法为基础，探讨建立“情报为矛、抗逆力为盾”的国家安全情报与战略抗逆力融合模型以及运作机制；其次，在已有的情报评估、抗逆力绩效指标的基础上，探索建立二者间融合绩效指标体系，从而进一步构建国家安全情报与战略抗逆力融合绩效评价体系。主要内容包括以下方面。

（1）国家安全情报和战略抗逆力的相关基础理论研究。国家安全情报与战略抗逆力分属于不同学科领域，国家安全情报主要属于情报学研究对象之一，战略抗逆力主要属于安全管理中的研究对象。因此，通过梳理已有的理论研究成果，可以归纳出国家安全情报理论与战略抗逆力理论。具体包含三方面内容：①国家安全情报理论。如信息链、情报学原理、情报绩效评估、情报与国家安全保障等。②战略抗逆力理论。由于抗逆力理论研究的分散性，我们将通过对各学科抗逆力研究的归纳和总结，从特殊至一般，形成抗逆力的概念、特征、流程、评价等一般性理论。③应急管理理论与韧性智慧城市建设的关系。这是国家安全情报与战略抗逆力融合的重要结合部：应急管理突发事件处置情境是抗逆力和情报“在场”的重要场域。

（2）国家安全情报与战略抗逆力融合模型的构建。二者融合模型的建立，需要厘清相关要素的内在关联、交叉、演化逻辑等。因此，首要问题是发掘、探索抗逆力与国家安全情报深度融合的交叉区域、连接点、逻辑关联等。意义在于：①保障国家安全是国家安全情报与战略抗逆力融合的根本目的和动力，《国家安全法》《反恐怖主义法》《突发事件应对法》等法规是二者融合的法律保障。②信息链是二者融合过程中信息、知识和（智能）情报转化的路径。③情报是被激活的知识，抗逆力是被激活的执行能力，二者融合过程就是国家安全情报和战略抗逆力协同作用的过程。整合融合过程中的信息流、行为流、事件流、反馈流的传递方向，如何统合这些“流”的逻辑关系，将为二者融合提供内在逻辑性条件。④二者关系的研究，主要包括竞争性、合作性、共X效应等，这为国家安全情报与战略抗逆力的融合提供了理论依据。

⑤应急管理突发事件与智慧城市的发展是国家安全情报与战略抗逆力融合的时空场域。⑥ ACP 平行情报体系为二者融合提供了相应策略和方法，是实现 MEI 系统（Material, Energy, and Information System）良性运转的重要保障。通过上述融合目标、动力、保障、路径、方向、场域、策略和方法等要件的确立，融合模型的构建也就水到渠成了。

（3）国家安全情报与战略抗逆力融合绩效评价体系构建的研究。这部分研究旨在确立国家安全情报与战略抗逆力融合绩效评价体系。基于国家安全情报与战略抗逆力融合的组成要素及其相互作用方式，国家安全情报与战略抗逆力融合绩效体系的构建拟从三个方面入手：①通过对情报评估指标体系的研究，以获取情报，特别是实现国家安全情报领域的绩效指标体系的确立。②由于学科领域和研究视角的不同，战略抗逆力评价体系差异性较大，因此总结和发现共性的绩效指标是关键。③国家安全情报与战略抗逆力之间融合绩效评价。根据前面的研究，确定融合的效应测度内容，可以明晰绩效指标。以上三个步骤，基本涵盖了最大范围的国家安全情报与战略抗逆力融合绩效指标项，再通过德尔菲法，可确定指标体系、权重体系和评价标准。

（4）国家安全情报与战略抗逆力融合的案例分析。这部分主要以美国情报融合中心实践、伊朗核电站遭病毒攻击为案例，通过梳理它们在国家安全情报与战略抗逆力融合中成功的经验和失败的教训，为我国相关领域中的国家安全情报与战略抗逆力融合提供相应的启示和思考，并初步提出一些建设性的措施、思路或对策。

五、研究创新点

本书的研究创新点，主要是国家安全情报与战略抗逆力的融合模型理论与绩效指标体系的建立及其实践应用，具体表现在以下三个方面。

（1）国家安全情报理论与抗逆力理论的归纳与概化。国家安全保障是一个实践性很强但理论研究偏弱的领域，国家安全情报理论与战略抗逆力理论的归纳和概化是本书的重点之一。对于前者，拟从情报学的基本概念、基本流程、基本原理出发，结合情报信息属性等对国家安全情报理论进行归纳。对于后者，将从现有的抗逆力学术成果中，归纳和抽象为具有普遍意义的抗逆力理论，即从具体到一般，归纳各学科中抗逆力理论的共性。另外，将战略抗逆力纳入国家安全保障能力体系中加以研究，也是本书的创新点之一。

（2）国家安全情报与战略抗逆力融合模型的构建。以总体国家安全观为框架理论，探讨二者之间的融合。在国家安全情报和战略抗逆力的相关理论基础上，以国家安全情报与战略抗逆力之间的竞合关系以及共 X 效应为切入点，以信息链、决策链和抗逆力作用过程为流程，通过二者融合结构关系的演绎、融合路径的演化、融合策略和方法的构建等，提出较为完整的国家安全情报与战略抗逆力融合的理论模型和运行机制。二者融合模型与运作机制的构建丰富了国家安全保障理论体系，也是本书的一大创新。此外，本书通过案例分析进一步验证了该理论模型和运行机制在国家安全保障中的重要性和合理性，也为应急管理突发事件应对、韧性智慧城市建设等研究领域提供了新的启示与思路。

（3）国家安全情报与战略抗逆力融合绩效评价体系的开发。国家安全情报与战略抗逆力融合绩效指标项内容包括三个方面：国家安全情报、战略抗逆力，以及二者之间融合绩效指标体系。此外，通过德尔菲法、综合评判法建立国家安全情报与战略抗逆力融合绩效指标体系、权重体系，并建立评价标准体系，从而为二者融合评价提供参照系。国家安全情报与战略抗逆力融合绩效评价体系，将为国家安全相关实践领域应用提供绩效管理（考核）工具，在实践层面是一个重要的创新。

第二章
国家安全情报与战略抗逆力的基础理论

本章主要分析国家安全情报与战略抗逆力的理论基础，为战略抗逆力与国家安全情报融合寻找理论层面的支撑。这里主要从三个方面对相关理论进行阐述：首先，系统性地廓清国家安全情报理论内容。其次，在第一章抗逆力研究梳理的基础上，进一步归纳、分析，凝练出较为完整的战略抗逆力理论架构。最后，概括介绍应急管理理论，突发事件应对模式和流程，在此基础上拓展至应急管理与情报、抗逆力之间的关系。

一、国家安全情报理论

国家安全情报理论主要是指情报学理论在国家安全相关领域中的融合和延伸，其基本理论内核仍然是情报学中的基本概念、基本原理、基本方法和策略，否则，没有情报学基本理论作为支撑，国家安全情报便成为“空中楼阁”了。同时，国家安全情报有其自身独特性、活动流程、组织体系等，并且与国家各个层面、领域有着密切的联系。

（一）信息链和情报学基本原理

1. 信息链、情报活动链

（1）信息链。前文研究提到信息链理论，信息链描述了人类的认知进阶过程从低级阶段向高级阶段演进的无限循环过程。情报位于该信息链的顶端，即信息链的价值高地，因为它能给用户带来高附加值的情报（机遇的判断与选择）、提供智能（复杂难题的解决策略或方法）。信息链虽能简洁地描述数据、信息、知识和情报之间的关系，但也有其局限性：①对每个阶段的转化过程、相互关系、服务去向等并没有进一步阐述；②没有反馈评价路径，难以表达人类认识循环上升的过程；③信息链中要素间线性关系不足以反映数据、信息、知识、情报相互之间的网络空间。在大数据技术、人工智能技术及网络环境下，信息、知识、情报、智能已经不再是单链线性、按顺序演化，它们彼此之间可以发生网状的联系、循环转化与反馈活动。

（2）情报信息活动网络。为了更清晰地表达信息链中各阶段的转化过程以及信息链相应阶段的输出或服务端的行为，有必要对信息链进行扩充和改造，并把信息链的高端部分及其用途（对策、咨询、战略规划、科学决策等）结合起来。同时要考虑到信息链只是单向的演化进程，没有正反馈和负反馈进程，即情报评价流程并没有体现，而这与情报实践并不相符。孙成权等人对数据、信息、知识、情报、智慧和决策相互之间的关系进行了描述，见图2.1。该图对两两相邻要素间的转化过程进行了说明，而且在知识与情报、对策与智慧之间添加了反馈和互动。

从情报活动流程来看，图2.1仍存在几方面不足。第一，除了知识—情报、智慧—对策之间有互动反馈之外，其他相邻要素间缺少应有的反馈和互动；第二，情报—智慧、知识—对策之间并没有直接的联系或支持，这与实际对策和情报产品的形成不一致；第三，用户需求是情报工作的核心，为了体现这一核心在情报信息链中的作用，应增加这一主体的存在。

因此，本书拟在孙成权的信息、知识、情报（智能）间转换及对应关系图的基础上，主要进行三个方面的修改。首先，增加了从知识到对策的“支

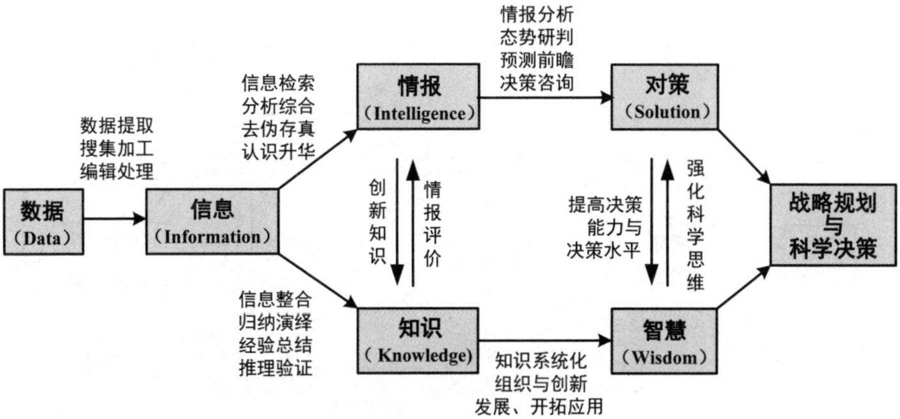

图2.1　数据、信息、情报、知识等与战略规划、科学决策相互关系示意图

持”过程，以及从智能到情报的专家智慧“判断”支持；其次，为两两相邻信息链中要素添加反馈（评价）的虚线指向，完善活动链条中反馈要素，为形成相应的情报网络、决策网络、评价（反馈）网络提供链路连通的条件；最后，增加了“用户需求”这个要素，情报活动是以用户的具体需求为任务驱动的，用户在情报活动中处于中心地位，原有框架中没能体现。而且用户的抗逆力可借助情报支持得以提高，反过来用户对情报服务的评价和反馈也是促进情报工作提高和完善的重要动力。通过这些调整和增加工作，形成了一个较为完整的信息活动链和信息价值链的结合示意图，从而能较为完整地阐释数据、信息、知识、情报（智能）间的转换和对应关系，见图 2.2。

在图 2.2 中，我们发现信息链与信息获取、知识形成、情报分析、规划和决策活动流程已经融为一体，形成多向或并行的、可循环（部分）的、网状的信息活动路径。这里举几个示例。

路径 1：数据—信息—知识—情报—对策—决策（情报服务系统）。其中信息可直接转化为情报，不一定恪守信息链的顺序，即不一定要经过知识的中间阶段。

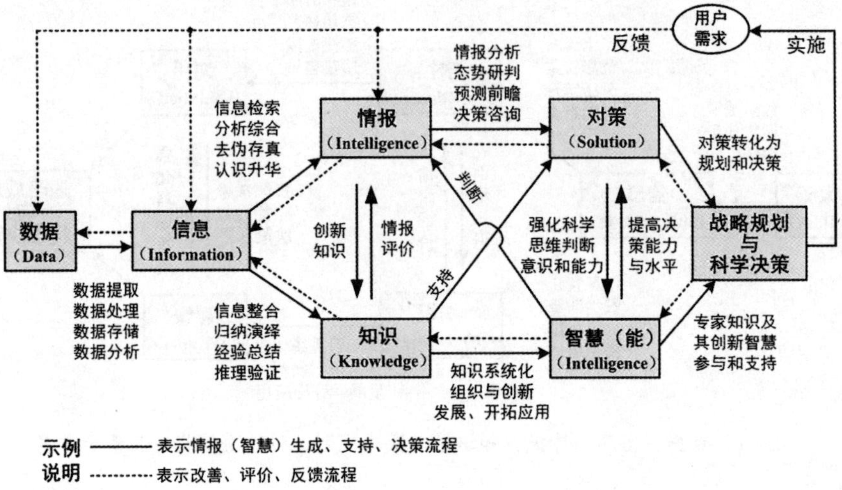

图2.2 有反馈和循环的信息链与战略规划、科学决策关系网络图[1]

路径 2：数据—信息—知识—对策。在转化成知识后，将系统性的知识按照一定的公理、原理、定律、推论进行逻辑推演，可形成相应的问题解决对策。

路径 3：数据—信息—知识—智能—决策（人工智能系统）。这充分体现在计算机科学的人工智能演化和发展进程中，如阿尔法围棋[2]。

路径 4：数据—（信息）—情报。即大数据环境下的情报工作，大数据分析平台结合建模直接从大数据中分析和输出情报。

还可以是路径 1 和路径 3 的并联（相当于情报工程方法）。在该路径当

[1] 本图在原图基础上做了局部调整，增加了“数据—信息”的转化步骤，将“智慧”中的wisdom（往往是指判断知识应用的状态）改为智慧（能）（intelligence），二者意义接近，本书不做区分，也便于问题的解释。另外，图中添加了相邻要素间对转化环节的反馈评价路径等。

[2] 阿尔法围棋（AlphaGo）是一款围棋人工智能程序，由谷歌（Google）旗下DeepMind公司的戴维·西尔弗、艾佳·黄和戴密斯·哈萨比斯与他们的团队开发，这个程序利用“价值网络”去计算局面，用“策略网络”去选择下子。2015年10月阿尔法围棋以5:0完胜欧洲围棋冠军、职业二段选手樊麾；2016年3月对战世界围棋冠军、职业九段选手李世石，并以4:1的总比分获胜。之后其升级版又连续赢得60盘棋，战胜若干世界围棋界高手。

中，可以直接从信息到知识或从信息到知识到情报（大数据分析系统），然后服务于决策者。总之，可以根据实际基础及条件决定情报转化路径，实现情报服务的目标。

从该拓展后的情报信息链可以发现，决策网络、支持网络、评价与反馈网络、情报（信息）分析循环网络、沟通网络、传播网络等并存于情报信息链之中。战略规划与科学决策不再是原有单一线性的情报支持，而是情报—对策、知识—智慧（能）四要素并行交叉来支持；图中的虚线部分表达了相邻要素间（后者对前者）的评价与反馈，如果是“虚线＋实线”便可形成反馈网络，形成良性的情报循环或决策循环，如信息、知识、智慧（能）、情报就可以组成情报循环，再如知识、情报、智慧（能）、对策可组成对策循环；相邻要素间实线和虚线的互动，同时也是情报组织内部、情报与外部用户之间的沟通和传播，多要素的参与便形成了沟通和传播网络。

2. 情报学基本原理

关于情报学基本原理，马费成教授在其文章和相关专著中指出：情报学的发展进程中存在一些带有普遍意义的、基础性的思想和原则，它们一直支撑着情报学的发展，并且其作用随着情报学的发展越来越突出。他总结了情报学的六个基本原理，如作为情报学研究分支之一的国家安全情报理论与实践，这些基本原理与规律也是国家安全情报理论与实践所应遵循的基本原理。

（1）*离散分布原理*。即认为信息、知识和情报是离散分布的，并在离散分布的基础上趋向于集中。国家安全情报属于情报的一类，国家安全情报分布遵循离散分布原理，其内容单元也以不同的方式分散于各种承载国家安全情报或信息的载体中。因而，对于国家安全情报搜集来说，必须系统、全方位地考察信息源。

（2）*有序性原理*。所谓序，是事物的基本结构形式，是事物构成元素间的相互联系以及该联系在空间、时间、结构中的表现，即空间结构中的排列组合、聚集状态、立体构造、结构层次及事物发展演化的时间序列。有序性同样也是国家安全情报工作和服务追求的基本目标，信息序化是情报工作的基础。而且，遵循有序性原理和规律，有助于我们理解现代风险社会熵增和无序的本质，情报信息的负熵与抗逆力的熵减（与迟滞相应的混乱与熵增）——有助于系统的恢复与秩序的稳定。因此，有序性为国家安全情报与抗逆力融合提供了理论支持。

（3）相关性原理。情报结构是按照一定规则相互关联的，揭示情报相互关联的规律和规则，是对信息、知识、情报进行有效组织和检索的基础。在万物互联和感知的网络时代，事件、事物、人际、人事间的各种关系（因果关系、相关关系、无关）异常复杂，国家安全情报就是要把目标和任务或问题关联起来，一方面获取与目标相关的情报，另一方面在获取的情报之间寻找关联性。

（4）易用性原理。是指人类在交流、获取和利用信息、知识、情报方面，希望更加简捷、方便、易用、省力。发现和遵循易用性原理及规律，可使情报获取和服务的成本最小，效益最大。随着信息技术的发展，国家安全情报也在不断地推进情报获取、存储、分析和解释工具（平台或系统）的有效应用，从而使得情报工作者的情报工作更为简单、省力，能够提供高效、精准的情报工作和服务，如大数据、人工智能、物联网等技术已在助力国家安全实践。

（5）小世界原理。又称为“六度分割理论”，即研究和揭示人际间信息联系和交流得以实现的路径及其特征、规律。小世界原理是建立最佳信息、知识和情报网络的基础。本质上，小世界现象揭示的是人类信息联系与信息对象之间的相关性，也是情报相关性的具体表现。该原理是广泛地应用情报关联分析的重要依据，也是安全情报分析的重要理论依据，特别是网络信息安全情报或舆情分析的重要基础。

（6）对数透视原理。是指人类获取和接收信息、知识和情报的认知过程中遵循对数转换机制。说明物理空间的信息与进入人类认识空间的信息、知识和情报之间，以及信息载体和信息内容之间存在数量和特征上的差异。该原理为情报、情报学的定量化提供理论、方法和途径。

（二）国家安全情报概念、特征和过程

1. 情报概念及分类

本书中情报主要是指处于信息链的高端节点——情报或智能（智慧），即intelligence，而在安全领域，特别是在我国与情报相关的法律中，如《国家安全法》《反恐怖主义法》中用的术语是“情报信息”，说明情报源于信息、高于信息，是一种激活的知识。情报是信息链连续谱中的高端部分，是一种知识，是一种行动，为组织而服务；情报是“耳目、尖兵、参谋”，实现“知彼”，才能为决策和行动服务。

对于情报的分类，美国学者舒尔斯基等人根据搜集手段的不同划分为：①人力搜集的情报，缩写为HUMINT（human intelligence）；②技术手段搜集的情报，缩写为TECHINT（technical intelligence）；③公开来源搜集的情报，缩写为OSINT（open source intelligence）。克拉克（Clark）做了更进一步的拓展，包括图像情报、人力情报、测量与特征情报、信号情报、开源情报等。

2. 国家安全情报概念

肯特、舒尔斯基和克拉克等人所说的是一般意义上的情报，但其内容都与国家安全相关。也有学者或组织机构提出国家情报、战略情报等概念，如美国《国家战略情报法案》《情报改革与恐怖主义防范法》提及的概念，都可归为国家安全情报。国内一些专家提出要建立国家竞争情报，将企业竞争情报理念和方法移植到国家层面来实施，主要针对国家竞争力的保持和提升。贺德方认为，战略情报通常是指对国家经济、社会发展和国家安全具有战略性、全局性、长远性和前瞻性的情报。情报是国家安全情报的上位概念，在情报谱系中还包括其他类别的情报，如竞争情报、科技文献情报、专利情报、反恐情报等。

为了避免概念间的模糊表达，实现从外延到内涵层面的统一性、清晰性和针对性，同时也为了符合国家安全情报工作开展的要求，有必要对国家安全情报进行清晰表述。基于情报的相关概念，并结合总体国家安全观中关于国家安全内涵的全新阐述，本书采用以下国家安全情报概念。

国家安全情报是关于某个国家安全的情报，是为了实现国家战略目标，

为了保障国家和平与发展的安全状态，为了解决传统国家安全问题和非传统国家安全问题，而采用的情报和反情报手段，其中包括与国家安全相关的知识体系、组织体系、活动流程、法律和监督体系、教育和培训体系等方面。

该概念对国家安全情报的目标、范围、内容、手段和方法等做了明确的阐述，突出了“非传统国家安全”，从而避免了在内涵和外延上与其他分支概念之间相混淆，或被简单等同为“斗篷加匕首”的谍报活动[1]。国家安全情报既包括传统安全领域的情报，也包括非传统安全领域的情报。

3. 我国国家安全情报类别的划分

根据总体国家安全观中的国家安全领域来划分，国家安全情报可分为政治安全情报、经济安全情报、军事安全情报、社会安全情报、国土安全情报、科技安全情报、信息安全情报、生态安全情报、资源安全情报、文化安全情报、核安全情报等 11 个领域。这种分类有利于国家安全情报组织的专门化和专业化。这 11 种国家安全情报类别并不是一种严格意义上的区分，有些情报属于跨领域、复合性的，如国土安全情报、社会安全情报等。本书中国家安全情报与传统的国家安全情报在性质上存在差异，传统国家安全情报往往偏向于政治、经济、军事等领域。本书中国家安全情报既包括传统的国家安全情报，也包括非传统的国家安全情报，如卫生疫情安全情报、粮食（资源）安全情报、信息安全情报、生态安全情报、文化安全情报等。

4. 国家安全情报的特征

首先，国家安全情报属于情报的子概念，具有情报的一般性特征；其次，国家安全情报有其区别于其他情报的独特性。学者武夷山提出的情报特征是“广、快、精、准、特”，其中“广”主要是指情报信息的分布范围广而散，因此要广泛地搜集信息；“快”是指情报的时效性，在规定的时间内，

---

[1] 情报（intelligence）不能等同于谍报（espionage）。情报是处于信息链的高端部分，经过一系列的信息处理、情报分析、专家判断的产品（是知识、活动或组织）。谍报则是通过非常规渠道、手段进行数据或信息搜集活动。它区别于人力情报（HUMINT），后者是利用合法的身份、手段和方法获取数据信息。

尽可能迅速地提供给用户；“精”要求情报产品把数据、信息浓缩成精华，去粗取精，具有更高价值；“准”则是要求情报具有准确性，即去伪存真，满足用户的目标需求；“特”是要求情报人员具有特殊才能（掌握特定的情报处理、分析、解释工具、方法等）处理情报工作，即情报的高效性。包昌火指出竞争情报具有战略性、对抗性、谋略性、可行性和合法性等特征。其中，战略性是指情报总是与组织战略和安全问题相关联，解决的是宏观层面的问题；对抗性是由利益的竞争性所决定的，因而同时兼具了保密性；谋略性是指情报过程中分析者的智慧、专长知识的深度参与，使得情报对决策者具有更高的决策性效用；可行性是指情报产品转化为实际行动的顺利与否；合法性要求从业者须符合行业的伦理道德、法律法规等，即情报的获得必须符合相关法律法规以及职业道德。还有学者指出，企业竞争情报应具有再生性、前瞻性的特征。

我国情报学源于科技文献情报，并向其他领域拓展和延伸，为各类情报学提供基础性概念框架、理论基础、方法和工具体系。竞争情报发端于军事情报（属于安全情报的国防安全领域），并沿袭其理论内核，外延于企业管理（组织管理）。军事情报虽属于情报的分支领域，其发展又近乎独立，但从对其概念术语、理论体系、产品生产过程等进行梳理来看，它与（通用）情报学并无太大差异，信息链的逻辑、情报的生命周期几无二致。明显的差异在于信息链的输入和输出，输入端的数据搜集源更为多元，包含公开的、秘密的电子通信信号、卫星图像、人力情报等，输出端即为国家政府各个层面、军事高层、企业、组织、公众等。相比较而言，整个军事情报流程对外是封闭的。

因此，国家安全情报作为信息链的高端部分，一方面，具有（通用）情报学的基本特征（见图 2.3 的左侧部分），另一方面，又具有竞争情报、军事情报及其自身的相关特征（见图 2.3 的右侧部分）。

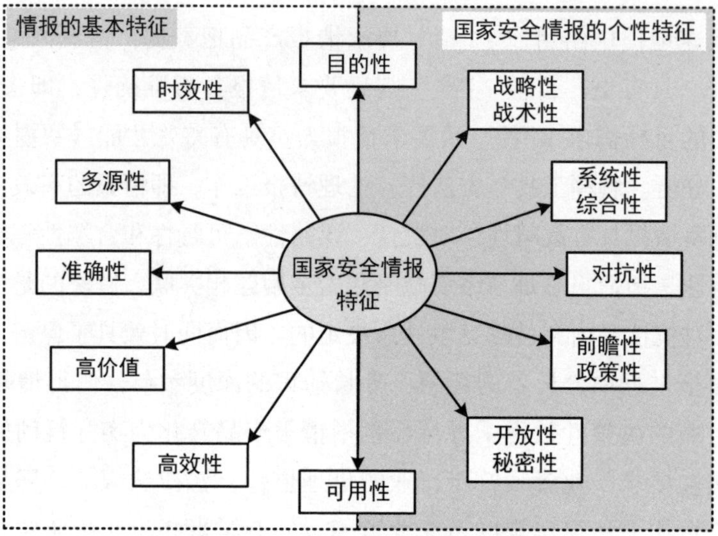

图2.3　国家安全情报特征示意图

（1）战略性与战术性。国家安全情报的目标和任务是服从于国家安全战略目标和任务的需要，既重视传统安全，又重视非传统安全；既重视国土安全，又重视国民安全；既重视长远国家安全发展，又重视潜在突发事件的发生。这充分说明国家安全情报同时具有宏观视野和微观细致，兼有战略性和战术性的特征。

（2）系统性和综合性。首先，国家安全情报体系包含各领域情报，它们相互联系、相互作用和相互协同。其次，国家安全情报既需要为国家战略决策提供全面的、综合性的支持，也要服务特定时期、特定领域的具体安全任务和目标。最后，国家安全情报属于全源情报（all-source intelligence）体系，即能够实现跨组织、跨领域、跨类别的情报融合。

（3）前瞻性和政策性。国家安全情报的前瞻性，是要求对国家安全领域的发展进程与趋势具有敏锐的洞察力和预见性，从而赋予决策者在战略决策上更多的裁量空间。国家安全情报产品的政策性，原因在于国家安全情报是国家战略与政策的制定、重大措施实施等的重要依据，这就需要国家安全情报能够给国家安全相关政策提供战略性的支持。

（4）开放性和秘密性。从国家安全情报的信息来源看，可分为两个方面：一方面是可从公开源信息获取情报；另一方面是指秘密情报（通过人力情报、技术侦察情报等手段获得的情报源），秘密情报不是单独的情报领域，仅是情报信息源的搜集手段之一，秘密性还表现为反情报手段的实施、情报产品的保密等。从国家安全情报领域的开放程度来看，也分为两个方面：首先，在传统国家安全领域，如政治、经济、外交等领域的国家安全情报仍属于高度机密的情报，必须予以保护、保密；其次，在涉及非传统安全领域，如科技、文化、卫生、环境等领域的国家安全情报则多属于开放性、公开性的。另外，这些方面的国家安全情报也应以某种方式告知社会公众，起到宣传、引导、教育、帮助他们应对可能潜在的威胁、危险或风险等作用，以提高个人、社区、组织的抗逆力水平。

5. 国家安全情报的工作过程

主要包括国家安全情报需求分析、计划和定向、信息搜集、处理和开发、分析和出品、产品分发和融合、情报评价与反馈共七个阶段[1]。将情报循环与我国古代的朴素辩证思维相结合，能很好地说明国家安全情报的运作流程，见图 2.4。其中，评价与反馈阶段围绕着六个阶段，既可以作为独立的阶段，也可作为其他各阶段的一部分。如果是在某一个阶段过程中或输出时进行评价与反馈，就属于形成性评价，其目的是改善中间产品质量或解决相应的问题。总结性评价是在情报循环周期结束，经过情报专家的评价或是经过用户实践检验而进行的评价，是一种以等级或结果为导向的评价。

[1] 这七个阶段以美国联邦调查局（Federal Bureau of Investigation, FBI）情报循环为例，其他如美国中央情报局、国防情报局对情报循环的定义近乎相同。而且竞争情报循环也是源于美国情报界情报循环。本书借用情报循环，结合我国太极图的辩证元素，构建国家安全情报循环示意图。

图2.4　国家安全情报运作流程

图 2.4 的核心是中间的太极图，寓意国家安全情报工作是一个辩证的过程，主要体现在以下几个层面。① 阐明了我国国家安全的全面性，重视国内和国外两种环境的安全与稳定，特别是周边环境的和平与稳定，因此，既要重视国内的安全情报，又要关注国外的安全情报。② 在总体国家安全观中，国家安全包括传统安全和非传统安全。因此，国家安全情报既要重视传统的安全情报（黑色区域），如政治安全情报和军事安全情报，也要重视非传统安全情报（白色区域），如科技安全情报、经济安全情报、文化安全情报等。③ 由于安全情报行为涉及国家安全，因此，既需要公开的情报行为（白色区域），也需要秘密的情报行为（黑色区域）；对于国家安全情报来源，白色区域代表开放获取的情报源（如电视、广播、互联网、图书、杂志、报纸等），而黑色区域代表人力情报源、各类技术情报源等；既包括一些国家安全情报需要保密（黑色区域），也包括一些国家安全情报脱敏后向公众广而告之，以提醒公众防范特定风险的公开情报（白色区域），如外交部、国家旅游局根据国外区域风险，定期发布出境旅游安全公告。④ 安全情报工作过程是竞争与合作的统一。在国际交往中，一国必然与他国产生竞争与合作的效应。在涉及国家利益冲突时，国家安全情报是竞争性的，掌握情报优势能为国家安全决策提供支持，增加国家安全保障。在涉及全球政治、经济秩序，环境保护，跨国犯罪、反恐、贩毒、网络安全等议题时，需要多个国家或地区，乃至全球共同合作，在此条件下的国家安全情报具有合作性、协同性，可彼此共享，

从而扩大合作利益面。当然，这种合作是有限度的，并非无保留的合作。⑤国家安全情报是确定性和不确定性的统一。情报源于信息，情报信息也是能消除不确定性的东西。一方面，国家安全情报能为决策者消除某领域安全和发展趋势等方面的不确定性因素，这是国家安全情报能消除不确定性因素的确定性。另一方面，由于国家安全情报源的有限性，情报分析方法、评估技术或工具的不精确性，情报人员自身能力等因素的影响，国家安全情报产品内容不可能是绝对的判断和结论，而是携有不确定性变量的概率上的判断和结论。⑥国家安全情报分为情报工作和反情报工作。情报和反情报是其工作的一体两面，但它们的目标和任务都是保障国家的安全和发展。

6. 国家安全情报组织体系

当前美国安全情报组织体系是一个由众多机构组成的庞大情报组织集团，具体关系见图 2.5。但长期以来，美国情报部门之间在信息和情报共享上仍存在很大障碍。这种各自为政的竞争体系又被称作“烟囱式结构”。这一问题在“9 · 11”恐怖袭击事件后有所改观，从另一个方面说明美国国家情报机构应对外部环境变化的适应性很强。

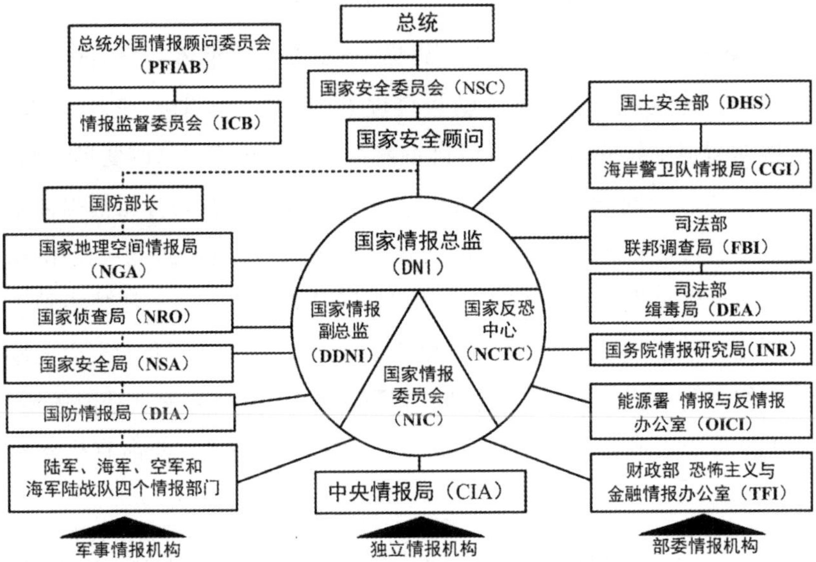

图2.5　美国情报界组成结构及其隶属（工作）关系示意图

对于我国来说，由于国家安全情报涉及领域多，既相互区别，又相互联系，需要规划专业化与专门化相应类别的国家安全情报组织机构，同时也要考虑在新形势下国家安全领域交叉、融合、相互联系的特点，在国家安全情报组织中建立相互协调、协同合作的机制。在国家安全情报机构的设计和规划过程中，我们既要学习发达国家安全情报组织体系的优势，也要吸收他们失败的教训，同时发挥我国政治制度的优越性和后发优势，构建符合我国国家安全需要的国家安全情报组织结构。

（三）ACP 平行情报体系[1]

王飞跃将著名科学家钱学森提出的情报“激活”与“大成智慧”之理念与社会计算和情报学的研究相结合，在此基础上提出“情报 5.0：平行时代的情报体系”。他认为在情报 5.0 时代[2]，情报就是一种封装的智能，而智能就是一种开放的情报。情报将是从军事国防、社会经济到个人服务等方面整个社会的核心与关键，主要特征就是实时、在线、交互的社会信号、社会情报、社会智能，主要的技术和方法是基于 ACP 平行情报理论与系统技术，而情报 5.0 的目标就是实现从牛顿定律到默顿定律的转变。

（1）5.0 平行情报体系。王飞跃认为，5.0 平行情报体系是通过虚实互动的平行系统，是构成实际与人工情报过程平行运行的实时、在线、闭环、自适应，根据情报工作的需要，可以自主搜索、交换、变态（改变形态），并向实际的情报组织及时和针对性地发出情报、提醒、警告的智能情报体系。其中主要包括：①情报 5.0 的核心理念——虚实互动、情报与智能合一的平行思想。②情报 5.0 的两个关键支撑。分别是 ACP（人工社会 + 计算实验 + 平行执行）理论和社会物理信息系统 CPSS 基础设施。③情报 5.0 的三个主题分别是智能组织（智能机构）、智慧行动（智慧管理）、社会智能（智能解析）。④情报 5.0 的四个集成和最终目标。将人员、装备、信息、使命有机地融合为

[1] 本小节内容主要源自王飞跃研究员及其团队所提出的ACP平行情报体系理论。

[2] 情报5.0阶段界定，是根据工业发展相对应的阶段来划分的：工业1.0对应于机械化、工业2.0对应于电气化、工业3.0对应于信息化、工业4.0对应于网络化、工业5.0对应于平行化。

一个整体，最终目标是使情报工作所面临的 UDC：不确定性、多样性和复杂性，转换为完成特定任务和使命所生成情报之 AFC：灵捷、聚焦、收敛等品质和特性，如图 2.6 所示。

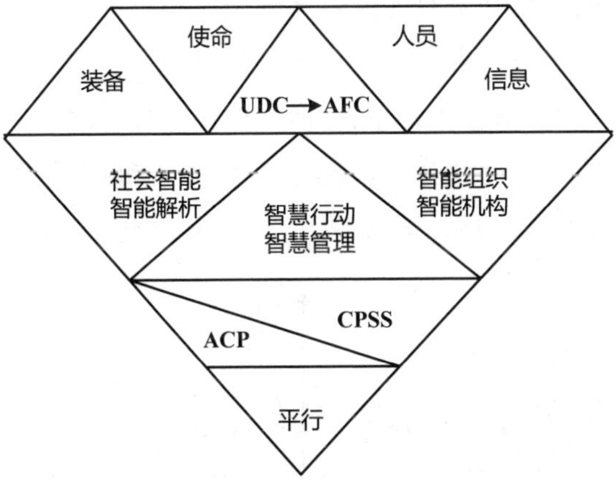

图2.6　情报5.0：平行时代的智能情报体系

（2）平行情报理论的蕴含。随着信息技术突飞猛进地推进，移动互联技术、物联网技术、可穿戴技术、3D 打印技术等不断涌现，人类已进入大数据时代。人类社会实践活动，将通过各种连通于网络的终端设备，在网络世界中留有相应的数据集。反过来，这些数据集的汇聚将形成反映人类社会活动的数据映像，既包括其实体社会活动的行为轨迹，也包括反映其对外部环境感受、思想意识、认知倾向等方面的信息表达。数据映像一旦形成，便成为波普尔所称的“世界 3”的组成部分。可以想象，在不久的将来，当人类及其活动的完整数据映像逐渐形成时，物理世界将在虚拟空间中产生（近似）完整的镜像，虚拟空间的信息聚集将反映物理世界的演化规律，经过物联网、传感网、移动互联网将两个世界连通于一体，完成虚实融合。社会计算就能够根据这些数据集将人类社会运行轨迹进行描述，并进行计算，预测、预见未来，探寻规律。

平行情报理论的核心内涵在于平行计算（管理）系统，并将该理论与各类管理实践相结合，生发多种平行管理系统，这些平行管理系统连接物理世界和虚拟世界，从而实现相互融合和平行管理。在应急管理领域中，根据应急管理（突发事件应对）实践提出了平行应急管理系统（Parallel Emergency Management System, PEMS）。本质上，真正的突发事件是无法准确预见的，但有效应急管理的基础却是对之进行准确预测和正确防范，即将实际情景与人工情景相结合，实现对突发事件正确、及时和合理的处置，达到保障（国家）安全之目的。王飞跃认为，融合物理世界、心理世界、人工世界的社会物理信息系统，通过平行计算，将成为“激活”情报的基础生产设施。在此基础上实现情报工作的目标，即从 UDC 向 AFC 转化，见图 2.7。

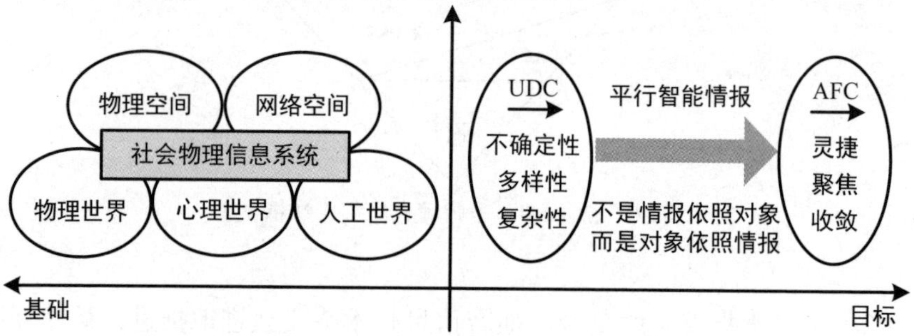

图2.7　智能情报的变革：从UDC到AFC

（3）平行情报理论与国家安全保障。平行情报理论主要是，在复杂的环境中通过虚实平行计算，把情报工作所面临的三个障碍 UDC——不确定性、多样性和复杂性，通过与社会物理信息系统中的组织、系统的融合，转化为对应情报的三个特性 AFC，即灵捷、聚焦、收敛。平行情报理论在舆情监控与预警、特定社群分析与发现、网络社群运动演化规律、突发事件管理、公共卫生安全监控、企业生产运营与管理等方面已经有了较为成功的应用，特别是在安全情报分析领域，开发的暗网系统已经实际运行，并取得了积极成效。

平行情报理论与其他情报学理论分支的最大区别在于“融合”，契合了我国古代有关“知行相资”“知行合一”的理念，“知”相当于知识、情报，“行”相当于主体所具备的能力（包括战略抗逆力）。因此，它并不是单纯的情报理论体系，而是通过平行计算，虚实融合，实现情报理论与社会物理信息系统实践（ACP/CPSS）相融合，将虚拟（情报）空间与实际物理空间融为一体。战略抗逆力就是社会物理信息系统（组织）中，由装备、人员和使命所组成的一种面向危机、威胁和风险时所激活的能力，以应对外部环境中的不确定性、多样性和复杂性；情报则是通过平行计算所获得的信息，也是面向特定问题或任务时激活的知识（也可认为是能力），并利用其灵捷、聚焦和收敛以解决特定的问题或任务。总之，平行情报理论将为战略抗逆力与国家安全情报之间的融合提供理论支撑。实现国家安全情报与战略抗逆力融合，是社会物理信息系统解决安全、面对不确定性和复杂性等问题时可能的、现实的重要策略。

（四）差错管理视角下情报失察的理论分析

（1）情报失察。情报失察的研究很丰富，教训虽多，但仍持续发生。贝茨（Betts）曾指出："负面的或描述性理论——以经验理解情报系统是如何出错的，应该如何完善；与此相反，很少有证据表明学者或一线工作者将这种知识成功地应用到（情报）改革实践中，并显著地减少了情报失察。"因此，他认为情报失察是不可避免的。加特纳（Gartner）则是将情报失察与情报差错分开了，将情报差错（intelligence errors）分为两类：Type I——预测的行为永远没看见（发生），如伊拉克大规模杀伤性武器的相关情报；Type II——发生的事件之前没有预测到，如美国"9・11"恐怖袭击事件发生前没被情报预测到。他还清晰地指出了情报差错与情报失察的不同——情报失察的发生往往是由于倾向（bias）导向且与安全需要背道而驰的预测。情报失察是导致政府（或其军事力量）采取不合适行动而且产生与自身利益相悖的形势误判，更糟的是，情报失察的发生已使得国家安全利益不可逆转地受损。

（2）差错管理与情报失察的分析理论构建。①情报差错概念。差错是指，无论个人或组织都可能会出现与计划或目标不一致的偏离行为。情报差错是指，在情报信息搜集、处理、分析、解释过程中，由于主体（系统）的数据源、知识体系、工具、方法等客观因素的缺乏或不足，导致情报分析路径

（流程）、产品与预期计划或用户需求相偏离的行为。可以通过改进情报工具、方法，优化情报流程，减少差错的发生，但是不能完全避免。该概念排除了分析中的知识缺陷、思维定式、政治倾向、宗教、种族主义倾向、利益诉求、意识形态、错误的方法等主观因素的渗入而产生的情报错误（intelligence wrongs）。②多个情报差错的级联耦合结果即为情报失察。差错管理理论中，事故（failures）是由差错级联耦合产生的，Reason 的瑞士奶酪模型简洁地说明了差错产生事故的机理。借用该模型，情报失察正是由于情报活动各环节中情报差错发生的窗口级联耦合情况造成的。另外，情报失察还与政治文化、社会公众的归因文化（情报似乎正在为所有的国家安全利益受损而担责）、决策文化（决策者的决策失误也可由情报失察来遮挡）等因素有关。Keith Hall 曾经指出，危机期间各种裂隙消失了，并且所有的角色都竭尽全力地工作，创建首尾相连的解决方案，但处于非危机状态下，却做得不够好。他所指的“裂隙”，则是情报分析各阶段连接点出现的问题，也是情报各阶段之间出现差错的高危处。③情报失察的思考。从情报分析过程、决策过程来看，情报失察始终难以从根本上被消除。那么，可从以下几个层面着手：首先，区分情报差错和情报失察，区别对待二者，即减少情报差错，避免情报错误；其次，营建情报组织的差错文化、重构决策层的决策归因制度、重建社会大众的差错归因文化，以人因学和客观的视角，对待情报差错；最后，为了防止情报差错耦合、情报错误导致情报失察所带来的国家安全利益受损，仍需培育个体、社区、组织、城市乃至国家的战略抗逆力，以抵御在国家安全领域中危机、危险、威胁可能带来的安全突发事件。

二、战略抗逆力理论框架

战略抗逆力理论（resilience theory）并不是单一学科理论体系，而是建立在跨学科理论研究和实践应用框架基础之上的。由于涉及领域之多，范围之广，以至于连其基本概念——resilience 都难以在内涵上保持一致，已渐渐成为一个语义过载的术语，在不同学科或领域中表达着不尽相同的含义。但是，这并没有妨碍 resilience 的跨界融合进程，它在不同学科中生发新的内涵，并在实践中发挥其独特有效的、解决问题的哲学思维、方法和策略。本节拟从战略抗逆力概念与特征、类别与功能、维度和层次、触发条件、作用机制与过程等方面构建抗逆力理论框架，为后文国家安全情报与战略抗逆力融合提供理论基础。

（一）战略抗逆力的概念内涵及其特征

1. 战略抗逆力的概念内涵

全球化、技术复杂性、事物相互依赖性、恐怖主义、气候变化等，使现代社会和组织面临日益增长的风险。风险之间也相互关联，一个地区的中断事件可能产生多个方向或单向时间序列上的级联效应。各级主体要有应对或管理新出现风险的能力，能预测不同风险之间的相互作用，并从中断处恢复的能力，这些对于 21 世纪的企业来说是获得竞争优势的能力，对国家来说也是一样[1]。这种能力就是战略抗逆力（resilience）。

抗逆力本身的内涵富有广泛而抽象的意蕴，在理论研究中广泛应用，再加上语境、情境、实践场的迥异，因而赋予抗逆力内涵和外延丰富多彩、多棱面甚至相互冲突的特质，表现在不同学科或领域中，如力学、电磁学、生态学、工程学、信息科学、社会学、政治、心理学、建筑学、管理学、经济学等，几乎含及从自然科学到人文社会科学的各个领域。因此，本书无意于统一抗逆力的外延或边界，也不想强加或改变其内涵。而是借助该概念或隐喻，凝聚各种抗逆力内涵中的普遍性，用以解决社会实践的相关领域中，特别是决策规划、应急管理、情报支持等涉及国家安全保障的理论问题与实践困惑（问题）。

目前，国内抗逆力的相关研究主要源于国外，在概念界定上也是如此，为了获得抗逆力的共性内涵，我们从国外相关文献中搜寻各种抗逆力概念，汇集在一起，以便进行分析。具体结果见表 2.1。

[1]　van Opstal D. The resilient economy: integrating competitiveness and security[EB/OL][2016-05-22]. http://www.osti.gov/scitech/biblio/945030.

表2.1　国外抗逆力概念内涵及对应学科领域

作者（发文年份）	抗逆力概念	学科领域
维基百科（2016）	抗逆力是材料吸收能量的一种性能，在其（受外力）弹性形变后释放能量。换句话说，它是指每单位体积能存储最大弹性的能量，可用应力—应变曲线下弹性区的面积大小来表示	材料学/物理学
Wildavsky (1988)	抗逆力是“从逆境中学习，目的是怎样做得更好”（p.2），也是对预料之外的危险在开始显现时进行处置和学会反弹回来的一种能力（p.77）	工程学
Sutcliffe与Vogus (2003)	抗逆力是指在挑战性的环境中积极地调整以维持主体的生存	管理学
Madni (2007) Madni 与Jackson (2009)	抗逆力表现在多方面：避免（预期）、抵御（吸收）、适应（重构）、恢复（复位） 抗逆力系统观：操作环境，侦测/学习，适应/检查；抗逆工程的概念框架：系统抗逆力是中断引起的后果，系统使能特征，与方法相联系，以及可测度	工程学
Reinmoeller与Baardwijk (2005)	抗逆力是（组织）一段时间后通过创新实现自我更新的能力	管理学
Woods (2006)	抗逆力是一个系统对于预料之外的扰动处理（这些是工程设计之外的扰动）的认识和适应程度	工程学
Starr 等 (2003)	企业抗逆力是抵御系统的不连续以及对新的风险环境适应的能力	企业管理
Hale and Heijer (2006)	抗逆力是柔性，是一种应对意外和计划外情形时的能力	工程学
Westrum (2006)	抗逆力是为了：①预防严重的事态发生；②防止事态变得更加恶化；③当严重事态发生时，从中得以恢复	工程学
Seville等(2006)	抗逆组织在面临逆境时仍能实现其核心目标	组织行为学
Hamel 与Välikangas (2003)	战略抗逆力是一种当环境发生改变时，企业流程动态的再造模式和战略	管理学
Lengnick-Hall与Beck (2005)	抗逆力是一种独特的认知、行为、情境特征的混合体，能提高公司理解当下形势并进行针对性响应的能力	管理学
Gunderson (2000)	一个生态系统在没有改变自组织过程和结构或改变其状态的情况下能够抵御扰动量的程度	生态学

（续表）

作者（发文年份）	抗逆力概念	学科领域
Jackson (2007)	系统抗逆力是组织、硬件和软件系统减少失败或损失的严重性或可能性的一种能力，是适应环境改变和恰当地响应的能力。抗逆力是一种在上述影响下，绩效能力没有崩溃，并从中断处幸存下来的能力	工程学
Nathanael 与 Marmaras (2006)	工程抗逆力的目的是提高一个复杂社会—技术系统适应或吸收扰动、中断和改变的能力	工程学
Kendra与 Wachtendorf (2003)	抗逆力是指经受一次打击且整体上没有恶化的一种能力，即多数抗逆力概念包括从中断处适应并回弹的理念	工程学
Axelband与 Valerdi (2007)	抗逆力是系统的属性，即尽可能使系统少经历失败，尽可能使系统从失败中恢复	工程学
Grote (2006)	抗逆力是在稳定性和灵活性之间适当的平衡，以保证在可控下的适应	工程学
McDonald (2006)	抗逆力是组织系统预测和有效管理风险的能力，通过它的行动、系统和过程的恰当应对，以确保其核心功能在一个稳定的、实际相关的环境中运行	管理学
Sundström 与 Hollnagel (2006)	抗逆力是组织的一种能力，在内外不利事件的多层面影响下，在一定时期内有效地调整和应对预料之外和中断性事件并能知悉这些事件的长期性影响	管理学
Fiksel (2003), Fiksel (2006)	抗逆力可以定义为系统的一种保持其结构和功能而忍受扰动的能力；更具体点，即在商业环境中，企业抗逆力可被定义为一个企业面临动荡变化时的生存、适应和成长的能力	管理学
Carpenter 等 (2001)	抗逆力是与自组织相关的能力，是适应性能力	生态学
Rohmeyer与 Ben Zvi (2009)	抗逆力是组织商业运作的一种能力，对内部或外部动态变化的一种快速适应和反应能力……并且持续运营以限制其对于商业产生的影响	管理学
Sitkin (1992)	抗逆力可定义为组织学习的一种结果（p.241）	管理学
Luthans (2002)	抗逆力是一种积极的心理弹性能力，从逆境、不确定性、冲突、失败中“弹回”，或甚至积极地改变、前进和增加责任感（p. 702）	心理学

（续表）

作者（发文年份）	抗逆力概念	学科领域
Ponomarov与Holcomb (2009)	抗逆力是供应链的适应性能力，在理想的相互连通、结构与功能控制的水平上，通过维持经营持续性以应对意外事件，响应中断和从中恢复过来（p. 131）	供应链管理
Pettit 等(2010)	企业在面临激烈变化（的环境）时生存、适应和成长的能力	供应链管理
Klibi 等(2010)	抗逆力是供应链网络的一种能力，以避免中断或快速从失败中恢复（p.287）	供应链管理
Juettner 与 Maklan (2011)	供应链抗逆力包括四种抗逆力：灵活性、快速性/反应速度、信息获取能力和供应链成员间的协作能力	供应链管理
Powley (2009)	抗逆力可被定义为一种适应性的过程，“抗逆力激活”机制是指当组织遭遇威胁、挑战或无法预测的突发事件时，抗逆力将会出现或被激活（p. 1292）	管理学
Allenby B, Fink J. (2005)	抗逆力是系统在面对内部和外部变化时，必要时可体面地降级以维持其功能和结构的能力	社会学
Alberti 等(2003)	城市在重构一套新的结构和流程之前忍受改变的程度（p. 1170）	生物及环境科学
Godschalk (2003)	抗逆力是物理系统与人类社区组成的可持续网络（p. 137）	工程学
Pickett等(2004)	抗逆力是系统面临变化着的环境时调整的能力（p. 373）	生物及环境科学
Ernstson等(2010)	为了维持某一动态的管理体制，城市管理也需要构建改革能力以应对不确定性和变化（p. 533）	环境科学/社会科学
Campanella (2006)	抗逆力是指城市从被破坏中恢复过来（p. 141）	社会科学
Wardekker等(2010)	能忍受扰动（事件和趋势）的系统通过特性或采取措施限制其影响，减少或抵消伤害和破坏，使系统响应、恢复，并快速适应这种干扰（p. 988）	企业管理
Ahern (2011)	系统认识到变化和扰动并从中恢复过来且没有变化到其他状态的能力……系统是“安全地失败”（p. 341）	环境科学
Leichenko (2011)	抗逆力是一种能力……忍受各种各样的冲击和压力（p. 164）	环境科学/社会科学
Tyler and Moench (2012)	鼓励一线人员思考创新和改变，以帮助其从可预测或不可预测的压力和冲击中恢复过来（p. 312）	环境科学/社会科学

（续表）

作者（发文年份）	抗逆力概念	学科领域
Liao (2012)	城市防洪抗逆力是指防止死亡和受伤，并保持当前的社会经济特征，城市承受洪水的能力，以及在发生物理破坏和社会经济破坏时进行重组的能力	环境科学
Brown等(2012)	抗逆力是一种动态性和有效性地响应以改变气候环境而且继续以可接受的水平运行的能力（p. 534）	环境科学/社会科学
Lamond与Proverbs (2009)	抗逆力包含这样的想法，即城镇应该能够从重大和次要的灾难中快速地恢复过来的能力（p. 63）	工程学
Lhomme等(2013)	城市吸收混乱并从中恢复其功能的能力（p. 222）	地球科学
Wamsler等(2013)	城市的灾难抗逆性可以理解为对一个城市进行管理……以实现：①减少或避免当前和未来的灾害；②减少当前和未来对灾害的敏感性；③建立灾难恢复的运转机制和结构（p.71）	商业管理/工程学/环境科学
Chelleri (2012)	应从抗逆力（系统持续性）、转变（系统渐进式的变化）和转换（系统重新配置）的视角进行设计……（p. 287）	地理科学/社会科学
Hamilton (2009)	抗逆力是在面临灾祸和其他灾害时恢复的能力，并持续保障生活、商业、工业、政府和社会活动等方面的主要功能（p. 109）	工程学/社会科学
Brugmann (2012)	抗逆力是在更广泛的环境下，城市资产、场所和（或）系统提供有效和有用的可预测行为的能力（p. 217）	环境科学/社会科学
Coaffee (2013)	抗逆力是经受颠覆性挑战并从中反弹回来的一种能力（p. 323）	社会科学
Desouza 与Flanery (2013)	抗逆力是城市系统对变化进行吸收、适应和反应的能力（p. 89）	企业管理/社会科学
Lu and Stead (2013)	一个城市在保持其功能和结构时吸收动荡的能力（p. 200）	企业管理/社会科学
Romero-Lankao 与 Gnatz (2013)	一个城市社会人口和系统忍耐广泛的灾害和痛苦的能力（p. 358）	环境科学/社会科学
Asprone 与Latora (2013)	对不寻常且通常是破坏性事件的适应或反应能力（p. 4069）	工程学
Henstra (2012)	一个气候抗逆力的城市……有忍受气候变化压力的能力，对气候相关的灾害有效反应的能力，迅速从后续负面后果中恢复过来的能力（p. 178）	社会科学

（续表）

作者（发文年份）	抗逆力概念	学科领域
Thornbush与（2013）	抗逆力是城市社会、经济和自然系统所具有的有效的、充分的、符合未来发展的总体品质（p. 2）	能源/工程学/社会科学
Wagner and Breil（2013）	社区所拥有的总的能力，在危机或灾难中能忍受痛苦、幸免于难、适应和恢复过来，并快速前进（p. 114）	农业与生物科学

分析这些概念的英文文本，发现多数视抗逆力为应对风险（crisis）、中断（disruption）、灾难（disaster; tragedy; catastrophe; calamity）、威胁（threat）、突发事件（emergency）、动荡（turbulence）等问题的一种能力，通过吸收（absorb）、消除（eliminate）、减轻（alleviate）、减少（reduce）、忍受（withstand）、抵御（resist）或避免（avoid）的过程，适应（adapt）、恢复（recover）或反弹（bounce back）到原来的状态、结构和功能。这些定义中，多数把 resilience 看成是一种被动性、应力性（stress）的能力[1]，是一种对抗、吸收外部压力并恢复至常态或原来的状态。只有少数抗逆力概念是从主动、积极的角度，肯定抗逆力蕴含正向或正面的效应，如革新（renewal）、改造（reinvent）、替换（replace）、重建（rebuild）、流程再造（reengineering）、重构（reconstruction）、重塑（remodel）、改革（reform）、学习（learning），抓住机遇以获得更好的发展环境、途径和方向。这些元素的融入显然将改变抗逆力的被动性、应力性、受制于人的消极面，因而具有积极、主动、预见性能力，即应变的能力。这也符合在逆境中不但承受住动荡、混乱和危机，而且能获得更为快速的成长机会。

通过分析发现，这些概念内涵的共性包括以下几个方面：①抗逆力是系统（主体）所拥有的一种能力；②抗逆力是应对各种中断性事件（灾难、灾

[1] 应力为一物理学术语，是指物体由于外因（受力、湿度、温度场变化等）而变形时，在物体内各部分之间产生相互作用的内力，以抵抗这种外因的作用，并试图使物体从变形后的位置恢复到变形前的位置。

害、压力、变化等）的能力；③抗逆力包括准备、抵御（吸收）、适应、恢复等几个阶段，也有把反思、组织学习等纳入其中；④抗逆力的目的是为了保持系统（主体）结构的完整性和功能的持续性，甚至获得更好的发展机会。

因此，在研究国家安全的视域下，对于国家安全保障来说，抗逆力具有战略性意义，因而称之为战略抗逆力（strategic resilience）[1]。与战略的抗逆力（resilience of strategy）内涵有差异，前者是能力，后者则是战略。在本书中，所谓战略抗逆力，即是系统（或主体）的一种筹备性和适应性的能力，在面临灾难、危险、危机等引起的中断性逆境或突发事件时将被激活，以迅速地抵御、吸收、恢复以保持系统（或主体）的安全和连续性，并积极反思和变革以赢得发展机遇的能力体系。

其中，概念中对应的关键词及其英文包括：筹备性（preparatory）、适应性（preadaptated）、中断性逆境（disruptive adversity）、突发事件（emergency）、抵御（withstand）、吸收（absorb）、恢复（recovery）、反思（rethink）、安全（security）、连续性（continuity）、赢得（scout）、机遇（opportunity）。这些关键词能够较为全面地描述抗逆力的激活条件、作用过程以及相应结果和目标。

2. 战略抗逆力的特征——基于词频统计方法的研究

特征是一个客体或一组客体特性的抽象结果。特征是用来描述概念的（GB/T 15237.1-2000，2000），是一个概念区别于其他概念的重要依据。因此，根据前面抗逆力概念梳理的文本以及包括知名组织机构（联合国减灾办公室、世界银行等）报告中的抗逆力定义文本，笔者进行了分析、整理、归类、合并。主要步骤包括：①抗逆力概念文本的选取、整理。从英文文献中选取抗逆力文本概念近 60 个（按引用率排名顺序选择），见表 2.1。②将抗逆力概念文本汇总至一个文本文档（txt 文档），剔除括号、标点、引号等。③对关键词进行归类、整理、合并。将文本以空格为分隔符，导入至 Excel 电子表格

[1] 本书中“战略抗逆力”主要是指国家安全领域中的抗逆力，即抗逆力在国家安全领域中的应用。后文中，除非已有特定语境所指之外，对于“抗逆力”与“战略抗逆力”不做具体区分。

软件，排序，删去冠词、介词、连词、人称代词、物主代词等。然后进行合并，既对在不同定义中多次出现的同一单词合并，也对意思相同、词性不同的进行合并，如 adaptive 与 adaption、resilience 与 resilient 合并，还对大小写不同、单词相同的进行合并等。通过前面的三个步骤之后，遴选出近 50 个能描述概念性质的词，排除了一些关键词，如 resilience 虽频次很高，但不能作为抗逆力本身的特征词。disaster、crisis 等虽频次高，但它们是抗逆力的作用对象，也不是抗逆力的特征。④对同义、近义词进行归一，意义转换。对单词不同，意义相近的词进行合并，如 stability 与 robustness；对一些词进行了转换，如 learning 转化成 rethinking；有的特征如广谱性是根据抗逆力的应对范围来概括的；等等。⑤通过以上抽取、汇总、统计、转化和分析，确定了抗逆力的主要特征，见表 2.2 的右侧两列，分别是英文和中文所对应的关键词。⑥为了验证前面步骤所获得结果的准确性，通过 Bicomb 软件对 WOS 在本章中检索的外文文献的基础上进行关键词的词频统计，频次阈值设定为 28，得到 50 个英文关键词（见表 2.3）。按照前五个步骤整理后，得到的关键词或关键词内涵基本上一致，说明表 2.2 抗逆力特征关键词整合的结果是可信的，准确的。

表2.2　抗逆力特征关键词整合的结果[1]

特征关键词归类 （同义、相近、上下文关联）	抗逆力特征 （英文）	抗逆力特征 （中文）
anticipate/prepare/adjust/prevent /avoid/uncertainty	prospective	前瞻性
adapt/adaptive/adaption/survive/sustain/recovery	adaptability	适应性
flexibility /maintain /stability/continuity/effective	robustness	鲁棒性
quickly /rapidly/respond	agility	敏捷性
absorb/withstand /resources/collaboration/	redundancy	冗余性
self-organization /reorganize	self-organization	自组织

[1]　本书没有从中文文献获取抗逆力的特征，主要原因在于中文抗逆力（弹性）文献多属于心理学、教育学、生态环境等领域，其学科定义绝大多数源于国外文献，故不再重复中文定义的文本分析。

（续表）

特征关键词归类（同义、相近、上下文关联）	抗逆力特征（英文）	抗逆力特征（中文）
activation/unanticipated/uncertainty	not activated	潜隐性
resources/collaboration/intelligence/strategic / connectedness	resourcefulness	智慧/机智
learning /understand/positive	reflective	反思
tolerate /acceptable/dynamics/bounce/rebound	broad-spectrum/ inclusive	广谱性

表2.3　WOS与抗逆力相关文献中关键词词频统计分析

（采用工具为Bicomb，阈值=28）

关键词	出现频次	关键词	出现频次
resilience	3056	community	55
climate change	251	disasters	53
vulnerability	230	protective factors	52
adaptation	180	PTSD	48
stress	177	social capital	45
risk	118	quality of life	44
sustainability	113	development	43
trauma	110	posttraumatic stress disorder	40
coping	108	psychological resilience	40
depression	107	ecosystem services	39
mental health	103	error resilience	39
community resilience	100	restoration	38
recovery	98	risk management	37
social-ecological system	93	adaptive management	35
resistance	74	well-being	35
adolescents	73	disaster risk reduction	34
anxiety	69	security	32
disaster	69	stability	32

（续表）

关键词	出现频次	关键词	出现频次
children	66	prevention	31
reliability	66	family resilience	30
adaptive capacity	64	youth	29
disturbance	62	resilience engineering	28
governance	59	biodiversity	28
adolescence	58	gender	28
social support	57	risk factors	28

（1）前瞻性（prospective）。抗逆力的前瞻性主要是指对可预测和难以预测的危险、威胁和风险进行预警、预防和准备，以降低或避免主体（系统）可能遭受的冲击或损失。通常表现为态势感知、预警、预见、准备和学习。

（2）适应性（adaptability）。是指主体（系统）在混乱、动荡、急剧变化的环境中，采取有效地适应环境变化的能力、策略和措施。一般可分为静态适应性、动态适应性和临界适应性：静态适应性是指主体面对外部环境的变化，依靠自身的固有知识、能力、组织结构体系做出响应与应对；动态适应性是指主体依据外部环境变化的特点，对自身知识、能力、组织结构体系进行局部调整以响应之；临界适应性则是指外部环境变化的压力接近主体所能承受的临界点，通过自组织或相变（战略创新）而拥有的新适应能力。

（3）鲁棒性（robustness）。是指系统在抵御变化时没有调整其初始状态的能力。多指主体在面对外部各种可能或难以预料的变化或中断时，在组织结构、能力水平、绩效水平等方面所具有的稳定性。抗逆力的鲁棒性是其核心特征之一，正是由于主体抗逆力的发挥，才能保持主体在其结构、功能、绩效上的鲁棒性。

（4）敏捷性（agility）。原多用于描述体育运动员的能力，是平衡力、协调力、速度、反应能力、力量和忍耐力等的综合体现[1]。敏捷性包括两方面因素：①及时以适当的方式对（预期与预料之外的）变化快速（quickly）响应；②利用变化并视之为机遇加以利用。抗逆力的敏捷性体现了抗逆力并不是被动的，而是能积极主动应对，并从中抓住机遇。

（5）冗余性（redundancy）。是指抗逆力的形成是在主体相应的核心资源冗余基础上产生的，核心资源能保障主体的基本结构、核心功能和关键绩效不会受到实质性的损毁。如果无冗余资源，在面对中断性变化时，主体无冗余资源响应、应对，则主体安全状态将受到实质性的损害。

（6）自组织（self-organization）。是指某系统的相应要素间具有相干性、协同性或某种默契，从而能形成具有相应特定结构或功能的过程，是系统在特定时空内的一种混沌性的表现，促使系统（主体）突破原有结构和功能的限制，从而实现系统的突变。抗逆力是在系统遭遇外部中断性变化时被激活的能力，赋予各子组织、个体更大的自主性、主动性，从而激发底层的自组织性尝试创新以应对外部中断，而且可能逐渐重构组织结构，获得创新能力和绩效。

（7）潜隐性（not activated）。抗逆力并非时时发挥着作用，而是在特定的条件下才被激活。常态下，即外部环境没有发生突变或中断时，抗逆力处于潜隐的状态，不会发挥其作用。只有当发生突发事件时，才会激活抗逆力的显现。

（8）智慧或机智（resourcefulness）。是指系统（主体）拥有在新情境（主要是指困境或逆境）下表现出来的处理困难的智慧、谋略、迅速反应和有效性，即具有审时度势、灵活的资源调度配给能力，从而应对危机和突发事件，系统（主体）的安全才能得到保障。抗逆力的这一特性与情报的分析与判断能力相类似。

（9）反思（reflective）。是指抗逆力具有记忆、整理、总结和学习的功能，一方面，组织通过提供宝贵的学习资源，提高组织学习效果，完善组织中个体、团体以及组织各个层面的知识体系，解决问题的能力，并提升

[1]　Wikipedia. Agility[EB/OL].[2016-02-02]. https://en.wikipedia.org/wiki/Agility.

抗逆力层次；另一方面，在对危险、威胁和危机的抵抗、从中恢复等过程中，进行总结和反思，寻找这些逆境出现的特征、规律，为安全情报知识库中纳入相应监控对象，扩大安全情报预警范围，提升安全情报能力提供相应的支持。

（10）广谱性（broad-spectrum/inclusive）。抗逆力作为保障系统（主体）安全的能力之一，与情报活动的区别是，有特定目标指向性不同，抗逆力并没有特定的问题（危机、威胁或风险）指向，是面向所有可能发生的（预期或预料之外的）危机、威胁或风险。从这个角度来看，抗逆力具有广谱性。

（11）融合（integration）。该特征是根据抗逆力作用过程涉及主体与资源利用、信息交流、各子单位等因素的关系分析而来。抗逆力系统需要内部子系统之间的融合，以促进一致性决策和行动。拥有抗逆力的系统，其内部在不同层面（纵向与横向）行动的融合是显而易见的。其中，系统的信息（情报）交换，使它们能够集体协同、迅速反应，提升主体（系统）的反馈效率。

3. 战略抗逆力的类别

（1）按照学科领域或行业划分。抗逆力的种类包括生态抗逆力、工程抗逆力、农业抗逆力、环境抗逆力、材料抗逆力、心理抗逆力、供应链抗逆力、灾难抗逆力、文化抗逆力等。在众多抗逆力概念中，材料抗逆力是抗逆力概念中应用比较早的，如霍夫曼（Hoffman）认为抗逆力是系统回到原有状态的内在能力，后来抗逆力被广泛地应用于生态领域。被广泛引用、影响深远的是霍林提出的抗逆力概念：抗逆力决定了系统内部各种关系的持久性，以及衡量该系统保持持久性所具有的吸收外部变化的能力。之后逐渐被其他学科领域的学者所借鉴、拓展、更新，如工程领域、心理学领域、管理学领域等人文社科领域。

（2）按照主体组成划分。包括社会抗逆力、组织抗逆力、社区抗逆力、群体抗逆力、个体抗逆力。个体抗逆力主要是指，人的心理功能及其发展并未受到严重压力 / 逆境的损伤性影响的心理发展现象。相关国际组织常用社区抗逆力强调社区在应对灾难性事件中发挥的作用，如诺里斯（Norris）等认为社区抗逆力是在动荡或不利事件出现后与适应性能力网络相联系的过程。组织抗逆力是指组织在动荡时期所具有的内在的、适应性的涌现性，以及使组织具有适应性能力。有关个体、社区、组织抗逆力之间的关系见图 2.8。社会抗逆力则是组织、社区和个体抗逆力的整合和延伸，是社会群体和个体适应外部环境变化的能力。

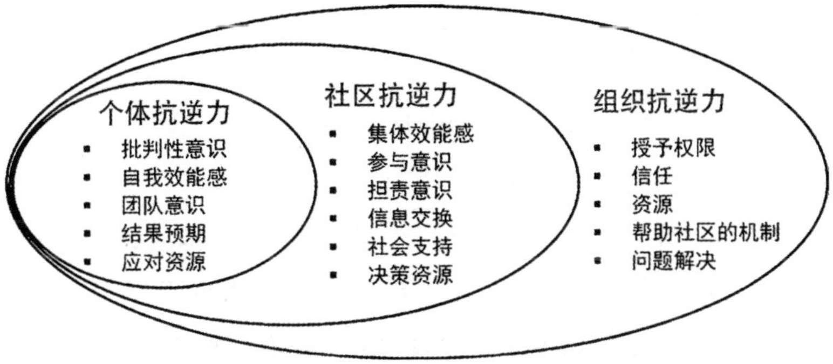

图2.8　个体、社区、组织抗逆力关系模型

（3）根据抗逆力作用的规模大小划分。包括社区抗逆力、城市抗逆力、区域抗逆力、国家抗逆力、全球抗逆力等（见图 2.9）。城市抗逆力是指，一个城市系统及其构成的社会生态和社会技术网络在跨越时间和空间尺度上保持或迅速恢复到所需功能的能力，是面临动荡时，适应变化，并对当下或未来适应能力受限的系统进行快速变革。区域抗逆力往往是指具有共同特征的地理区域，如长江流域应对洪水或干旱的抗逆力。国家抗逆力则是以国别为单位，是指在逆境出现或冲击性事件发生后感知国家的力量和脆弱性之间的平衡。有学者认为，国家抗逆力包括爱国、乐观、融合和信任四个元素。从国家层面延伸至全球抗逆力，则是指全球在应对世界性的重大突发事件时所具有的抵御和从中恢复的能力，如全球反恐、经济危机、气候变化等。

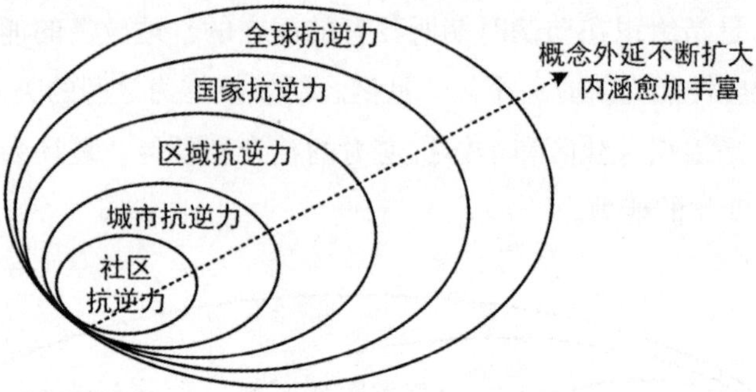

图2.9 抗逆力作用规模（区域）类型

（4）按照总体国家安全观的视角划分。依据前文总体国家安全观中国家安全的类别，抗逆力可分为政治抗逆力、经济抗逆力、军事抗逆力、国土安全抗逆力、科技抗逆力、信息抗逆力、社会抗逆力、生态抗逆力、资源抗逆力、文化抗逆力、核抗逆力等 11 大类别。本书后文也主要以此分类结果展开研究。

4. 战略抗逆力的目标

战略抗逆力的作用对象是国家安全领域中存在的威胁、危险和危机，其主要目标是增强国家抵御各种灾害、危险、威胁的能力，以保障国家的安全（静态）和发展（动态）。首先，保障国家安全的目的是对国家安全现状给予维持以达到一种稳定的（stable）状态，本质上是保障国家相关领域的基本结构和核心功能处于一种正常运维的状态；其次，保障国家安全并不仅仅是维持国家安全的稳定，还要保障国家发展前进的方向和战略的实现，这是动态地（dynamics）保障国家安全，却往往被抗逆力研究者所忽视。

从更为具体的目的来看，战略抗逆力定位于完善和消弭系统（主体）的脆弱性（fragility）和弱点（vulnerability），从而具有对各种灾难、危险、危机和威胁的“免疫”能力。如果说国家安全情报的目标是从外部发现对手（敌人）潜在的攻击意图或其优势所在，那么战略抗逆力则是从内部发现自身的脆弱处，并弥补之，而且通过学习、演练、预案、准备等规定动作，为国家安全提供“免疫力”的保障。当突发事件不可逆转地发生了，战略抗逆力则在柔性地降低一定绩效或功能的基础上，抵御与吸收冲击以保障基本结构和核心功能不受损，并适应变化和从中恢复至原有水平，甚至超出原有的绩效层次（转危为机）。

（二）战略抗逆力的维度

Tienney 根据抗逆力在不同层面或领域的表现，将其划分为四个维度：①专业能力。指的是物理或社会系统通过组成要素，要素间及其与整个系统间的连接和交互，在灾难或中断发生时，实现为人所接受的或所期望的层次的能力。②组织维度。指的是组织管理关键设施的能力，有责任做出执行与灾害有关的关键性功能的决策，并且采取有助于实现上述抗逆力特征的行动，也就是说，这有助于实现更好的鲁棒性、冗余性、智慧和敏捷性。在最近相关研究中，领导力和战略也被作为抗逆力的重要组成部分。③社会维度。指的是通过特定设计的措施来减轻因灾难、中断性事件而遭受消极影响的社区和政府辖区的关键服务损失的程度，如准备、演习（训练）、学习能力，以提高应对未来风险、危险和危机带来的突发事件冲击的能力。④经济维度。指的是社会或物理系统具有降低由于灾难、中断性事件而带来的直接和间接经济损失的能力。

McManus 根据抗逆力发挥作用进程中的表现特征对其进行划分，概括为 1 个指标、2 个函数、3 个能力和 4R 阶段。1 个指标是指主体（系统）的关键绩效指标 ΔKPI（与打击发生前的系统绩效相比较的变化），开始变化量急速增加至最高值，后随着时间的推移，曲线与水平轴渐近，表明关键绩效指标恢复至原来水平，说明适应能力在发挥作用。2 个函数分别是：系统脆弱性函数 f（vulnerability）表明系统脆弱性随着时间推移发生的变化情况，系统适应性能力函数 f（adaptive capacity）是指系统适应性能力的时间特性。3 个能力是：降低关键脆弱性、构建适应性、改善情境感知的能力。4R 阶段分别是：降低（Reduction）阶段、准备（Readiness）阶段、响应（Response）阶段、恢复（Recovery）阶段，其中响应阶段与恢复阶段是在打击——突发性事件发生后，才触发启动的。具体见图 2.10。另外，英国国家标准《BSI 65000：

2014 组织抗逆力指南》将组织抗逆力层次划分为 6 个层次：层次 0（不成熟的）、层次 1（基本的）、层次 2（管理型的）、层次 3（已确立的）、层次 4（可预测的）和层次 5（最佳的）。

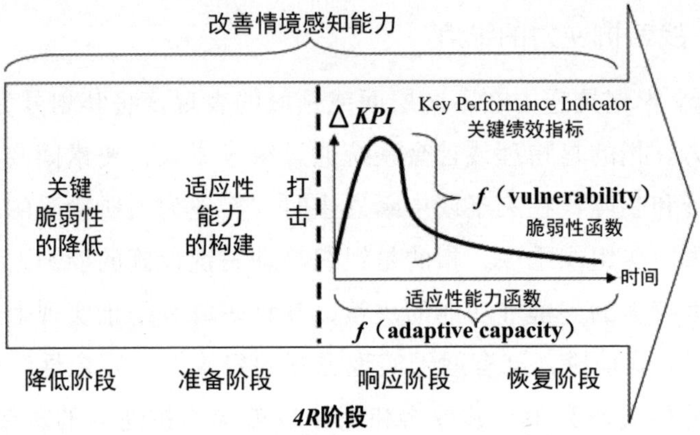

图2.10　抗逆力的组成维度、阶段、绩效指标

（三）战略抗逆力的形成与作用过程

1. 战略抗逆力的形成

包含两层含义：首先是主体战略抗逆力的具备；其次是主体战略抗逆力被激活发挥作用。战略抗逆力具有潜隐性特征，即在常态下处于未被激活的状态，“隐”而不发。这里的“常态”是指，主体按照既定的目标运行并处于相对安全的状态，处于无威胁、危险或风险的状态与环境之中，此时，战略抗逆力是“潜隐”的、未被激活的。“激活”战略抗逆力的条件则是打破“常态”的突发性事件的发生，并中断主体原有的进程。如举重运动员没有负重时具备举重的实力，比赛时其实力得到相应的展示——“激活”。

基于此，战略抗逆力的形成主要是在准备阶段。①脆弱性评估和需求分析。主体根据内外环境评估、自身脆弱性评估以及已有的经验或教训等，对战略抗逆力发展需求进行评估，确定主体需求和资源供给。②计划和方案制定。根据需求，制定相应的战略抗逆力发展规划、应急预案等，对人、财、物、技术、信息（知识）等资源进行分配。③组织学习和提升鲁棒性。从中观和微观的视角，推动个体和组织学习，提升个体和组织应对危险、危机和威胁的意识、知识、技术、能力等。另外，通过各种竞赛、实训、演练、模拟、实战来增加主体鲁棒性、适应性，提升战略抗逆力。④战略环境态势感知能力的构建。战略环境态势感知能力要求对主体安全全面、及时、准确地感知，从而帮助主体提升对威胁、危机和危险等监控、预测、预警的能力。⑤各种关键的领域、节点、技术、设施、系统和资源冗余性的形成。一般来说，威胁、危机、危险所引发的后果是严重的，当关键领域、节点、设施、系统等被功能性地损毁，它们的冗余备份将迅速替补，从而保障主体安全地运维。

2. **战略抗逆力的作用过程**

Linkov 将抗逆力作用过程划分为三个阶段：计划、吸收和恢复（见图 1.11）。我国对于突发事件的处置分为事前、事中和事后三个阶段。二者的共同点为：将战略抗逆力看作围绕突发事件处置的线性过程。

本书战略抗逆力的作用过程与二者有差异，是一个四阶段的周期性循环过程：准备、响应、恢复、反思和学习等阶段，见图 2.11。战略抗逆力的作用过程中，最重要的两个阶段是准备和预防阶段、反思和学习阶段，准备和预防阶段是战略抗逆力的形成阶段，反思和学习阶段则是主体的创新和发展，形成新的免疫力（突发事件）。另外两个阶段是战略抗逆力的呈现阶段。

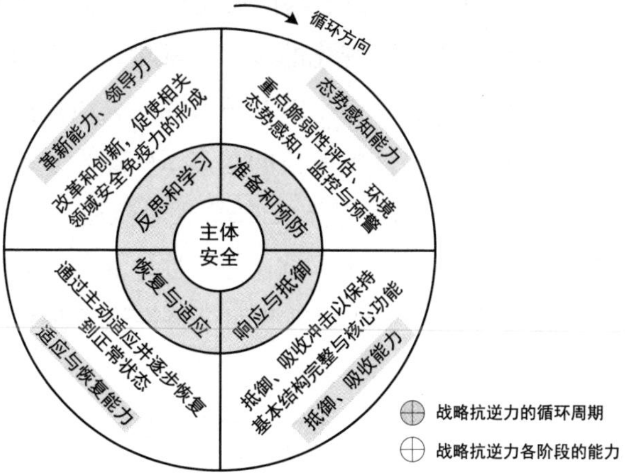

图2.11　战略抗逆力的作用过程

（四）战略抗逆力绩效的测量与评价

战略抗逆力的评价，主要是通过测量系统（主体）对于外部冲击吸收、抵御和恢复过程中时间或速度、成本和绩效等方面的效果指标，衡量战略抗逆力的作用成效。另外，战略抗逆力的评价也将通过反思、学习和总结各种突发事件的特征、演化规律，为进一步完善和提升战略抗逆力提供参考目标、路径和依据，为丰富系统的知识库、提高抗逆思维与意识等提供参考。

目前，对战略抗逆力进行评价的研究与实践很少，其他学科中抗逆力评价研究可作为本书研究的参照物。战略抗逆力评价所采取的思路是，按照系统（主体）在突发事件发生前的状态、突发事件持续的状态、恢复至常态后，从这三个方面进行比较、判断和评价。第一，从突发事件发生后到恢复至原来状态所需时间的长短来看，时间越短，恢复速度越快，系统的抗逆力水平越高。第二，从突发事件发生后的绩效水平与发生前的绩效水平之比来看，比值越大，说明战略抗逆力作用越大，效果越明显，反之亦然。第三，系统从突发事件到恢复至常态时，从整个过程中所有损失之和的大小来判断战略抗逆力的效果，损失越小，战略抗逆力的作用越大。具体的评价工具或方法主要有：数学公式法、问卷统计法、个案研究法等。

1. 战略抗逆力绩效的测量与评价

Bruneau 和 Reinhorn 提出关于基础设施的抗逆力三角形，见图 2.12，为抗逆力的测量与计算提供了可视化的基础。其中，A 点为突发事件发生时间点，之前为系统的正常运行状态；B 点是系统损失绩效能力的最大值，也是系统绩效品质最低点，还是恢复阶段的起点；D 点是系统绩效恢复至正常状态（突发事件前的状态）；阴影部分 ΔABD 便是抗逆力三角形。

Attoh-Okine 等人进一步提出了抗逆力特性计算公式（见公式 1），但并没有对抗逆力 4R 特性中的冗余性和机智两个特性进行量化或通过公式进行计算，只能计算其中的鲁棒性和快速性。[抗逆力可以通过 4R 进行测度，即鲁棒性（Robustness）、冗余性（Redundancy）、机智（Resourcefulness）和快速性（Rapidity）。]

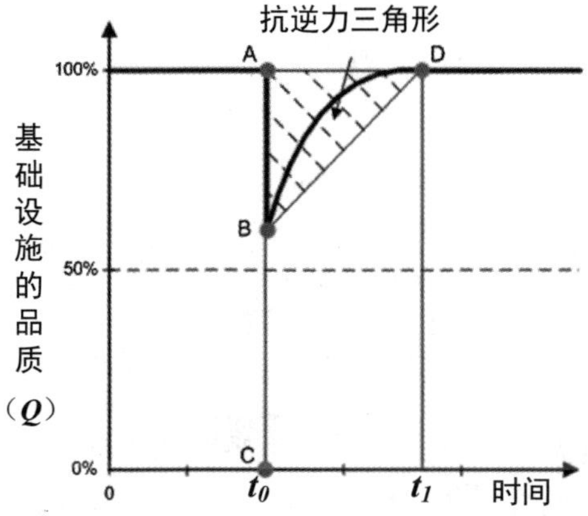

图2.12　抗逆力属性与三角形示意图

$$Resilience=\frac{\int_{t_0}^{t_1}Q(t)dt}{100(t_0-t_1)}\qquad（公式 1）$$

其中，Q 表示基础设施品质，或是系统（主体）的绩效水平；t_0 是事故发生的初始时间，而 t_1 是完全恢复的时间；根据该公式模型，单位抗逆力等于单位时间内的绩效大小。

Ayyub 结合抗逆力的概念内涵和系统绩效具有自然老化的特点，对抗逆力绩效品质曲线进行了调整，认为突发事件的发生符合 Poisson 分布概率为 λ 的事件发生率，并提出新的抗逆力测量模型，见图 2.13。该模型有这样几层含义。①根据事件引起系统失败时绩效变化路径的不同，失败的过程（路径）划分为三种：*f1* 路径——脆弱的系统；*f2*——可延展的系统；*f3*——得体的系统。②对于恢复过程，该模型也给出可能的六类系统绩效恢复过程（路径）：*r1* 路径——迅速地恢复，并比新的绩效还要高；*r2*——迅速地恢复，并和新的绩效一样；*r3*——迅速地恢复，并比原来的绩效要高；*r4* 路径——迅速地恢复，并和原来的绩效一样；*r5*——恢复与原来绩效一样的水平；*r6*——恢复得比原来绩效要差。在该模型中，抗逆力测量的公式（公式 2）为：

$$Resilience（R_e）=\frac{T_i + F\Delta T_f + R\Delta T_r}{T_i + \Delta T_f + \Delta T_r} \quad （公式 2）$$

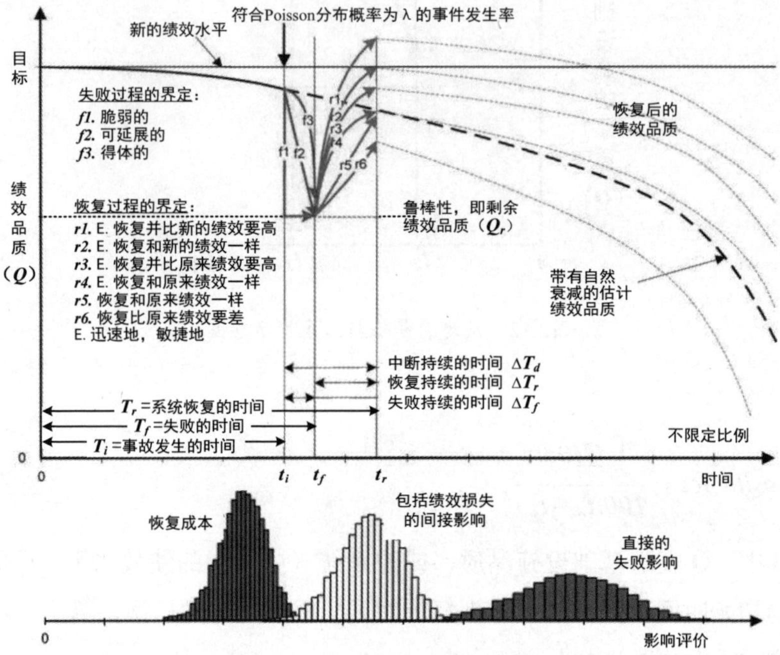

图2.13　抗逆力轨迹曲线及其测量参数示意图

其中，t_i 是突发事件发生的时间点，t_f 是失败发生的时间点，t_r 是系统完成恢复的时间点。$\Delta T_f = t_f - t_i$，是从突发事件发生时间起，到系统绩效跌落最低点止所持续的时间段；$\Delta T_r = t_r - t_f$，是从系统绩效跌落最低点（失败发生的时间 t_f）到系统完成恢复的时间点止的时间段；$\Delta T_d = t_r - t_i$，是从突发事件发生时间起到系统完成恢复的时间点止的时间段。对于三种失败过程（f），可以用失败期间的失败曲线与系统绩效变化比值失败系数（F）来表示和计算（见公式 3）：

$$Failure（F）=\frac{\int_{t_i}^{t_f} f dt}{\int_{t_i}^{t_f} Q dt} \quad （公式 3）$$

对于六类恢复过程（r），可以用恢复系数（R）来表示和计算（见公式 4）：

$$Recovery\ (R) = \frac{\int_{t_f}^{t_r} r dt}{\int_{t_f}^{t_r} Q dt} \qquad \text{（公式 4）}$$

失败系数 F 的值可以用来衡量系统（主体）的鲁棒性和冗余性，而恢复系数 R 的值可以用来评价机智和快速性，其他参数见图 2.13 中的图示和标识，如 t_f 表示的是失败的时间点等。

该抗逆力绩效测量模型具有较高的参考价值，包含了复杂的路径组合：三种失败过程与六类恢复路径形成多维组合，共 18 种抗逆力轨迹曲线，为研究不同系统（主体）提供丰富的依据。可研究和测评单个突发事件对系统（社区、组织、领域、城市等）抗逆力具有准确性、可操作性等实践价值。

2. 战略抗逆力绩效的测量工具

从测量模型来看，战略抗逆力绩效是可测、可评价的，但实际操控起来，可行性上存疑。突发事件的发生原因比较复杂，影响面广，如恐怖袭击影响涉及政治、经济、环境、生产、生活等诸多方面，虽然在时间维度上的测量相对较为容易，但在整体绩效品质、成本投入、总的损失上难以准确测度。因此，在战略抗逆力测量工具选择上，多数研究者从战略抗逆力组成或影响因素出发，构建战略抗逆力评价体系（量表或问卷）实施调查。如 McManus 等人曾从态势感知、重点脆弱性管理和适应性能力三个维度对组织抗逆力进行评价，见表 2.4，每个维度分别用五个子指标项进行测度。Stephenson 在 McManus 抗逆力评价量表基础上，进一步扩充了评价范围，增加了战略抗逆力的特质（RE_1、RE_2），并分别在态势感知、重点脆弱性管理、适应性能力的子指标项中各增加了两个子指标。

表2.4 战略抗逆力绩效的影响因素

战略抗逆力的特质					
RE_1	战略抗逆力的责任（commitment）				
RE_2	网络化的视角——系统方法				
态势感知（situation awareness）		重点脆弱性（keystone vulnerability）管理		适应性能力（adaptive capacity）	
SA_1	角色和责任	KV_1	战略的规划	AC_1	孤岛（silo）思维
SA_2	理解、灾害分析及后果	KV_2	演练的参与	AC_2	沟通与关系
SA_3	联系的意识	KV_3	内部资源所拥有的能力和实力	AC_3	战略愿景与成果预期
SA_4	保险意识	KV_4	外部资源所拥有的能力和实力	AC_4	情报和知识
SA_5	恢复的优先等级	KV_5	组织连接度	AC_5	领导力、管理与治理结构
SA_6	内外环境监控和报告	KV_6	脆弱性识别、分析过程的鲁棒性	AC_6	创新能力与创造力
SA_7	非正式决策	KV_7	员工的投入和参与度	AC_7	权力下放与应急决策

从表 2.4 中可以看出，该量表主要针对组织层面进行开发。组织作为社会重要组成部分，从抗逆力分类来看，组织抗逆力相当于中观层面，对于本书战略抗逆力绩效指标体系的建立具有重要的参考价值。我们可以对该工具进行项目上的改进，然后应用在战略抗逆力绩效指标体系的开发中，而且分解成中观层面的绩效指标进行测量和评价。

三、应急管理（突发事件）理论及其拓展

（一）应急管理理论

随着世界多极化、经济全球化、社会信息化的快速发展，全球生产、运输、贸易、人员往来等相互依赖的关系更为紧密，在推动社会发展、提高生产效率等方面发挥了积极的作用，但同时也为突发事件的传导性、级联性、

耦合性的传播提供了条件，突发事件的发生及其所产生的级联效应给社会带来的传导性、破坏性的影响也日趋严重。当前，我国经济、社会和自然环境都进入一个各种突发事件频发、后果严重、影响力强的阶段，再加上各种传统安全、非传统安全风险、矛盾交织并存，应急管理实践需求倒逼应急管理理论研究向前发展。2003 年“非典”疫情的暴发，是我国应急管理研究的转折点，促使国家系统性地建立应急管理体系，相关成果也急速增加（见图 2.14）。

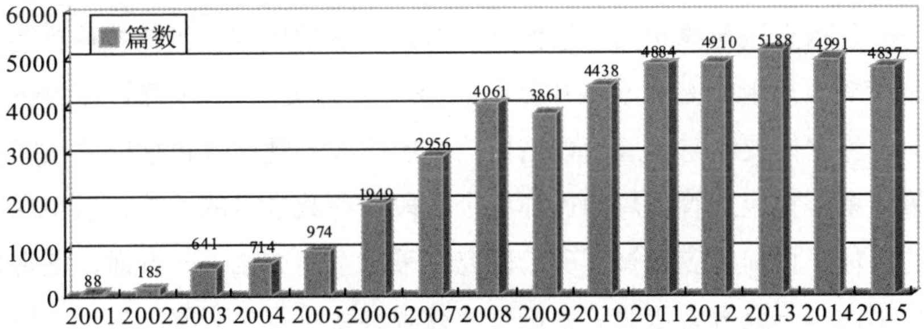

图2.14　我国应急管理理论研究成果年度分布示意图

1. 应急管理与突发事件的关系

Hoddow 等人认为，应急管理可简单定义为一门处理风险和防止风险的学科。闪淳昌与薛澜则在综合了应急管理的管理主体、管理客体和管理过程等方面基础上，提出了应急管理是针对各类突发事件，涵盖从突发事件的预防与应急准备、监测与预警、应急处置与救援再到事后恢复与重建等全方位、全过程的管理。应急管理的对象是突发事件，突发事件具有突发性、紧迫性、严重性、不确定性、社会性以及决策的程序化和非线性等特点。作为应急管理的客体——突发事件，其引发原因多样，总是与外部各种灾难、危险、危机、威胁、风险等联系在一起，而最为重要的核心是系统或主体自身存在相应的脆弱性。应急管理实质上演化为根据相应的法律法规，通过编制各种应急预案，并以潜在、正在发生的突发事件为处置和作业对象，进行预防、预警、处置、救援、恢复和重建的过程性管理。

2. 应急管理的基本过程

在应急管理过程的理论研究和实践应用中，基本采用的是四个阶段为周期的循环：备灾（突发事件应急预案、训练与演练、预警）；应急响应（生命安全的保障、事故后的社会稳定、保护财产安全、疏散和避难）；恢复（恢复经济、灾难现场管理、房屋安置、健康和社会服务的提供）；减缓（公共教育、灾难与脆弱性评估、基础设施的改善）。当然，应急管理目标和功能的实现需要一系列的保障条件：相应的治理结构——应急管理组织架构和角色参与体系（政府、社会和市场在应急管理过程中的定位与功能）；应急管理政策体系——包括立法与执法两个层面（前者是后者的依据，包括各种法律、法规和制度等，后者则是在实践中执行，是前者的实现）；应急管理的运行机制——各种主体或参与者（治理结构）按照相应的规则（包括应急预案在内的政策体系）在应急管理周期循环各个阶段发挥其各自的功能，以实现应急管理的目标。目前，应急管理理论研究多采用案例方法，一方面，灾害具有不可预期性，研究者无法对灾害进行连续观察或重复性观察；另一方面，灾害具有非线性特征，灾害的后果取决于两个方面：灾害的客观属性和社会系统对之的响应。因此，应急管理研究需要理论概化。

（二）突发事件与国家安全情报、战略抗逆力之间的关系

1. 突发事件应对与国家安全情报

从我国《突发事件应对法》中对突发事件的界定来看，突发事件往往是对国家安全某个领域产生重要影响或后果的，如环境安全、食品卫生安全、社会公共安全等。从这个角度来看，突发事件的应对与决策，需要国家安全情报的支持。但是，突发事件具有产生时的瞬间性、爆发点的偶然性、发展趋势的危机性和对社会的危害性等四个方面的特征，给情报工作带来极大的挑战。情报工作是以目标（任务、问题）为导向的，即先是关于特定目标的“耳目、尖兵”，而后是特定问题的决策“参谋”。对于突发事件来说，事前，情报工作是进行监控、预测、感知和预警；事中，情报工作是进行相关信息实时跟踪、搜集、处理、分析，为决策者处置和应对突发事件提供决策支持；

事后，情报工作是通过全过程情报信息分析、回溯，提供情报分析报告，动态模拟突发事件全过程，为进一步寻找系统性的问题和原因、总结经验与教训、制定类似应对预案等提供支持和服务。具体见图 2.15。

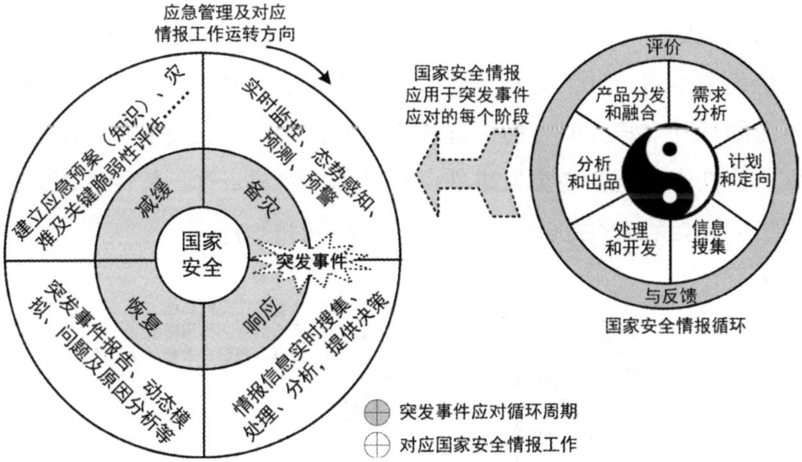

图2.15　突发事件处置过程与国家安全情报工作关系示意图

图 2.15 中，突发事件的处置与国家安全情报工作的核心是保障国家安全，国家安全情报工作是对突发事件应对过程中每个阶段提供相应的支持、保障或决策。图中突发事件爆发点位于备灾之后、响应之前的时间点，国家安全情报工作介入点可能也有所不同。一般的，在常规性的突发事件处置过程中，情报工作可以全程参与，因为这类突发事件是在预设目标和任务之中；而非常规性、预料之外（没有先例、没有预案）的突发事件，类似“黑天鹅”事件，如 2001 年纽约“9·11”恐怖袭击事件、2008 爆发的世界性金融危机等，情报工作往往是在突发事件发生之后，才能跟进、介入，并与突发事件处置机构进行紧密合作以支持突发事件的处置和决策工作。

2. 突发事件应对与战略抗逆力

战略抗逆力与突发事件的应急管理是紧密相关的，相互之间有交叉，也有所区别，具体见图 2.16。战略抗逆力是国家安全保障领域的系统或主体维护国家安全的一种能力体系，是由一组能力复合而成，并且在不同的阶段（准备阶段、响应阶段、恢复阶段、总结和反思阶段）表现形式不一样，主要包括：环境态势感知能力、抵御与吸收能力、适应与恢复能力、革新能力与领导力等。也可以认为战略抗逆力是一种分布式能力的体现，这种分布式表现为在时间上的不同形态，空间上不同作用方式、不同主体的拥有。一般表现为系统或主体的子组织（子部门、子单位等）、个体等为防止突发事件的发生，所做的各种对策、能力的储备和资源的冗余，并在突发事件发生后被激活出来，这其中也包括在突发事件应对过程中物质资源、软件资源、信息资源、网络、智能系统的抵御或吸收中断或动荡的能力。

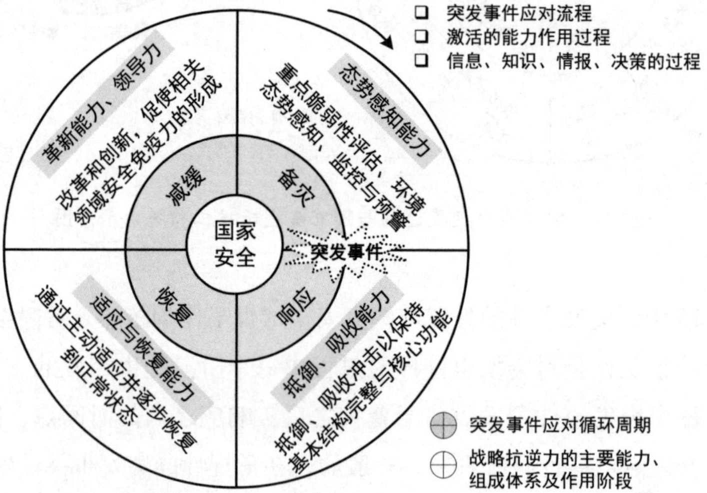

图2.16 突发事件处置过程与战略抗逆力作用过程之间的相互关系

战略抗逆力与突发事件的应急管理之间的关系，既有区别，又紧密联系。首先，战略抗逆力是系统或主体具有维护自身安全的一种能力，突发事件的应急管理则是一个过程，战略抗逆力的激活条件是发生了突发事件，其作用于突发事件应对的整个过程。当然，此过程也是关于突发事件的信息、知识、情报的应用和决策支持过程（需要安全情报的支持）。

其次，二者的侧重点有所区别，战略抗逆力形成于准备阶段，发挥于响应与恢复阶段，提升于总结与反思阶段。因此，战略抗逆力理论更加侧重于备灾环节（见图 2.16），通过脆弱性评估（对内评估）、环境态势感知、监控与预警，以保障主体应对各类潜在的突发事件。后面响应、恢复阶段的抗逆力则是准备阶段储备能力的释放和体现，即使突发事件结束后，也非常关注突发事件应对过程中的信息搜集、处理和分析，进行总结和反思，获得新的经验和知识，从而提高战略抗逆力。应急管理事前阶段侧重外部风险评估（与战略抗逆力的脆弱性评估有着明显的差异性），防范风险的发生，而且应急管理较为侧重响应和恢复阶段，更多关注的是主体结构和功能的连续性。应急管理强调管理功能的正常运行，强调过程的有序性。

最后，战略抗逆力与应急管理在哲学态度、思维方式上也是有差异的，战略抗逆力是主动性、常态性的备灾思维，做到“有备无患”“未雨绸缪”“防患于未然”，积极筹备、全方位应对可能的突发事件。战略抗逆力是一种系统性的能力培养、形成、激活、作用、提升，侧重主体（系统）的预警与预防、抵御与吸收、恢复与适应、反思与学习能力的培养和应用。应急管理主要集中于管理层面，包括计划、决策、指挥、控制、反馈等流程。应急管理往往关注突发事件发生后至恢复阶段，是应急的、被动式的、触发性的管理方式，仓促之中难免产生各种问题，是一种实用主义哲学态度使然。尽管有学者从系统理论视角来试图改变这种观念，但关于“应急”的思维惯性仍有待于在理论和实践中进一步改观。

第三章

国家安全保障体系中两种基础性能力及相互关系

国家安全情报是关于特定国家安全领域的情报，是保障该领域国家安全的重要决策依据，是制定战略规划和行动指南的重要支撑。战略抗逆力也是保障国家安全的重要力量之一，主要是通过评估自身脆弱性，进行各种筹备性能力的储备，通过态势感知、预警，在突发事件发生时将被激活，以降低可能遭受损失的程度或抓住更好的发展机遇。国家安全情报和战略抗逆力均是国家安全保障力量，本章主要从总体国家安全观理论视角出发，阐述国家安全情报和战略抗逆力均是国家安全保障体系中的基础性保障力量，并进一步分析它们在国家安全保障体系中的作用。本章论证二者同属于国家安全保障体系中的子系统，并厘清它们之间的竞合关系，从而为二者融合模型的构建与运行机制的确立提供理论支持。

一、总体国家安全观和国家安全保障体系

（一）国家安全与总体国家安全观

1. 国家安全概念及范畴

修昔底德认为安全即是客观上不存在威胁，主观上不存在恐惧，这是从

主体所处客观环境和主观上心理感知进行界定的。Wolfers 指出安全是一种价值，“从客观上来看，安全是其所获取价值不存在威胁，而从主观上，这种价值也不存在受到攻击的担忧”。

在国家安全层面，刘跃进认为，国家安全是安全的属性和国家实体间的结合，是一个国家处在没有危险的客观状态，即国家既无外部的威胁和侵害，也无内部的混乱和失序的客观状态。有学者用拟人的方法将国家安全隐喻为人的心态，如王逸舟认为，对于国家来说，其目标不但在于要创造一种安全的现状，还要创造一种安全的心态。也有学者认为国家安全包括状态和过程，如王荣认为“国家安全是国家处于不存在危险或威胁的状态，包括国家有能力实现和维护这种状态的过程”。还有学者把国家安全看作一种能力，如 Brown 指出国家安全是能力的展示，“是保持一个国家统一和领土的完整，在合理条件的基础上保持与世界其他地区的经济联系，防止外部力量破坏其特征、制度和统治，并保持对其边界的控制”。陆忠伟指出，国家安全是有效应对国内外各种危害性、破坏性因素的影响和威胁，以及维护国家利益的状态和能力。总之，国家安全是维护主权国家存在和保障其根本利益免受现实的或潜在威胁的各种要素（包括能力、资源等）总和。

世界各国立法中对国家安全的定义也在不断发生变化和演进，如美国 1947 年通过的《国家安全法》中，只包含军事、政治和外交领域的国家安全。之后不断调整，国家安全内涵在持续扩展，重心也不断改变。遭受“9·11”恐怖袭击之后，国土安全和反恐成为美国国家安全的核心。2010 年奥巴马政府《美国国家安全战略》强调了经济、教育、科技、能源、核扩散、互联网与太空活动对国家安全的影响，充分说明国家安全内涵及外延不是一成不变的。我国《国家安全法》第一章总则第二条对国家安全作出明确的法律规定：“国家安全是指国家政权、主权、统一和领土完整、人民福祉、经济社会可持续发展和国家其他重大利益相对处于没有危险和不受内外威胁的状态，以及保障持续安全状态的能力。”

首先，维护国家核心利益和相关重大利益的安全是国家安全的核心，包括总体国家安全观中所确定的 11 个领域，因而从涵盖的范围来看是全面的；其次，国家安全既包括国家所处的安全状态，同时也包括维护国家安全的能力。所以，加强国家安全保障能力体系的建设，才能保障国家安全。

2. 总体国家安全观及其内涵

总体国家安全观明确指出了我国国家安全体系中主要的 11 个重要领域以及它们之间的相互关系。要求构建集政治安全、经济安全、军事安全、社会安全、国土安全、科技安全、信息安全、生态安全、资源安全、文化安全、核安全等于一体的国家安全体系。

总体国家安全观的核心是“以人民安全为宗旨”，与我国国家政体性质是相适应的，其丰富内涵体现在兼顾了传统安全问题与非传统安全问题。总体国家安全观的辩证哲理，体现了对国家安全各领域中众多问题的全面性、综合性、系统性、辩证性地观察、认识和处理，蕴含了系统性的非传统思维和丰富的非传统内容。总体国家安全观并不是固定不变的，既包含较为固定的国家安全领域，如政治安全、经济安全等，也包含动态变化的国家安全领域。如在某个时期，特定领域安全问题突出，严重影响和威胁到国家安全，该领域可能会上升至国家安全层面加以关注和解决。如网络安全就是在互联网技术及应用不断普及和深入人类社会各个层面，因而上升至国家安全领域，等等。总之，总体国家安全观是一种完整、全面而又系统的高级非传统国家安全观。坚持总体国家安全观，归根到底是为了更好地维护和延长我国发展重要战略的机遇期，确保中华民族伟大复兴进程不被滞缓或打断。因此，总体国家安全观是维护和塑造中国特色大国安全的行动指南，具有重大的实践意义。它蕴含着中国特色国家安全价值理念、工作思路和机制路径，是指导国家安全工作的科学理论，也是本书展开研究的上位框架理论。

（二）国家安全保障体系框架

国家安全保障体系是国家安全体系中的重要组成之一，国家安全保障分为两个方面：国家安全保障活动和国家安全保障机制。其中，国家安全保障机制又包含硬件与软件两个层面，国家安全保障活动则包含软与硬两种手段。

我国《国家安全法》中单辟一章——“第五章　国家安全保障”，对国家安全保障体系做了较为全面的规定。从国家安全保障组成结构层面进行分析，主要包括以下几个方面：安全战略、组织建设、物资基础、法律制度、科技助力、文教宣传等，核心是国家安全保障目标和任务的实现，见图 3.1。其中，内层六边形是国家安全保障体系的组成要素，外层虚线六边形是与内层对应的组成要素在国家安全保障中所发挥的主要功能。

图3.1　我国国家安全保障体系组成要素及其功能示意图

1. 国家安全保障的法制体系

国家安全保障应有法可依，才能做到有法必依，法制的健全是国家安全保障的前提、基础和准绳。法制体系分为三个层次：①宪法是国家根本大法。国家安全应将国家意志体现在宪法中，如宪法第二十八条规定：国家维护社会秩序，镇压叛国和其他危害国家安全的犯罪活动。②其他法律、法规条文中涉及国家安全的内容。如《中华人民共和国计算机信息系统安全保护条例》《全国人民代表大会常务委员会关于取缔邪教组织、防范和惩治邪教活动的决定》等。③专门法。直接针对国家安全领域制定的法律，如《反恐怖主义法》《反间谍法》《保密法》《反分裂国家法》《网络安全法》等。

2. 国家安全保障的物质基础

国家安全保障非空中楼阁，须以坚实的物质基础为保障，主要是针对国家各领域战略性的物资进行储备或建设，如涉及国计民生、国家安全等十分重要的物资，或严重依赖进口的物资（如石油、贵金属等），并且根据国家安全的相关领域布局来进行备制、安全储存和运维。

3. 国家安全保障的科技（知识创新）体系

只有把核心技术掌握在自己手中，才能真正掌握竞争和发展的主动权，才能从根本上保障国家经济安全、国防安全和其他安全。

4. 国家安全保障的组织体系

国家安全保障需要有计划、有组织地实施，而且专业性、技术性、特殊性要求很高，因此需要专门的组织机构及专门人才。专门的组织，如国家安全机关、公安机关、军事机关、应急管理机构等。

在国家安全保障的组织体系中，国家安全情报与战略抗逆力并非属于同一组织机构。一般国家安全情报由相应的国家安全机构负责，有的国家安全情报或由对应或对口的机构负责实施相关工作。战略抗逆力则是分散于各领域的主体或系统，如个体、社区、企事业单位、各类组织机构等。如相关行业的应急管理部门或安全生产部门，如国务院所设置的国务院安全生产委员会，但其属于非常规性机构，类似高级协调性机构。

5. 国家安全保障的文教体系

主要是指国家安全宣传、教育体系，应从顶层设计，与相关领域或部门协同合作，如宣传部门、教育部门、广电部门、互联网管理部门等，进行跨部门合作。如强化在国家安全方面的新闻报道、安全知识宣传、舆论的引导，以提高全体公民的国家安全意识、培养国家安全保障人人有责的观念，还要强化国民教育体系中的国家安全教育，加强各级公职或相应组织中人员的国家安全培训体系的建设。

6. 国家安全战略体系的构建

克劳塞维茨指出“战略是为了达到战争之目的而对战斗的运用”。随着概念应用的泛化，现已应用在各领域之中，如政治、经济、文化、科技、贸易等领域，在国家层面、大中型企事业以及小型组织机构中也常用之。本书中战略主要是指在宏观上以及国家安全领域等语境中的用词。国家安全属于国家最高层面战略目标，国家安全战略的制定就是以国家安全为核心，根据国内外环境变化和发展以及自身国家目标之定位，对国家安全各个层面进行全方位的审视、探查，明确现实与潜在的安全问题、威胁，安全目标（现实与理想的差距）的选择，规划、举措的确定等。

1997 年，美国出版的《军语及相关术语》给出了国家安全战略的概念：国家安全战略是为实现巩固国家安全目标而开发、应用和协调国力的各部分（包含外交、经济、军事和信息等）的艺术和科学，也称国家战略或重大战略。美国 1986 年实施的《戈德华特—尼科尔斯国防部改组法》要求美国总统提交《国家安全战略报告》，目的是：①通过确定国家优先目标，说明使用哪些国家权力要素（方法或手段）来实现目标，并向相关政府部门或机构提供指导方针，在进行预算、规划和执行，以及组织、培训和人员配备等内部流程中使用。②国家安全战略清晰地将（国家战略）目标和实现途径联系在一起，也是作为行政部门向国会证明请求得到各类资源的关键工具。③通过国家安全战略所制定的详细战略愿景，有助于将美国政府的意图告知国内外公众。从 1987 年里根政府提交第一份《国家安全战略报告》到 2015 年奥巴马政府的《国家安全战略报告》为止，历任政府共提交了 15 份战略报告。而且，历届美国政府还根据相应的国内外形势的变化和发展，针对特定国家安全领域或活动，制定单项或级联性的国家安全战略，如从美国国家安全战略延伸开来，涵盖美国国防战略、反恐战略、国土安全战略、反情报战略、网络安全战略、人工智能研发战略规划等，见表 3.1。美国国防战略又可延伸至美军军事战略，再延伸到具体的联合作战战略。当然，一些战略或战略中的所有内容都是美国战略意图的真实体现，有的是蛊惑人心、宣传、美化自己而已，有的则是为了夸大威胁，索要更多财政预算。

表3.1　美国政府及相关机构制定的各类战略（部分）[1]

年度	发布者	战略(报告) 标题	主要目标或内容
2002	布什政府	美国国家安全战略	确定了任务：打击恐怖主义和防止大规模杀伤性武器的扩散，改革国家安全制度——建立国土安全部
2002	布什政府	国土安全的国家战略	保卫美国本土免受恐怖主义袭击
2003	布什政府	美国反恐战略	恐怖主义分析，反恐战争目标和任务
2006	布什政府	打击恐怖主义的国家战略	当时反恐形势的分析，战略愿景的阐述，明确短期、中期和长期的反恐战争的战略目标和任务
2007	布什政府	国土安全的国家战略	国土安全的现状，时下威胁，国土安全战略愿景，策略是：防止、保护、响应和恢复，确保未来的成功
2008	国防部	国防情报战略（公开版）	指导隶属国防部军事情报部门的工作，以期既能为可预测到的战略转变做准备，又要为无法预知的“战略突袭”做好准备
2009	国家情报总监办公室	国家情报战略	确定了情报机构的七大任务目标和六大机构改革目标，以及指导原则，并强调应强化网络安全
2010	奥巴马政府	国家安全战略	提出要努力拓展美国实力和影响力的来源，构建有能力战胜21世纪各种挑战的国际秩序。该战略的目标仍是美国的世界主导地位，维护美国的全球性霸权
2011	奥巴马政府	国家反恐战略	对前任政府反恐战略进行大幅度的调整，战略重点由“域外打恐”转变为“境内防恐”优先。反恐最终目标仍是击败“基地”组织
2011	国防部	美国国家军事战略	提出四大目标：打击暴力极端主义，威慑并击退敌人侵略，强化全球和地区安全，构筑未来力量。为实现这四大目标，美军强调要具有“全领域”的优势能力

[1]　表格中所列为布什政府至奥巴马政府以来美国颁布的各类战略（部分），大部分与国家安全领域相关，其中《美国国家安全战略》等级最高，是其他战略（中短期战略，年度的或任期的战略）制定的依据。这些文档主要源于美国政府、各部或办公室网站中的开源下载，限于篇幅，不一一引用。

（续表）

年度	发布者	战略（报告）标题	主要目标或内容
2012	奥巴马政府	网络空间国际战略	其宗旨是全球共同建设繁荣、安全和开放的虚拟世界，其核心理念是维护网络空间、共同的追求和创造未来，核心原则是保障自由、隐私和信息流动自由。但实质是利用其网络科技的优势，维护其网络领域的世界霸权
2012	奥巴马政府	信息共享和保障国家战略	核心原则是，信息是国家资产、信息分享与保障需要共担的风险管理、信息支持决策；还列出了五大目标
2014	国家情报总监办公室	美国国家情报战略	提出国家情报工作的主要目标是网络情报、反恐、防止大规模杀伤性武器扩散以及反情报的工作等。主要任务是提供战略性的情报、预警和当下行动的支持
2015	奥巴马政府	美国国家安全战略	该战略为美国继续领导世界走向更加和平与繁荣设定了相应原则和优先事项，而且针对安全、繁荣、价值观和国际秩序等方面作了详细阐述
2016	网络与信息技术研发子委员会	联邦大数据研发战略规划	是2012年发布的《大数据研发行动》延续，提出要充分利用大数据技术潜能、支持大数据的决策性作用、促进数据共享与管理、保护数据的隐私与安全、做好教育与培训及大数据创新生态系统的构建等
2016	网络与信息技术研发子委员会	网络安全研发战略规划	关注四项防御能力的科技开发：一是威慑，二是保护，三是有效地侦察甚至预测对手的行为，四是适应。还指出了网络安全研发的六个关键方面：科学基础、风险管理、人的因素、研究成果转化、人员开发和基础设施的安全
2016	国家情报总监办公室	美国国家反情报战略	主要内容是如何识别并挫败针对本国情报机构、能力、人员等的威胁。重点是防范国外情报组织的已知和可疑的各种威胁，强调开发和使用先进情报技术及工具来侦测、缓解和防范网络攻击和内部雇员的恶意行为

2015 年 1 月，中共中央政治局审议并通过了首份《国家安全战略纲要》（以下简称《纲要》)。《纲要》认为，当前各种可预见和难以预见的诸多安全风险挑战前所未有。制定《纲要》的目的，是为了有效维护国家安全，也是完善中国特色社会主义制度、推进国家治理体系和治理能力现代化的必然要求。维护国家安全，必须坚持以总体国家安全观为指导，坚决维护国家核心和重大利益，以人民安全为宗旨，在发展和改革开放中促安全，走中国特色的国家安全道路。要做好各领域国家安全工作，大力推进国家安全各种保障能力建设。《纲要》还提出完善国家安全立法，强化国家安全意识教育，建设高素质的国家安全专业队伍等。可能是出于保密的需要，《纲要》具体内容尚未公布。不过笔者认为，从顶层设计的视角来看，为我国国家安全与发展制定的中短期安全战略（问题、目标、规划和行动)，既是向各领域提供宏观上国家安全战略框架性的安排，也是应对复杂而多变的国内外环境的重要举措。因此，为了充分发挥国家安全战略在国家安全各领域的纲领性、指导性、宣示性、教育性等重要作用，应制定经过脱敏的，可以为所有公众获取、知悉《国家安全战略报告》的公开版，并引导相关部门制定次级安全战略（单一部门、单一领域、单一活动或跨部门的联合战略等)，从而促进各领域国家安全保障水平的全面发展。

二、两种国家安全保障基础性能力

能力形成的逻辑序列为：各类要素的有机组合—整体性结构的形成—意向性功能的具备，主体具有发挥某种独特性的能力。从图 3.1 中可以看出，国家安全保障体系是完成国家安全保障任务所必需的各种要素，这些要素通过系统地、有机地整合，以形成国家安全保障体系的独特性结构，并具备了国家安全保障的功能。平时，国家安全保障体系防患于未然，强化自身的安全保障能力；当国家安全可能面临威胁、危机或危险时，国家安全保障体系的功能将通过国家安全保障能力的作用得以体现。

国家安全情报与战略抗逆力是国家安全保障体系中的基础性能力。国家安全保障中其他能力，如执政能力、军事能力、经济能力、科技能力、文化实力等，反映其在相应领域国家安全保障的水平。例如军事能力的强大，反映了该国保卫国土疆域、国家统一的能力强，经济能力强大则显示一国的雄厚经济实力，为国家各领域提供公共服务的能力也就越强大。本书探讨的是国家安全情报和战略抗逆力，并非隶属于单独某个国家安全领域，而是所有国家安全领域均需要国家安全情报和战略抗逆力为其安全保障提供支持。

（一）国家安全保障体系中的国家安全情报

根据总体国家安全观中 11 个国家安全领域，可将国家安全情报划分为对应的 11 大类国家安全情报，见图 3.2。国家安全保障体系建立在各种资源基础之上，如国家安全保障离不开人才、物资、财务、科技等，而国家安全情报能力则是按照国家安全保障的目标和任务，在这些资源有机组合基础上形成的。

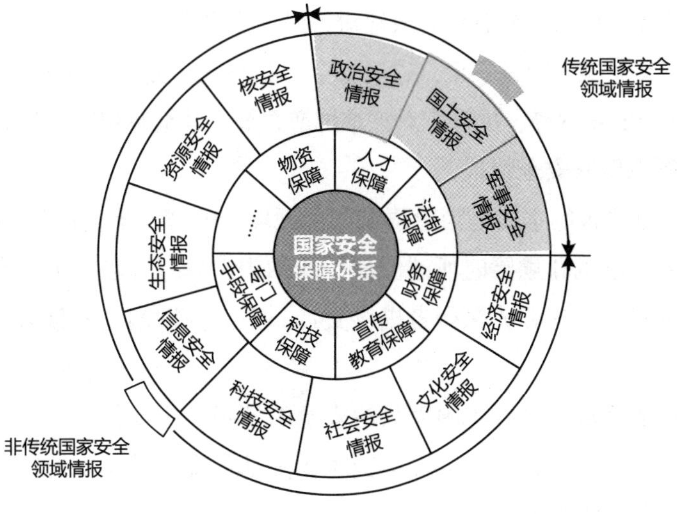

图3.2　总体国家安全观视角下国家安全情报分类示意图

1. 国家安全情报的重点和方向

由于国家安全领域内涵和重点在不断地发生变化，国家安全情报的重点和方向也在不断调整。如根据我国《国家安全法》第二章“维护国家安全的任务”，在总体国家安全观 11 个领域的基础上，增加金融安全、粮食安全、网络信息安全、恐怖主义、重特大突发事件等，把当前国家安全领域中比较重要的领域单独凸显出来，说明这些国家安全领域的重要性及存在着现实或潜在的风险、威胁和危机。虽然在图 3.2 中没有描述，但它们有相应的归属领域，如金融安全属于经济安全领域，网络安全属于信息安全领域等。国家安全情报工作的重心也会根据国家安全领域重心的调整而改变。

按照总体国家安全观中传统国家安全领域和非传统国家安全领域的分类，政治安全情报、国土安全情报和军事安全情报属于传统国家安全领域情报（外层灰色区域）；其余 8 类则属于非传统国家安全领域（外层白色区域），在图 3.2 中有相应区分。其中，我国总体国家安全观中的国土安全，与美国的国土安全在概念内涵上是有差异性的。我国的国土安全主要是指我国的边疆、领土、领海、领空等方面的安全。在美国，国土安全主要是指保障国土边境安全及相关事务，目的是能够更有效地对付恐怖主义袭击的威胁；主要任务包括防止恐怖主义及提升国家安全、边境安全与管理、移民法律执法与管理、网络空间的强化与安全保障、提升应对灾难抗逆力等，其范畴和管辖范围非常大。

2. 各领域国家安全情报

国家安全情报的本质是消除国家安全领域中的“不确定性”，是国家安全在面临威胁、危机和危险时所“激活”的知识，以“耳目、尖兵和参谋”的角色向决策者、指挥者或执行者提供支持。下面分别阐述各领域对应的国家安全情报。

政治安全情报：是维护国家政治安全的情报，主要任务是在防范、制止和惩治危害政治安全行为等方面向国家相关部门提供情报支持，目的是保障国家政治制度体系的安全。

国土安全情报：是保障国土安全的情报，主要任务是为国家加强边防、海防和空防建设、和平与发展提供情报支撑，目的是保卫领陆、内水、领海和领空安全，维护国家领土主权和海洋权益等。

军事安全情报：是关于国家军事安全的情报，主要任务是向军队建设与发展、军事斗争中各个层面的军事决策提供情报保障和服务，主要目的是维护和保障国家和平与发展的国际环境，包括他国武装入侵的预防与预警、国际维和与救援等。

经济安全情报：是为国家经济领域提供决策支持的情报，主要任务是保障国家基本经济制度的完整和稳定社会主义市场经济秩序，同时要预防和化解经济运行中的安全风险，保障关系国民经济命脉的重要行业和关键领域、重点产业、重大基础设施和重大建设项目等方面的安全运行。经济安全情报的目标是，维护国家经济安全与经济利益不受威胁或损害。

文化安全情报：是关于我国文化领域安全的情报，任务是保障社会主义先进文化发展方向，继承与弘扬中华民族优秀传统文化，同时防范和抵制不良文化的威胁或影响，掌握意识形态领域主导权，增强文化整体实力和竞争力。目的是维护文化安全，确保我国文化不受威胁和侵害，确保社会主义先进文化发展方向。

社会安全情报：是关于国家有效预防和化解社会矛盾，消除针对社会安全各种危险、威胁的情报。主要任务是通过社会安全情报，健全公共安全体系，积极预防、减少和化解社会矛盾，积极处置各类突发事件。目标是促进社会和谐，维护公共安全和社会稳定。

科技安全情报：是关于国家科技安全的情报，是为了保障关系到国家利益和安全的科学技术的存在和发展不受侵害与威胁，而应用的情报和反情报，包括与国家科技安全相关联的知识、组织和活动。笔者与马费成撰文指出了国家科技安全情报的主要内容，以及与其他国家安全领域之间的相互关系，见图 3.3。

信息安全情报：是关于国家信息安全领域的情报。信息与网络安全的战略性、严峻性和迫切性已经是公认的现实，各国信息与网络安全立法纷纷出台，我国《网络安全法》于 2016 年颁布，开启了我国网络安全治理新篇章。信息安全情报就是为了提高国家网络与信息安全的保障能力、增强网络和信息技术创新能力、打击网络犯罪和加强网络管理、维护国家网络空间主权等，提供情报决策支持。目标是维护国家信息与网络安全。

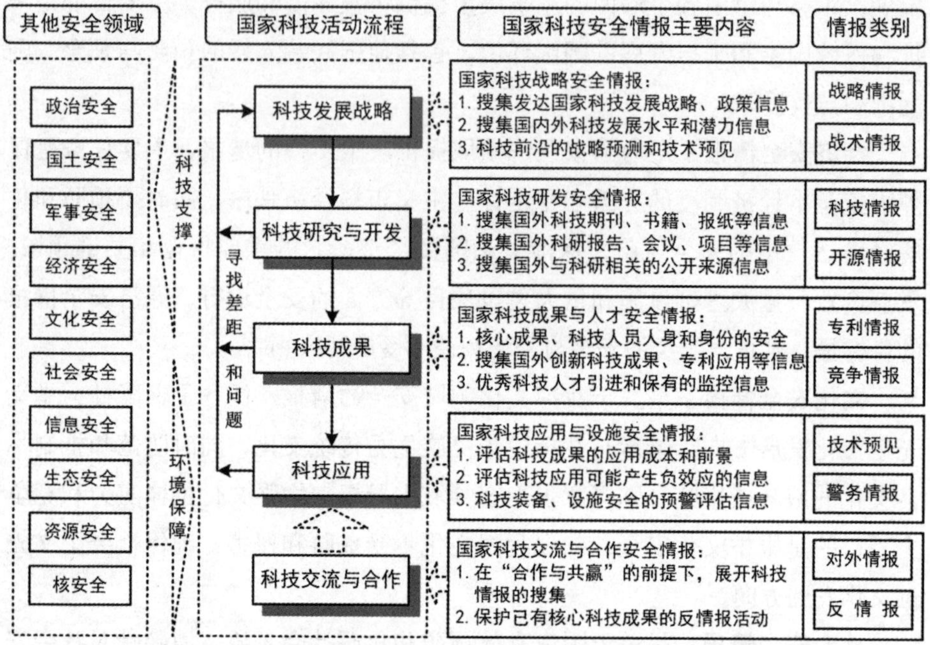

图3.3　国家科技活动流程及科技安全情报主要内容示意图

生态安全情报：是关于国家生态环境建设与保护的相关情报，向国家环境保护、地理与气候、卫生与健康等机构提供关于我国生态环境建设与保护的决策支持。主要任务是加强生态风险的预警与防控，处置与环境保护相关的突发事件，保障人民赖以生存和发展的自然环境。目标是促进人与自然的和谐发展。

资源安全情报：是事关国家战略性资源免受安全威胁或损害的情报。主要任务是向相关机构提供管控战略资源能源开发、储备、运输通道建设与安保的情报信息，以及国际资源能源、贸易与能源运输通道安保的情报信息等。目的是保障我国社会、经济稳定与发展的各种战略性资源能源安全。

核安全情报：是提供与核能、核技术、核武器、核活动、核设施等相关的情报。主要任务是保障核能与核技术利用的安全，增强核事故应急突发事件的应对能力、防范核威胁与核攻击的能力等。目标是维护国家核安全任务的需要。

当然，国家安全情报还可以根据领域、任务的重要性和紧迫性，来增加或调整国家安全情报的类别。如《国家安全法》中将金融安全、民族与宗教领域、恐怖主义与极端主义等突出列入国家安全任务当中。

（二）国家安全保障体系中的战略抗逆力

前文就抗逆力的分类进行了阐述，并从总体国家安全观出发，将抗逆力分为与国家安全领域相对应的 11 大类别：政治抗逆力、国土安全抗逆力、军事抗逆力、经济抗逆力、文化抗逆力、社会抗逆力、科技抗逆力、信息抗逆力、生态抗逆力、资源抗逆力、核安全抗逆力等，见图 3.4。

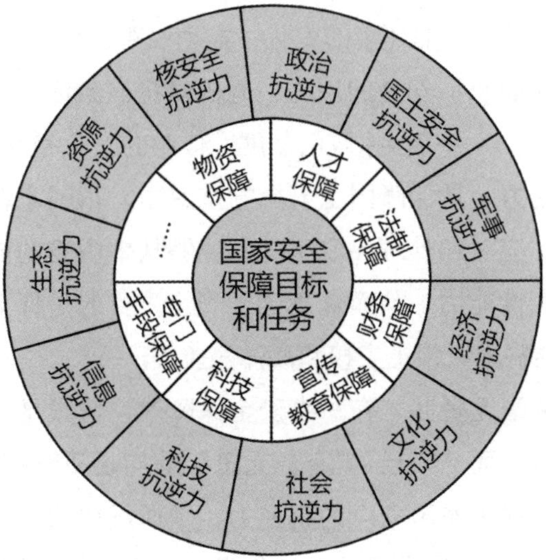

图3.4　总体国家安全观视角下战略抗逆力分类示意图

战略抗逆力作为国家安全保障体系中基础性能力之一，究其本质，是为了消除国家安全领域中未知的“不确定性”，对未来潜在的各种威胁、危险和危机进行预警、预防和准备，在突发事件发生时，将被“激活”的一种能力，而且是能够抵御安全情报所不能预警的突发事件带来冲击时的重要能力。同样，战略抗逆力的作用也出现在我国的相关法规中，如我国在《突发事件应对法》中就较为完整地阐述了事前、事中和事后的应对处理过程，实质就是战略抗逆力的作用过程。在我国《国家安全法》相关条款中也有相应规定，如第一章第九条中“维护国家安全，应当坚持预防为主、标本兼治，专门工作与群众路线相结合，充分发挥专门机关和其他有关机关维护国家安全的职能作用，广泛动员公民和组织，防范、制止和依法惩治危害国家安全的行为”。条文中的“预防为主”“群众路线”等都是强调抗逆力能力的重要性。《国家安全法》第四章相关条款中，相关表述也涉及战略抗逆力在国家安全保障中的作用。与总体国家安全观相对应的 11 种领域抗逆力的主要内容体系如下。

政治抗逆力：是维护国家政治安全的抗逆力，是在政治领域不断地评估自身存在的脆弱性以及外部环境的变化，推动改革、创新和适应能力的提升，在面临各种危及我国政治安全的威胁、危机时将被激活，通过抵御威胁、吸收冲击并从中恢复，以保持国家政治制度、体制的安全和发展。

国土安全抗逆力：是保障国土安全的抗逆力，指国家在国土安全保障领域所具有的预防、应对和处理突发事件，能够从中恢复的能力，并不断提升自身准备性、适应性能力，从而保障国土安全。目的是保卫领陆、内水、领海和领空安全，维护国家领土主权和海洋权益等。

军事抗逆力：毫无疑问，在军事安全保障中，情报是主导性的，但抗逆力的作用不容小觑，而“知己”“有备无患”等均是战略抗逆力的重要体现。军事抗逆力即关于保障军事安全的抗逆力，是通过评估自身弱点及外部环境(特别是敌对国家军事动向，是情报工作目标)，并进行预防、预警。当突发事件（军事冲突、战争等）发生时，依然能够迅速地抵御、吸收、恢复以保持军事体系和功能的安全和连续性。例如美国 2014 年提出“第三次抵消战略”就是典型的军事抗逆力体现，它不是与对手比优势，而是评估自身脆弱性，通过技术创新发展，运用非对称手段对竞争者的优势进行抵消，即聚焦于对竞争者相对优势实施精确对冲，利用非对称手段使竞争者的“长板不长，短板更短”。

经济抗逆力：经济合作与发展组织认为，经济抗逆力是指减少经济面临危机的脆弱性并加强吸收和克服严重冲击，同时支持经济的强劲增长。经济抗逆力在经济全球化、网络化、一体化时代，对于国家经济筹备（预防与预警）、适应（外部经济环境的变化）、抵御（经济危机、威胁）、吸收（经济危机带来的各种冲击）和从经济危机（冲击）中恢复等是十分重要的。因此，经济抗逆力对维护我国基本经济运行制度和稳定社会主义市场经济秩序，预防和化解经济领域安全风险等是不可或缺的。

文化抗逆力：是关于我国文化生态领域安全的抗逆力，主要是在与国外文化交流过程中，继承和弘扬我国优秀传统文化，增强文化自信。评估和加强自身文化领域的薄弱环节，防范和抵制不良文化的侵蚀和影响，掌握文化意识形态主导权，以确保社会主义先进文化发展方向。文化抗逆力容易被决策者所忽视，但一旦丧失，则难以修复。在当下互联网时代，国外各种思潮的渗透、侵蚀，夹杂着各种意识形态以及被包装的民族分裂主义、宗教极端主义，逐渐冲击着我国文化领域，因此，应该从战略的高度，全方位强化我国文化抗逆力的水平。

社会抗逆力：与个体抗逆力、社区抗逆力、组织抗逆力等相关联的一个概念，是预警、预防和防范各种危机、危险、灾难对社会公共安全产生威胁，通过评估社会与公共安全的脆弱性，积极宣传、教育和培训公民或社区，提高公民、社区、组织在突发事件发生时抵御、吸收、恢复的能力，以保障社会安全。

科技抗逆力：是保障国家科技领域安全的抗逆力，在科技发展和应用中应对所面临的不确定性威胁、危机和危险，通过准备、预防、预警等措施以防止在科技发展上被突袭（surprise）。在科技发展中，中断性事件发生时，将会激活抗逆力进行抵御、吸收等，以推动科技走上正常甚至是创新发展的轨道。如 1957 年 10 月苏联发射了第一颗人造地球卫星，给美国科技界带来了极大的冲击，随即美国国家航空航天局（NASA）宣告组建，以应对苏联航天科技发展带来的突袭。美国还于 1958 年和 2006 年分别组建了 DAPAR、IAPAR 等科技预研机构，其战略目标均是为了预防科技发展被对手突袭。

信息抗逆力：是关于国家信息与网络安全领域的抗逆力，通过评估信息与网络领域的脆弱性，增强信息与网络安全的免疫力，感知信息与网络安全风险、威胁和危机，预防和阻止非法入侵。当中断性事件发生时，迅速响应、抵御并恢复信息与网络系统的正常运维，并实时自我更新，从而保障信息与网络安全。鉴于网络信息系统的开放性、连通性、工作机制，信息抗逆力在信息与网络安全领域起着主导性的作用，当然仍离不开信息与网络的安全威胁情报支持。例如英国政府 2016 年 11 月发布了《国家网络安全战略：2016—2021》，明确提出争取在 2021 年成为安全的数字化国家，其战略目标是通过防御、威慑和研发（新技术），使网络空间变得安全且具备抗逆力。美国政府 2016 年 2 月发布《网络安全研发战略规划——确保国家安全与繁荣》，提出保障美国网络安全的四大举措：威慑、保护、侦测、适应，属于信息抗逆力范畴。我国 2016 年 11 月 7 日通过《中华人民共和国网络安全法》，针对网络信息安全也提出了网络安全的支持与促进、监测、预警和应急处置的基本流程，这也是信息抗逆力的体现。

生态抗逆力：是指国家安全中生态安全领域中的抗逆力，是从宏观视域对国家生态环境的建设与保护，要求国家环境保护、地理与气候、卫生与健康等领域具备应对生态风险及突发事件的预警与防控，在突发事件发生后，积极响应、抵御、吸收冲击，并从中恢复至正常状态的能力；并且能够从国家战略的高度，确保可持续与健康的发展，维护国家未来发展权益。

资源抗逆力：是通过准备与预防、抵御与吸收、恢复等措施，以保障国家战略性资源安全。包括战略性资源供应链的抗逆力、战略性资源能源贸易与运输的抗逆力等，是国家建设和发展的重要支撑和保障能力。

核安全抗逆力：与核安全相关的抗逆力，核能的和平与安全的应用是关系到人类生存和发展的重要方面。由于核事件频频发生以及核武器的开发与扩散，增加了世界核安全风险和威胁。因此，应加强与核活动、核技术、核武器、核设施相关的抗逆力，以预警、防范与核相关的中断性事件的发生，以保障国家核安全。

在《国家安全法》中，国家安全任务还增列了多个领域，如金融、民族与宗教、反恐。因此，战略抗逆力还需强化这些领域的抗逆力水平，如金融抗逆力、网络抗逆力、反恐抗逆力等，这样就可以根据国家安全局势变化，适时地突出和强化某一领域的战略抗逆力水平。

三、国家安全情报与战略抗逆力之间的竞合关系

在国家安全保障体系之内，国家安全情报与战略抗逆力这两个子系统，均是国家安全保障能力的重要基础组成部分。二者根据各自特点，承担不同的国家安全保障任务。二者之间既有竞争关系，同时又存在合作关系。国家安全情报与战略抗逆力之间的竞争与合作关系，是国家安全保障体系内的两个子系统之间的竞争与合作。本书拟运用资源配置优化理论及博弈方法分析二者间的竞合关系，从而使国家安全保障能力建设和应用效率与效果最优化。

（一）国家安全情报与战略抗逆力之间竞争关系的分析

国家安全情报与战略抗逆力均属于国家安全保障能力组成部分，而能力的形成需要资源（人、财、物等要素）的投入与支持。在资源总量保持一定的条件下，不可能有同时保障这两种能力达到最大化的资源总量，于是从各自局部子系统利益出发，国家安全情报与战略抗逆力都希望己方能力得到充分形成和发展。因此，国家安全情报与战略抗逆力在投入资源的分配上存在着竞争关系，需要国家安全保障方在给定资源总量的情况下，从国家安全保障能力组合最优化的角度出发，来进行国家安全情报和战略抗逆力双方资源的分配。

国家安全情报与战略抗逆力在作用方式、频率、效益显现等方面存在着比较大的差异性。国家安全情报由特定组织根据特定目标（任务或问题等）进行持续性的定向情报信息搜集、分析和生产，并能产生明显的决策支持和服务效益。但是，由于战略抗逆力专注于领域（系统或主体）内部的准备与预防，如评估脆弱性，强化鲁棒性，加强对外部环境的态势感知能力，预防突发事件，这些能力的保持和提升是看不见显著绩效的，是隐性能力，甚

至很长时间都不会被“激活”(如果没有突发事件的发生，其功能不会显现)。因此，将国家安全情报的绩效与战略抗逆力的绩效相比较，前者往往受决策者的重视，后者则容易被边缘化或忽视。国家安全保障管理部门根据历史（经验或教训、演化规律等)、当下（国内外、相关领域、行业的现状等)、未来(发展趋势、潜在变化、危险的预测等）等综合研判，科学和有效地分配二者的资源，对于形成最大化、最优化的国家安全保障能力是非常重要的。

1. 国家安全情报能力与资源投入的关系

国家安全情报是以国家安全领域的特定目标、任务或问题为对象，进行信息搜集、处理、分析和情报产品的分发工作，其业务相对单一。国家安全情报能力的提升与相应资源的投入符合经济学中的边际效应递减规律，在其能力欠缺的情况下，给予一定资源的投入，就能使其能力获得较大的发展；当其能力达到较高水平时，同样的投入，可能其能力的增长幅度显著变小，见图 3.5。图中纵轴表示国家安全情报能力水平在（0, 1）之间，横轴表示国家安全情报的资源投入，*f(0)* 表示已有的国家安全情报能力（上一年度的基础)，*f(i)* 表示资源的投入 *i* 所对应国家安全情报能力达到的层次，*i* 趋近于∞，*f(i)* 也只能是无限接近于 1。当在资源有限的情况下，*f'(i)*=0 时，*i* 的值便是国家安全情报的资源投入最佳点，其对应的函数值便达到最优化状态。

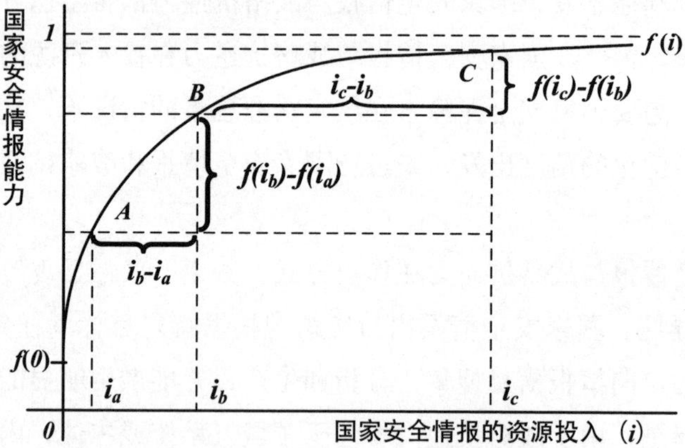

图3.5　国家安全情报能力与资源投入关系示意图

2. 战略抗逆力与资源投入的关系

通过前面的研究可知，战略抗逆力是一种不确定性、分布式、复合型的能力。不确定性是指突发事件的发生与否不确定；分布式是指战略抗逆力可能存在于个体、团体、社区当中，还可表现在各类资源的冗余方面；复合型则是指战略抗逆力是多元能力的组合。由于突发事件的突发性、后果的严重性和破坏性，严重地威胁到国家安全，因此，为了保障国家安全，必须投入资源，强化和提升主体（系统）的战略抗逆力水平。从资源投入与战略抗逆力形成效益来看，由于战略抗逆力对象不确定性、分布式和复合型的特点，资源投入不达到一定的阈值 r_a，战略抗逆力水平 $g(r)$ 都不会有明显提高；当超出该阈值后，战略抗逆力将随资源投入水平的提升而较快地提高；而当资源投入达到另一极限值 r_b 时，尽管资源投入在持续增加，但战略抗逆力水平增长开始变得非常缓慢，接近平台期。具体见图 3.6。

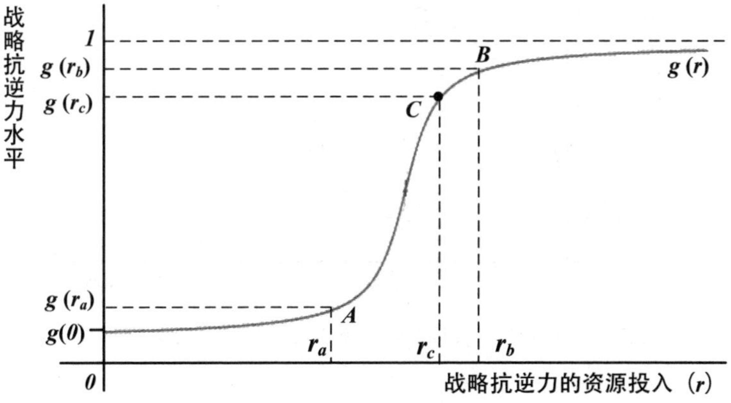

图3.6　战略抗逆力水平与资源投入关系示意图

3. 国家安全情报与战略抗逆力在资源投入上竞争关系的均衡策略

一般来说，影响国家安全保障资源投入有三个方面的因素：①自身已有的经验或教训。主要是在国家安全情报工作和应急管理过程中取得的经验和教训，一方面需要保持和强化已有的能力，另一方面需要弥补或提升有可能继续造成国家安全领域损失的某种能力短板。②他国（地区）已有的经验或教训。国外在国家安全情报工作和应急管理过程中比较成功的范例或典型的失败教训都值得借鉴，如美国反恐斗争中较为成功的经验，欧洲在反恐过程中所得到的教训等。通过这些经验教训，投向某层面的能力建设，以提升相关能力的不足。③对当前国家安全局势以及对未来情形的预期。包括与国家安全相关的国外形势发展，国内外政治、经济、社会、科技等方面的发展需要，也是影响国家安全保障资源分配的重要因素。

基于对国家安全情报与战略抗逆力的资源与能力形成过程的分析，在图3.5与图3.6描述的基础上，将这两个曲线图合成至一个图形中（见图3.7）。本书拟用数学伪公式表示二者之间在资源分配上的竞争关系，并寻找二者在资源分配上的均衡和优化策略。

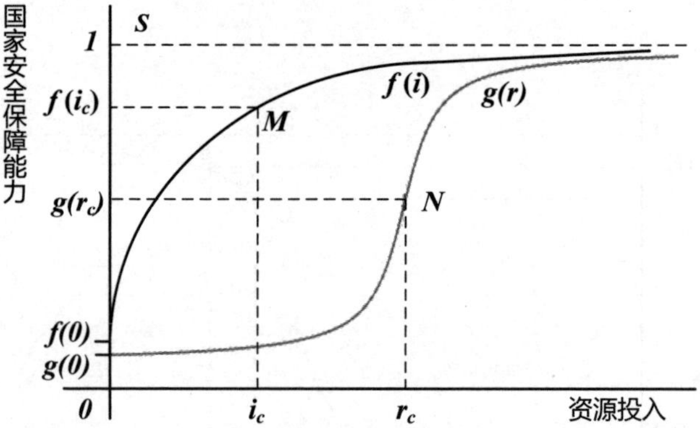

图3.7　国家安全情报和战略抗逆力对资源投入的竞争关系图

首先，资源投入，即国家投入安全保障能力的成本（cost）总额是定值。可用公式 $i_c+r_c=C$ 表示，$i_c=C-r_c$。其次，已有的国家安全保障能力是定值，即原有的国家安全情报能力为 $f(0)$，原有的战略抗逆力为 $g(0)$，见图3.7。再次，对当下及未来的国家安全情报工作任务以及可能出现的突发事件的预计和评估，假设分别为两个常量 α_i、β_e（二者取值均大于1）。对于国家安全产生的威胁总量则小于它们各自威胁之和，因为国家安全情报与战略抗逆力的目标和任务有一定的重叠和交叉，相当于它们的威胁累积之和与一个小于1的系数相乘的积。因此，我们便于理解，以α_i、β_e的叉乘值倒数作为系数，即$(\alpha_i+\beta_e)/\alpha_i \cdot \beta_e$。乘以重叠前的二者任务和，作为国家安全潜在的威胁值，即$(\alpha_i+\beta_e)^2/\alpha_i \cdot \beta_e$。最后，国家安全保障能力*supportability(C)*与资源投入分配之间的关系，可用公式（1）进行运算，分子为国家安全情报与战略抗逆力在国家安全保障投入$i_c+r_c=C$时两种能力（标量）的乘积。通过对该函数求i_c的导数，见公式（2）。令其导数函数等于0，便可解得i_c的值，可得出国家安全保障资源投入在国家安全情报与战略抗逆力之间的最佳分配方案。将i_c代入公式（1），可以得到国家安全保障能力最优化的值——*supportability*(i_c)，即分母不变的情况下，分子值达到最大，国家安全保障能力相对威胁来说更大，国家安全保障更加有力。

$$supportability(i_c)=\frac{[f(i_c)+f(0)]\cdot[g(C-i_c)+g(0)]}{(\alpha_i+\beta_e)^2/\alpha_i\cdot\beta_e} \tag{1}$$

$$supportability'(i_c)=\frac{[g(C-i_c)+g(0)]\cdot f'(i_c)+[f(i_c)+f(0)]\cdot g'(C-i_c)}{(\alpha_i+\beta_e)^2/\alpha_i\cdot\beta_e} \tag{2}$$

这里国家安全保障能力最优化的值——*supportability*(i_c)，并不代表能够使国家安全情报和战略抗逆力同时达到最大值。“最优化”是指在资源供给总量一定的情况下，使国家安全保障能力达到最大值，也即是对国家安全情报能力与战略抗逆力的资源供给实现配置最优化的结果。根据这个结果，可以寻找合理的资源分配方案，以使国家安全保障的综合能力达到最优化，而且该方案应该是动态的、权变的。

（二）国家安全情报与战略抗逆力之间合作关系的分析

前文阐述了国家安全情报与战略抗逆力之间在资源分配上存在着竞争关系，以及国家安全保障方通过资源投入与各自能力产生效益的关系，并以国家安全保障能力最优化为目标逆推出如何实现资源配置的最优化。虽然这解决了国家安全情报与战略抗逆力双方能力形成的条件，但二者合作关系形成的条件尚未触及，需要进一步探讨如何确立双方合作的机制，包括探讨二者之间合作的条件、在合作与不合作情况下各自的收益，从国家安全保障层面提出激励并维持合作的条件或措施。

从应急管理突发事件应对的视角来看，国家安全情报对于战略抗逆力似乎是单向性的支持，只有成本支出，但并无收益（或者是收益小于成本支出），因此，前者合作意愿不高。但对于战略抗逆力来说，如果不发生突发事件，似乎也不需要国家安全情报的合作与支持。只有当突发事件发生时，才需要其合作；而且突发事件发生概率极低，所以有时也存在一定的侥幸心理（不需国家安全情报支持）。这两种观点在两个子系统的决策者思维当中有一定的市场，对于国家安全保障体系建设来说是非常有害的，一旦付诸实践，则易产生极为严重的后果。

实际情况是：一方面，国家安全情报不可能保证其所有情报产品能够对决策形成、问题解决、任务实现等，发挥完全和有效的支持。即情报差错或情报错误的不可避免会导致情报失察的出现，而由情报失察导致的突发事件则需要战略抗逆力发挥屏障、缓冲、恢复的作用来弥补。同时，战略抗逆力能向国家安全情报提供与突发事件相关的信息、知识、情报，以及相应工具的支持，从而有助于提高国家安全情报的未来工作效率。另一方面，战略抗逆力也需要国家安全情报在各个阶段的监控、决策支持、分析等服务，以帮助战略抗逆力在突发事件处置过程中更加高效和有效。当然，二者之间合作关系的建立需要满足相应的条件。基于此，拟用博弈论方法来分析国家安全情报与战略抗逆力两个子系统之间合作关系的建立。

1. 博弈双方和利益相关者

博弈模型涉及博弈双方和利益相关者：国家安全情报、战略抗逆力（应急管理），及利益相关者——国家安全保障方。国家安全保障方属于国家安全情报与战略抗逆力博弈过程中的利益相关者。Freeman 指出："利益相关者是指能对一个组织目标的达成产生影响，或者受到一个组织实现其目标过程影响的所有个体和群体。"利益相关者能够通过行动、决策、政策或目标等影响任何个人或群体，反过来这些个体或群体也能够影响利益相关者。虽然国家安全保障方并不直接参与博弈，但其得益（国家安全保障能力、效果、效率、效益的提升）与博弈双方的行动选择、能力的提高和绩效水平的提升是紧密相关的。国家安全保障方通过国家安全保障资源（人力资源、财政资源、物质资源、信息资源等）的分配方案和合作或融合机制（包括激励措施、合作制度、合作规范、惩罚策略等）的设计，间接地引导或影响博弈的走向和结果。国家安全保障方的得益与博弈的结果相关，为了引导博弈双方朝着有利于国家安全保障方得益最大化的方向发展，国家安全保障方会针对国家安全情报与战略抗逆力双方的合作或融合进行资源激励（激励机制设计是为了保证双方合作的有效性和高效性）。假设国家安全情报与战略抗逆力均为理性人，他们将根据国家安全保障方设计的合作机制、合作成本和合作收益进行比较，然后做出符合其自身利益的选择，即在不合作、低水平的合作（共享）与高水平的合作（融合）三种策略组合当中选择。其中国家安全情报与战略抗逆力之间的合作与否，以及合作的层次高低（共享、融合），取决于双方博弈的策略、相应的得益、国家安全保障方相应机制的设计等。经过博弈，促进国家安全情报与战略抗逆力深层次合作——融合态势的实现，是国家安全保障方、国家安全情报和战略抗逆力均期望实现的理想状态。

2. 国家安全保障方的作用方式和博弈双方的策略集

国家安全保障方，主要是根据已有突发事件应对的经验和教训（自己或他人）、国家安全保障的现状，以及对未来国家安全领域发生突发事件的概率预判，对双方的合作资源进行分配（激励），并制定相应措施、制度和政策，甚至是法律。其底线是国家安全情报与战略抗逆力的低层次合作——共享（信息、知识、情报和其他资源），而期望值是实现高水平的合作——融合（双方在各领域实现全方位的协同和联动）。因为国家安全保障能力取决于三个方面：国家安全情报能力、战略抗逆力以及二者融合产生聚合效应的能力。根据国家安全保障资源的分配方案，可供国家安全情报选择的策略有不合作、共享或融合三种。策略选择是依据己方的收益、另一博弈方（战略抗逆力）的上一次选择，以及在当前阶段的博弈中要考虑到不能引起战略抗逆力（博弈方）在后面阶段可能采取的对抗、报复或恶性竞争。同样，根据国家安全保障资源的分配方案，战略抗逆力选择的策略也包括不合作、共享和融合三种。策略的选择依据是：己方的收益、国家安全情报的上一次选择，以及当前阶段的博弈策略对后一阶段对方策略选择产生的影响。

3. **重复博弈模型的建立**

（1）重复博弈的特征。由于情报失察的存在和无法预计的突发事件的发生，而且不定期地在不同领域、行业不断发生，因此，每次由于情报失察的产生或无法预计的突发事件的发生，使得国家安全情报与战略抗逆力不断地进行合作与不合作的选择，双方之间的博弈也将持续不断地重复进行。显然，该博弈满足重复博弈的三大特征：①前一阶段的博弈不改变后一阶段的结构。②所有博弈方都能看到博弈过往的历史。③博弈方的总得益是各阶段博弈得益的贴现值之和。而且，在国家主体存续期间，国家安全情报与战略抗逆力均确认博弈会不断重复继续下去，因此，这是一个无限次重复博弈。它包含相应的子博弈(Subgame)，即“重复博弈的子博弈就是从博弈过程中某个阶段（不包括第一阶段）开始，包括此后所有阶段的重复博弈部分”。另外，根据博弈方策略的选择类别来看，该博弈可被认为是一个三价博弈的重复博弈，博弈方得益矩阵见图 3.8。

		战略抗逆力：合作		战略抗逆力：不合作
		融合	共享	不合作
国家安全情报：合作	融合	10, 10	4, 12	0, 6
国家安全情报：合作	共享	12, 4	6, 6	0, 4
国家安全情报	不合作	6, 0	4, 0	2, 2

图3.8　国家安全情报与战略抗逆力的重复三价博弈的得益矩阵[1]

[1]　矩阵中某一方的得益取决于对方的合作与否的收益。如（不合作，共享）组合，其收益是（4, 0），说明采取“不合作”策略方，收获对方在资源（信息、情报、智慧、技术和专家等）方面的支持（共享）；而采取“共享”策略方，则没有得到合作的支持，收益为0。另外，图中数字仅是分析问题的参照系数，并不具备实际得益上的参考或实际意义。

（2）博弈方的策略与得益。从图 3.8 中可看出，该博弈是在“囚徒困境”（图 3.8 矩阵中的阴影部分）的基础上，经过扩展后转变为重复三价博弈，即将“合作”再细分为“共享”和“融合”两个层次的策略。其中，国家安全情报或战略抗逆力都必须与另一方同时进行选择，并且都是独立地作出决策，即选择“融合”“共享”“不合作”三者之一。“共享”与“融合”在合作层次上的差异，表现为合作成本及收益的不同，即“共享”的成本和收益均小于“融合”的成本和收益，而且“融合”的收益 / 成本比率大于“共享”的收益 / 成本比率。这里假定：如果双方同时选择“融合”，各自得益 10 个单位（自身工作的得益）；如果双方都选择“共享”，各自得益为 6 个单位；如均选择“不合作”，则各自得益为 2 个单位；如一方选择不合作，另一方选择共享，则前者得益为 4 个单位，后者得益为 0（只有付出，没有收益）；如一方选择不合作，另一方选择融合，则前者得益为 6 个单位，后者得益则为 0；如一方选择共享，另一方选择融合，则前者得益为 12 个单位，后者得益为 4 个单位。

（3）重复博弈中的“触发策略”（trigger strategy）。国家安全情报与战略抗逆力从各自功能目标上来说是一致的——维护和保障国家安全，但理性人往往从本位主义出发，在博弈过程中趋利避害，且寻求己方得益的最大化，有可能损害对方的得益，招致“触发策略”的报复。即一方首先试探合作，如果发觉对方不合作，则也使用不合作进行报复的策略。该策略是重复博弈中保证合作和提高均衡效率的关键机制，也是重复博弈过程分析的重要“构件”之一。

4. 博弈过程的分析

从图 3.8 中很容易看出，如果是在一次博弈过程中，在该三价博弈矩阵中有两个纯策略纳什均衡：（共享，共享）策略组合，其得益为（6，6）；以及（不合作，不合作）策略组合，其得益为（2，2）。在这个矩阵中博弈双方的收益和最大，而且位于双方个体收益的相对高位（仅次于在对方采取“融合”策略，己方采取“共享”策略时的 12 个单位得益）的得益（10，10）。但是，与之对应的策略组合（融合，融合）却并不是纳什均衡。因此，在一次博弈过程中，能够导致帕累托最优行为的是（融合，融合）策略组合，但是其很难实现。另外，博弈中，导致帕累托次优的决策（共享，共享）策略组合是可接受的，而博弈双方采取的（不合作，不合作）策略是整体性较差的方案。

“触发策略”机制作用下，有限次重复博弈过程的分析。假如是两次重复博弈，双方都将采取“触发策略”。对于国家安全情报来说，第一次选“融合”，如果双方得益组合为（10，10），则第二次就会选“共享”（在更大得益面前的理性选择）；如果第一次结果为其他任何策略组合，则第二次就会选“不合作”。同样，对于战略抗逆力也如此。

在“触发策略”机制下，两次重复博弈过程之中，如果双方都采用前面的触发策略，那么第二阶段的选择应该都是基于前一阶段结果。即当第一阶段选择的结果为（融合，融合）时，第二阶段的选择必然是（共享，共享），得益组合为（6，6）；而当第一阶段选择策略是其他八种结果之一时，第二阶段选择结果必为（不合作，不合作），得益为（2，2）。如果把（6，6）得益加到第一阶段（融合，融合）策略组合对应的得益上，把（2，2）得益加到第一阶段结果为其他策略组合的得益上，这样就把两次重复博弈转换成一个与之等价的一次博弈，其得益矩阵见图 3.9。通过该等价得益矩阵图，很容易看出，（融合，融合）策略组合是一个纳什均衡，并且国家安全情报与战略抗逆力两方均获得最佳得益，因此，博弈双方在“触发策略”机制下，都必然会采取该策略组合。

		战略抗逆力		
		合作		不合作
		融合	共享	
国家安全情报	合作 融合	16, 16	6, 14	2, 8
	合作 共享	14, 6	8, 8	2, 6
	不合作	8, 2	6, 2	4, 4

图3.9　两次重复三价博弈的等价博弈得益矩阵

同样，如果该三价博弈重复的次数不是两次、三次，而是 n 次，结论也是如此。即除最后一次采取（共享，共享）策略组合外，双方每次都将采取（融合，融合）策略组合，当重复次数足够多，则双方得益接近于（10，10）。在现实中，国家安全情报与战略抗逆力合作关系的持续性是与国家主体持续性相一致的，n 可被认为相当于无穷大。

这是从重复博弈视角分析了二者间合作关系建立的必然性和重要性，而现实中，双方博弈的结果很大程度上取决于双方对重复博弈结构和性质的了解，博弈双方的分析能力和相互信任等因素。为了实现合作效益最大化，与博弈结果相关的重要利益相关者——国家安全保障方，应设计合作机制、激励机制、约束机制等制度性和政策性的系统或环境，来引导和保障高水平合作关系（融合）的建立。

5. 重复三价博弈均衡的基础和保障机制

重复三价博弈均衡的现实基础：①国家安全情报与战略抗逆力之间合作关系，并不是建立在零和博弈基础上的无限次重复博弈。在国家安全保障体系中，国家安全情报与战略抗逆力均属于国家安全保障能力，目标和方向是一致的，即保障国家安全，因此，二者在客观上有合作的基础。②国家安全情报与战略抗逆力均有不可避免的弱点，需要彼此的相互支持与合作，二者在主观上有合作的意向性。

重复三价博弈均衡的保障机制：主要是由国家安全情报与战略抗逆力合作的最终受益方——国家安全保障方，为了促进国家安全保障能力或收益最优化，通过各种措施推动、鼓励、规范、约束双方的行为选择，从而促使国家安全情报与战略抗逆力之间高效率、高水平的重复三价博弈均衡的实现和持续。①建立完善的激励机制。国家安全保障方建立和健全完善的激励机制，促进双方合作、引导双方合作的持久性与稳定性。如划拨专用合作资源用以鼓励、支持双方的共享乃至融合的互惠互利行动。同时还鼓励双方建立相互信任关系，促进合作关系的持久性、稳定性，消除机会主义、本位主义的干扰。②建立规范的约束机制。这是国家安全保障方通过制度、政策和法规的制定，以约束和惩罚在博弈过程中有相对消极行为或不合作行为的博弈方，对双方进行监督和控制。所有这些正式的制度，对双方具有强制性作用，而且能够改变博弈双方的预期收益，从而促进稳定的纳什均衡的形成。如我国《国家安全法》《反恐怖主义法》《突发事件应对法》等法律法规，对情报信息工作、战略抗逆力的作用给出了相应的规定，很多内容涉及双方合作层面，规定了责任与义务的边界，对相关可能的违规或不合作行为进行了约束。③建立有效的沟通与协调机制。对于国家安全情报与战略抗逆力之间信任关系的维护，有效沟通是非常重要的手段。由于二者对国家安全保障层面的认知和理解是存在差异的，即具有不同的哲学观和行为方式，因此，需要双方保持经常性的沟通和交流。另外，国家安全情报与战略抗逆力之间难免存在一些矛盾，出现损害彼此之间信任关系的行为，有必要建立相应的协调机制，有时也需要国家安全保障方进行协调，甚至建立协调机构或融合机构。

当然，这里只是从博弈论视角进行的理论分析，是一种理想状态下国家安全情报与战略抗逆力之间合作关系的建立，目的是为双方在实践中进行合作提供一个相应的思路。而现实当中，国家安全情报与战略抗逆力合作关系的建立存在诸多复杂性因素，如国家安全情报有着固定的组织机构，并具有宏观的战略行动视野，而战略抗逆力并不局限于某个机构、组织，甚至是某个地区、社区或个体，其目标多定位于微观、中观层面等。二者可能在具体合作层次上有一定的差异，需要结合具体实际来制定各种制度、政策、法律等机制，以促进、引导和规范双方的高水平合作实践态势的形成。

第四章

国家安全情报与战略抗逆力融合模型及运作机制

第三章阐述了国家安全保障体系中两种基础性能力：国家安全情报与战略抗逆力。为了构建国家安全情报与战略抗逆力融合模型及运作机制，本章将以社会物理学、生物学和管理学中的现象或效应为本体，来隐喻国家安全情报与战略抗逆力在国家安全保障体系中相互作用的原理，以及二者之间存在着互补效应、共轭效应、共生效应以及共振效应。这些研究结论，为在国家安全保障体系下构建国家安全情报与战略抗逆力的融合模型和运作机制奠定了良好的基础。

一、国家安全情报与战略抗逆力的融合基础

第三章已经论证了国家安全情报和战略抗逆力两种能力之间的竞争与合作的关系，从二者的上位概念——国家安全保障的视角来看，国家安全情报与战略抗逆力属于国家安全保障体系中的两个要素，因此，它们之间的关系属于两个子体系之间的竞争与合作。在竞合关系的基础上，国家安全情报和战略抗逆力之间还衍生出互补效应、共轭效应、共生效应和共振效应，因

而具有了互补性、协同性、合作性的关系。本节拟运用相关管理学、物理学、生物学理论与规律，来类比和分析国家安全情报与战略抗逆力之间的各种效应。

（一）国家安全情报与战略抗逆力之间的互补效应

1. 国家安全情报与战略抗逆力之间的共同点

（1）目标和属性一致。国家安全情报与战略抗逆力的目标是一致的，均是为了维护国家（主体或系统）的安全和发展，防止潜在的危险、威胁和危机带来的冲击。它们同属国家安全保障体系的组成部分，在前文已阐述。

（2）要解决的问题相同。国家安全情报与战略抗逆力都是要解决各种威胁国家安全与发展的风险和危机，防范这些风险、危机演化为冲击国家安全与发展的突发事件或产生严重负面影响，并能积极地应对，转危为机。

（3）本质一致。国家安全情报与战略抗逆力的作用客体是相同的，都具有不确定性，但是又有所区别。国家安全情报的客体是“确定的”不确定性——certain uncertainty，即国家安全情报工作对象在特定任务需求（用户需求分析）驱动下，其情报工作任务需要搜集、处理、分析某个主体（人、组织、事、物等）的情报是确定的，但对象的具体情况、动态、意图等是不确定的。而战略抗逆力的客体主要是“不确定的”不确定性——uncertain uncertainty，一方面，战略抗逆力的作用客体是不确定的，多为突发性、难以事先预测或预见的突发事件，因而并不像国家安全情报那样已经确定了主体；另一方面，不确定性是指无法预知突发事件的发生地点、时间、起因、程度和后果，以及可能的级联效应等，如日本“3·12”大地震，引发海啸并导致福岛核电站事故，后续又产生核泄漏、核污染等。

（4）作用过程类似。国家安全情报与战略抗逆力的作用过程是类似的。国家安全情报是将搜集的数据、信息从无序转变为有序，实现高价值情报知识的获取，即序化。战略抗逆力的作用过程，是突发事件发生后，在战略抗逆力的作用下，主体状态或社会秩序从无序转向有序的过程。二者也有区别：国家安全情报是信息负熵，以降低系统的复杂性、混沌无序；战略抗逆力则有多种熵，既有信息负熵，也有系统熵与能量熵的释放（熵减），这些熵的注入或释放，使之恢复至原来状态，甚至是熵减（创新发展）状态，目的是使主体保持基本结构的完整性和核心功能的连续性。在作用方式上，国家安全情报多是典型他组织主导的过程，战略抗逆力作用过程则是他组织和自组织并行作用的过程。

2. 国家安全情报与战略抗逆力之间的互补效应

国家安全情报与战略抗逆力之间的共同点，是它们同为国家安全保障体系的重要体现，也是它们能够进一步相互合作、取长补短的重要基础。但是，共同点并不意味着它们之间可相互替代或取代，因为它们还具有对方无法替代的异质性。异质性是国家安全情报与战略抗逆力产生互补效应的基础，互补效应本质上是一个系统相对于互补前所拥有的资源在数量上的增加，这种增加不是新增的资源，而是通过与另一个（或多个）系统形成组合后，挖掘出另一系统可以再利用（或复用）的实体资产，并充分利用从而提高了整体的效能。国家安全情报与战略抗逆力的互补效应，便是在国家安全保障体系中两个子系统间所形成的互补性，主要表现在以下几个方面。

（1）*目标覆盖范围的互补性*。国家安全情报的目标是根据特定的问题、任务、对象、活动而设定的，特别是那些在国家安全中有重要地位和影响的领域、任务和问题，而这些问题、对象等正在或未来会给国家安全带来潜在的威胁、危险或危机。但国家安全情报不能事无巨细、大包大揽地全覆盖，这是由其选择性所决定的，所以，国家安全情报的目标是离散的。战略抗逆力的目标则是面向所有可能发生的危险、威胁和危机，以及由它们引发的各类突发事件，因而，战略抗逆力的目标是广谱的、连续的，见图 4.1。

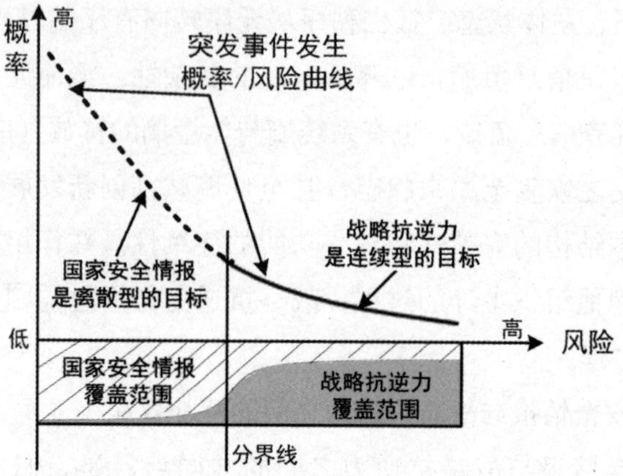

图4.1 国家安全情报与战略抗逆力目标覆盖范围的互补效应示意图

从图中可以看出，国家安全情报的目标范围与战略抗逆力的目标范围互补形成一条防范可能有危险、威胁和危机产生的突发事件曲线。国家安全情报主要防范大概率的国家安全威胁、风险和危机，是有选择性的，表现为离散型的，见图中的虚线部分。战略抗逆力应对的是广谱型的、连续型的目标，即图中的实线部分。当然二者之间并非泾渭分明，图中分界线的位置并非固定，不同主体、不同领域的国家安全情报与战略抗逆力的主导性是有差异的。如在军事安全领域，军事安全情报占据主导性地位，分界线偏向右侧；在网络安全领域，网络信息抗逆力占据主导地位等，分界线偏向左侧。另外，国家安全情报与战略抗逆力也存在相互交叉和重叠的区域，图 4.1 中分界线左侧的阴影部分是战略抗逆力覆盖至国家安全情报的范围，同样，分界线右侧的斜线部分则是国家安全情报延伸至战略抗逆力的范围。

（2）保障功能和指向上的互补性。国家安全情报和战略抗逆力都具有保障国家安全的功能，虽然功能属性相同，但彼此还是有差异的。国家安全情报相当于“矛”,其主要职能是针对相关领域的“敌人”（包括“朋友”）[1] 的意图与行动，特定的目标和任务，新出现的问题及困境等，进行情报搜集、分

[1] 这里的“敌人”和“朋友”是一种喻指，可能包括国家、集团、组织、企业（公司）及个体。

析工作。其具有主动性、针对性、目标性和具体性的特点，有确定的作业对象“who”（是谁）和“what”（是什么）。战略抗逆力则是被动性、广谱性、筹备性、防御性的能力体系，相当于“盾”，主要作业指向是由内而外，目的是发现自身脆弱性，提升应对突发事件（特别是非常规、预料之外的突发事件）的预防性、防卫性能力，作业指向为“where”（哪里有脆弱性）、“how”（如何应对突发事件）。

战略抗逆力注重加强主体（系统）内部的能力、功能和结构等，能够抵御突发事件、恐怖袭击和自然灾害等不可预测风险可能带来的冲击。因此，战略抗逆力关注系统的弱项、脆弱的地方，强化自身的能力，完善不足，构建冗余能力，以应对突发事件可能给系统带来主要功能的损伤、重要组件的损毁、系统内部秩序和环境的破坏。国家安全情报则着眼于主体（系统）的外部环境，根据已有的信息、经验、知识和智慧，对潜在的敌人、对手，甚至是自己合作伙伴的特点、行动意图、行动倾向、行动计划、行动能力等进行情报的搜集、处理和分析，以防止己方在某具体领域、问题、目标或任务上被“突袭”（surprise）。

（3）消除不确定性上的互补性。在国家安全领域，不确定性意味着可能存在安全风险、危机或威胁。国家安全情报属于信息链的范畴，具备香农信息的属性，即减少或消除不确定性。根据前文战略抗逆力的界定，战略抗逆力也是要解决“黑天鹅”类的突发事件，这些突发事件的典型特征是“无法预见或预测”，充满不确定性因素。因此，战略抗逆力具有减少或消除未来不确定性的能力。

但二者性质并不相同，所谓“知己知彼，百战不殆”，并不仅仅指情报工作，还包括战略抗逆力。目前，国家安全情报的工作往往是“知彼”，或者潜意识地把情报对象置于对立面，变成了“彼”，鲜有“知己”，即使有“知己”大都也是与特定的情报对象“彼”进行比较分析。在全球化、一体化、网络化的世界中，通过情报锁定几个重要目标来保障自身安全，可能将不再有效和安全。某些情形下，意料之外的对手、突发事件的发生将颠覆原有的安全屏障。战略抗逆力作为国家安全保障的另一重要能力，将有效弥补国家安全情报工作的不足，其所做工作更多的是“知己”，即通过评估自己的脆弱性，获得自身全面的“体检”，并对缺陷、不足之处进行补救，增强主体（系统）的鲁棒性，预防、预警潜在的风险、危机和威胁，以保障在突发事件发生时主体（系统）的安全。

拉姆斯菲尔德（美国前国防部长）在 2002 年 2 月新闻发布会上针对伊拉克是否拥有大规模杀伤性武器问题所做的回答——As we know, there are known knowns, there are things we know we know. We also know there are known unknowns; that is to say, we know there are some things we do not know. But there are also unknown unknowns—the ones we don’t know we don’t know。在这段绕口令似的回答文本中，其中文大意是：据我们所知，我们已经知道一些（信息），我们知道我们已经知道一些（信息或知识），我们还知道，我们有些并不知道，也就是说，我们知道有些事情我们还不知道（有待于情报搜集与分析）。但还有一些，我们并不知道我们不知道，这些我们不知道的，我们不知道（无法预测的不确定性，这些不确定性可能带来类似“黑天鹅”的突发事件）。

其本意是搪塞人们质疑美国在伊拉克战争中理由的正当性。如果从情报研究视角来看，拉姆斯菲尔德表达了人们对外部世界的认知及情报工作局限和不足的四层含义。第一句，我们拥有对客体的各种信息，即数据和信息，data and information。第二句，我们知道客体的相关知识或情报，即 knowledge and intelligence。第三句，我们知道客体的有些信息还不知道，即未知的信息或情报，unknown information or intelligence，这些信息或情报需要情报工作者去寻找和分析，是情报工作的任务。第四句，还有一些我们无法确认的客体信息，情报工作也无法获取，而这种未来的不确定性所带来的危险和威胁，可通过发展战略抗逆力来预防和抵御。

国家安全情报与战略抗逆力的互补性维度，还表现在诸多层面。见表 4.1，在国家安全保障体系中，这些差异性说明国家安全情报与战略抗逆力具有互补性，能够为国家安全提供更广泛的、全面的保障能力，限于篇幅，不一一赘述。

表4.1　国家安全情报与战略抗逆力的互补性（差异性）

国家安全情报	战略抗逆力
由特定问题（目标、任务）而被“激活”的知识	因突发事件的发生而被“激活”的行动能力
具有导向性、主动性、积极性等特征	兼有前瞻性、主动性与被动性等特征
强调情报工作的精准性，重视服务与决策支持的绩效	强调准备阶段，各类资源及能力的冗余形成
着力消除外部不确定性、不稳定性的因素	强调内部要适应外部环境的变化
信息流自下而上，面向决策层（支持高层决策）	信息流自上而下，面向中低层面（支持基层实践行为）个体或群体
强调对外信息、知识和情报的分析	强调主体（系统）内在鲁棒性、适应性的建设
是国家安全保障的“软实力”——情报能力形成于组织当中，体现在情报生产的整个过程，包括目标确定、搜集、整理、分析、判断和分发等	是国家安全保障的“硬实力”——战略抗逆力形成于准备阶段，体现在准备、响应、恢复、总结和反思阶段
知彼——国家安全情报的对象是外部的敌人、竞争对手甚至是盟友	知己——战略抗逆力的对象是自身内部的脆弱性以及外部的突发事件
情报工作是以目标（问题、任务）为导向（object-oriented）	战略抗逆力则是以风险（威胁或危机）为导向（risk-oriented）
防止非常态（威胁、危险或危机）的情形出现	防止非常态（威胁、危险、危机）发生，也致力于从非常态恢复至常态（安全）
情报工作是集群式能力的体现，从情报的定向搜集、处理、分析、分发和传播，到决策支持，是一个逻辑严密、分步执行、环环相扣的管理和控制过程。情报能力体现在每一个步骤和环节当中，且需要每个环节与前后衔接一致	战略抗逆力则是分布式能力的体现，存在于各子组织（子单位、子部门、下辖机构等），甚至是个体中，如应急反应能力、预警能力、信息获取能力、传播分发能力、学习能力等。分布式还表现为战略抗逆力以不同形式在多阶段中呈现

（二）国家安全情报与战略抗逆力之间的共轭效应

在国家安全保障体系中，国家安全情报与战略抗逆力的目标是相同的——保障国家安全，二者之间是相互作用、相互影响的。物理学中“二相”论、数学中“对偶”论、哲学中“辩证”论和东方哲学中“阴阳”论等，都是从不同视角分析一个系统中多个组分（一般为 2 个）之间相互作用和相互影响的关系。这种相互作用和相互影响的关系，有学者称之为共轭关系。轭是以牛、马等动物作为农耕或交通运输动力时，为了保持拉力对后部器具的均衡与平稳而配备的一种控制装置。“共轭”“共轭效应”是数学、化学等学科中常用概念，如化学中共轭分子理论、数学复数中的共轭复数等，共轭体现了系统内各组分之间生态关系的自我调节机制，可实现系统的和谐、平衡和高效发展，后来很多研究者将共轭概念引入其他人文社会科学中。共轭关系是指，系统在进化发展的过程中，其中一些要素或其结构、功能在密切联系、形成系统整体功能过程中，所呈现的相互影响、相互作用的协调的、动态的对称关联关系。其主要形式有要素共轭、功能共轭和结构共轭等。我们把具有共轭关系的子系统称为共轭体系。通常，共轭体系在系统发展过程中逐渐形成要素联系紧密、结构相对稳定、整体功能协调、可促进环境适应性等特性，且伴随系统能量的变化而发生特定性能的改变。共轭系统中的要素能够形成稳定、统一的结构，主要是因为其要素间有着共同的目标，并且这些要素之间也相互共享、相互合作、彼此支持，这样才能共同促进系统的发展。

第三章及本章已经论证了，在国家安全保障体系中国家安全情报和战略抗逆力之间存在相互竞争与合作，存在共同性和互补性。从要素组成来看，国家安全情报与战略抗逆力具有要素共轭的属性，国家安全情报属于知识性要素，战略抗逆力则属于实体能力要素。从结构形式来看，国家安全情报是以有形的组织结构存在，而战略抗逆力是分布式的能力体系。分布式体现在：战略抗逆力在不同阶段（准备、响应、恢复、反思）表现形式不一样，在不同部门（个体、群体）具有异质性的能力，在不同领域具有不同倾向性的能力，而且融于各个领域的实体组织之内，并非单一组织或部门结构形式，因此国家安全情报与战略抗逆力具有结构共轭的特点。从功能属性来看，国家安全情报与战略抗逆力也具有共轭关系，国家安全情报主要是对外的，目的是掌握“敌人”“对手”，甚至“朋友”的行为意图、目标、路径等，或者是为了解决某个问题、完成某项任务等，往往是保密的；而战略抗逆力是对内的，目的是寻找内部脆弱性，提高适应力、鲁棒性等，多是公开的。

王飞跃提出的ACP平行情报体系中认为情报是封装的智能，智能是开放的情报，实现从牛顿系统到默顿系统、“波粒二象性”到“虚实二象性”的转变是情报工作的关键[1]，平行情报体系的目标是实现人机结合、知行合一、虚实一体。从共轭分析视角来看，ACP平行情报体系是共轭关系理论与情报学理论相融合的结果。国家安全情报本质上属于认知世界，战略抗逆力则属于物理世界和人工世界，平行情报体系中的“虚实一体”也是国家安全保障实践的要求，即国家安全情报与战略抗逆力之间的融合——共轭效应。国家安全保障系统的演进与完善，是国家安全情报与战略抗逆力两大要素紧密联系、相互作用的结果，促进了国家安全各领域安全保障能力的提高。

（三）国家安全情报与战略抗逆力之间的共生效应

共生效应源于生物学中的现象，发生在相互依赖的生态系统中，关键不在于种群个体，而是种群个体之间的相互关系。这是一种生物生存和进化与另一些生物的生存和进化之间的相互关系，既表现为不同个体之间的相互制约，也体现在它们之间的彼此受益。正因为它们相互影响和彼此作用，因而形成了一个相互依赖、相互调节的共同生存和协同进化的共生系统。共生系统中相互依存、相互受益的关系称之为共生效应。这在自然界中是非常普遍的现象，如海洋中的海葵与小丑鱼之间的关系。这种共生效应逐渐被学者们引入管理学、社会学、经济学等学科研究中，用以解释两种或多种主体间的

---

[1]　这里“情报是封装的智能”指的是情报包括了KAO，即knowledge，action和organization。“智能是开放的情报”指的是智能是在开放的信息基础上的聚焦收敛。牛顿系统是机械系统，默顿系统指的是以遵循“默顿定律”影响或指导的系统。默顿定律泛指以美国社会学家默顿命名的各种能够引导系统行为的“自我实现预言”（Merton’s Self-Fulfilling Prophecy Laws）。即：“由于信念和行为之间的反馈，预言直接或间接地促成了自我的实现”。因为对于人类社会行为问题，在许多情况下，我们要“证实”的命题，其实最终是我们影响甚至改变、构成、实现的命题，非自然科学，特别是物理数学里的因果关系，而是心理学上的因果驱动关系。简言之，命题改变行为，进而成真。半个多世纪以来，引导全球半导体事业发展的“摩尔定律”（Moore’s Law），就是一种十分成功的“默顿定律”。

相互依存、相互影响、相互受益的关系或现象。

国家安全情报与战略抗逆力之间，也存在这样的共生效应：①在面临国家安全威胁时，依靠单一国家安全情报体系或战略抗逆力体系是难以保障国家安全的。首先，国家安全情报工作根据情报用户的需求或国家安全问题，利用有限的情报能力去针对特定的目标（对象或任务）进行情报搜集、处理和分析，并分发情报产品，因此，它在国家安全保障上具有局限性。其次，战略抗逆力体系主要目标是“预防万一”，即主要通过各种准备（脆弱性评估、增加鲁棒性与适应性、资源与能力的冗余等）以提高主体的战略抗逆力，应对难以预测的突发事件。但过分依赖战略抗逆力保障国家安全，无疑会使国家安全成本或代价变得更高，也是不经济的。②国家安全情报与战略抗逆力之间存在相互依赖、互惠互利的关系。首先，国家安全情报可以为战略抗逆力作用的发挥提供预警、预测，而且在突发事件发生时，迅速予以响应并提供应急情报支持，在突发事件的抵御、恢复过程中，情报工作仍能提供决策上的支持。其次，战略抗逆力通过总结与反思也能向国家安全情报提供突发事件的起因、特征、过程等信息，为国家安全情报提供新的国家安全威胁数据源，更好地服务于国家安全保障。另外，当国家安全情报出现差错、误判时，战略抗逆力能为国家安全保障提供相应的支持。

（四）国家安全情报与战略抗逆力之间的共振效应

1. 共振效应

共振是常见的自然现象，原为物理学中常用术语，是指某一物理系统在某些特定频率下，与其他频率相比将以更大的振幅振动，这些特定的频率即为共振频率。在声学中共振亦称“共鸣”，是指物体因共振而发声的现象，如两个音叉频率相同，靠得相近时，如果其中一个振动发声，则另一个随之发声。在电学中，人们将振荡电路的共振现象称为“谐振”。通常一个系统有多个共振频率（力学、声学和电子的均如此），而且在共振频率上振动相对容易，在其他频率上振动则较困难。共振机理说明：如果一个系统的振动频率等同于另一个系统共振频率，那么这两个系统将会产生共振效应，使之产生最大振幅。共振现象与共振效应能解释人文社会科学中的现象，因而很多学科将“共振”引入本学科或领域的研究中，如教育学、心理学、传播学、管理学等。

2. 管理学科中的共振效应

Burns 较早在管理学科中提出共振的概念，主要针对组织制度设计及其有效管理，强调为了完成共同关注的任务，企业应保障其相关部门对各自特定知识和经验的识别拥有更多的自主权，并保持沟通渠道的畅通。Brown 对“战略共振”的界定是：一个动态的、系统的、持续的战略进程，确保市场与公司生产能力、公司战略与其生产能力，以及公司各层面的结构与功能之间，能够持续地保持和谐、共振的状态。从中可以看出，他提出的共振是要求在更大的社会生态中，在两个系统之间，在市场需求与企业生产能力，甚至是组织内的子系统或部门之间等做出调整，相互适应，形成战略共振效应，以实现公司战略和绩效目标。Brown 在公司创新过程中对技术能力与组织能力之间战略共振的研究中，指出战略共振的本质是公司的战略决策与运作能力之间、其企业战略与市场需求之间的有机联系，目的是保障市场驱动与资源战略之间的协调、同步共振运行。他认为，公司组织能力的调整应该与市场需求变化保持一致，形成共振。特别是对于复杂适应性系统（complex adaptive system, CAS）而言，共振效应在动荡、复杂多变的社会环境中是重要的管理机制。

孙碧娇提出，在组织信息服务与客户信息需求之间也有“共振效应”现象，需要信息服务机构能够准确分析、把握信息用户的心理，从而掌握用户的情报（信息）需求。并以此为基础，选择合适的时机，以最佳的方式向用户提供情报（信息）服务，这样，用户对于情报（信息）服务的认同度和满意度会明显提高。因此，该过程可以理解为：情报服务组织调节自身工作“频率”，使之与情报用户“频率”相一致或相近，从而产生“共振效应”的过程。

在国家安全保障体系中，国家安全情报与战略抗逆力之间也存在“共振效应”，在面临不同外界风险、威胁、危机时，二者之间可以在多个“共振频率”点实现共振，达到最佳绩效（见图 4.2）。如在自然灾难引发的突发事件中，国家安全情报可协同战略抗逆力进行抵御、吸收、恢复和灾后重建工作，国家安全情报协同战略抗逆力的需求，产生共振效应；在反恐怖主义行动中，战略抗逆力协同国家安全情报的需求，专群结合，协同联动，产生共振效应，以优化反恐效果。如果它们之间共振频率不一致，那么，在保障国家安全方面可能产生不协同、不一致、不协调的局面，可能给国家安全保障带来一定的风险。因此，根据共振效应的条件，在国家安全情报与战略抗逆力之间形成共振效应的关键是：合作与共享、协同与联动。前文提及的共轭效应，其本质就是合作与共享，也是共生效应与共振效应产生的基础，协同与联动是保证国家安全情报与战略抗逆力在相应的共振频率点产生共振效应的条件，协同与联动的根本目的是使双方发生同频共振，产生最大振幅。

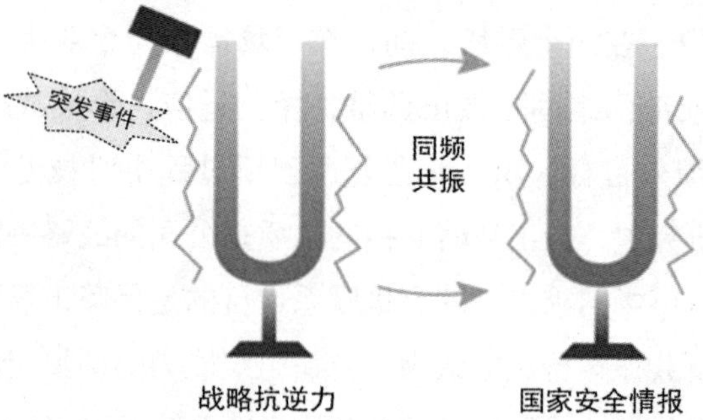

图4.2　国家安全情报与战略抗逆力之间的共振效应示意图

二、国家安全情报与战略抗逆力融合模型的研究

（一）国家安全情报与战略抗逆力融合的动力

国家安全情报与战略抗逆力同属于国家安全保障体系的组成部分，二者的融合是非常必要和重要的，也是新时期国家安全保障的内在动力使然。

（1）国家安全情报工作需要战略抗逆力的支持。首先，本书第一章阐述了国家安全情报工作所具有的选择性、产品（结果）的不确定性，以及情报工作过程中可能出现的情报差错和情报错误等，这些情报工作的先天性不足和问题或致情报失察，从而可能进一步置国家于威胁、危险或危机之中，因此，需要战略抗逆力抵御情报所不能预警的，以及潜在的各种无法预知或预防的危机或风险。其次，国家安全情报需要建立各种威胁、危险或危机的情报知识库，并不断更新之，如已有的同行和自身的经验或教训等。但是，战略抗逆力在应对各种危机、危险所引发的突发事件过程中，所积累的各种经验和教训的信息、知识，将能有效扩充情报知识库，提高情报搜集、分析效率。最后，国家安全情报工作需要战略抗逆力的支持，如个体、社区、组织等对于情报线索的提供，战略抗逆力在反恐、打击毒品等活动中的作用尤为突出，国家提出“专群结合”反恐战略或举措，“群”就是基层个体、社区所具有的态势感知能力（战略抗逆力）。

（2）战略抗逆力作用过程（预防和应对突发事件）需要国家安全情报工作的支持。首先，战略抗逆力的准备阶段，如脆弱性评估、战略环境态势感知、突发事件的预防等均需要情报工作的支持，以降低潜在威胁的不确定性，从而增强主体的鲁棒性、冗余性，如脆弱性评估中可借助情报工作方法（SWOT 分析、竞争性假设分析）等。其次，在战略抗逆力的响应阶段，这个阶段是指突发事件的发生，激活了战略抗逆力，进入抵御和吸收突发事件带来的冲击阶段，此时需要国家安全情报敏捷地融入进来，为战略抗逆力的有效发挥提供决策支持，提高主体应对突发事件的敏捷性、适应力。最后，战略抗逆力的恢复、总结和反思阶段，主要工作是恢复重建、反思和学习等，此阶段国家安全情报工作的支持较弱。

（3）各领域国家安全实践需要国家安全情报与战略抗逆力的融合。前文提及国家安全情报与战略抗逆力之间的互补效应、共轭效应、共振效应并非自动产生，国家安全各领域安全保障的需要才是催生二者融合的动力。任一国家安全领域或关系国家安全之行业的安全保障，必须同时兼顾“矛”（国家安全情报）和“盾”（战略抗逆力）的作用，需要它们相互配合、相互支持、彼此协同，从而使得国家安全保障能力达到最优。

（二）国家安全情报与战略抗逆力融合的原则

通常来说，融合是两个或多个要素有机地相互吸收、渗透、连贯、集成为一体，并非简单地堆砌、组合或混搭，而是根据特定的条件、环境、规律等进行融合。在国家安全保障实践中，为了使国家安全情报与战略抗逆力的融合达到理想的要求，在国家安全保障体系的设计和实践当中，也应当遵循相应的原则。这些原则为国家安全情报和战略抗逆力的融合指明了方向，确定了依据。

1. 互补性与系统性相结合

互补性是指两要素间具有取长补短、优势互补的差异性特点。显然，在国家安全保障体系中，国家安全情报与战略抗逆力之间互补性强，见表 4.1，有着天然的互补基因。系统性是指国家安全情报与战略抗逆力作为国家安全保障体系内两个子系统之间所体现的上位系统的完整性，并且以国家安全保障体系的整体目标优化为准绳，协调国家安全情报与战略抗逆力之间的相互关系，使国家安全保障功能和目标保持完整、平衡。因此，在制定国家安全保障决策时，应遵循互补性和系统性相结合的原则，既要考虑二者优势互补，又要将二者置于大系统中去权衡，以国家安全保障总目标来协调二者之间的任务和责任。

2. 主从性与均衡性相结合

主从性是指系统中两个或多个要素在地位支配或重要性上处于不对称的位置，即有主次之分。均衡性是指系统组成要素间的地位或作用保持均势或平衡的状态，没有明显的主次之分。在国家安全保障体系中，国家安全情报与战略抗逆力的地位不是固定不变的，在不同的领域、不同的时间节点、不同的任务（突发事件处置、反恐斗争、灾难救援等）中，二者间的地位或作用呈现主从性或均衡性的特点，目的还是优化国家安全保障能力。如在网络安全领域，信息抗逆力的建设与作用占据主导地位，信息安全情报的作用处于次要位置；在军事安全领域，军事安全情报处于支配地位，军事抗逆力则处于配合和辅助性的位置；在反恐斗争中，反恐情报与战略抗逆力处于基本均势的位置，我国《反恐怖主义法》中的“专群结合”“惩防结合”，也能说明它们在反恐斗争中的同等重要性。因此，在国家安全保障体系中，我们要根据实际需要，遵循主从性和均衡性相结合的原则，合理处理二者的相互关系。

3. 合作与共享相结合

合作是指大家为了共同或相互的利益而一同工作或行动，而不是各自为政。[1] 本书中的共享是指系统内两个子系统之间，让渡各自的部分资源使用权，使相关资源变成公有属性，拓展资源应用领域和发挥其最大绩效。在国家安全保障体系中，合作与共享是国家安全情报与战略抗逆力融合必须遵循的原则，无合作与共享，便失去融合的合法性基础。

4. 协同与联动相结合

如果说合作与共享是国家安全情报与战略抗逆力浅层次的融合，二者保持彼此的独立，那么协同与联动则是二者的深度合作，融为一体了。在国家安全保障体系中，国家安全情报与战略抗逆力必须遵循协同与联动相结合的原则，从而最终实现国家安全保障目标。

5. 虚实互动与知行合一相结合

在国家安全情报与战略抗逆力融合的策略上，应遵循虚实互动与知行合一相结合的原则。首先，虚实互动中的“虚”是指国家安全情报的形态是以情报产品的方式出现的，其作用方式融入决策者的决策选择之中，在国家安全保障决策中已无原始的情报产品；虚实互动中的“实”则是指战略抗逆力在不同阶段表现出来的各种能力。其次，知行合一中的“知”代表的是国家安全情报（“激活”的知识），“行”指的是战略抗逆力（“激活”的行动能力）。虚实合一、知行合一即是要求二者融为一体。这也是 ACP 平行情报体系的目标之一。

（三）国家安全情报与战略抗逆力要素的融合

两个系统融合涉及的要素很多，如两个系统间各自组分、逻辑关系、方法与策略、工具与平台、结构与功能等维度的融合。据此，本书从四个维度探讨国家安全情报与战略抗逆力之间要素的融合。

1. 理论维度上的融合

第二章系统阐述了与本书相关的基础理论，第三章重点介绍了总体国家

---

[1] Wikipedia. Cooperation[EB/OL][2016-11-12]. https://en.wikipedia.org/wiki/Cooperation.

安全观理论。它们为国家安全情报与战略抗逆力之间的融合提供了理论给养与框架，见图 4.3。首先，二者在概念、任务层次上的融合。二者均是应对各种现实的与潜在的威胁、危险、危机等，共同的任务是保障国家安全，见图中两椭圆及其交叉部分。其次，国家安全情报理论与战略抗逆力理论的融合，即是图中两正圆重叠的部分，如 ACP 平行情报理论、差错管理理论（情报差错的减少、情报错误的避免、情报失察的防范等方面的研究）、应急管理理论（突发事件的应对、处置）等。其中，图中差错管理理论（Error Management Theory）与应急管理理论（Emergency Management Theory）的英文缩写均为 EMT。最后，这些概念、理论的融合是基于总体国家安全观理论框架或背景发生的，要实现的目标是保障国家安全，要解决的问题是应对各种有损于国家安全的威胁、危险及危机。

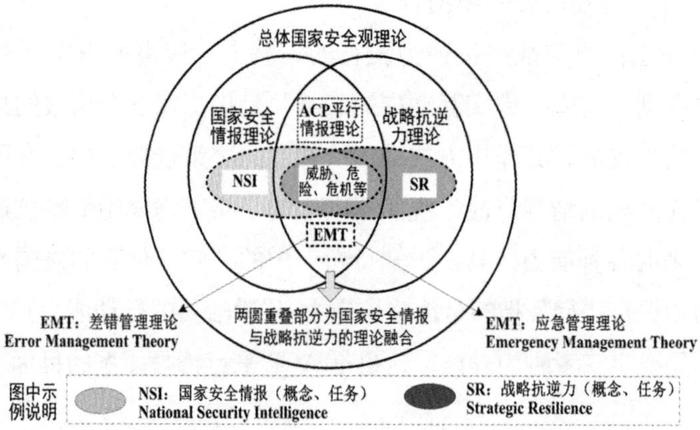

图4.3 国家安全情报与战略抗逆力理论维度的融合

2. 信息流、决策流、事件流、反馈流维度上的融合

一般来说，国家安全保障战略的实施，是建立在多层面、多因素交互作用的复杂流程之上的，且各层面紧密合作、协同联动才能保障国家的安全与发展。因此，国家安全保障有赖于国家安全情报与战略抗逆力在信息（知识、情报）流程、决策（问题解决 + 情报支持 + 专家或智库智能）流程、事件（问题或任务、行动执行）流程、反馈（数据更新、经验、教训、知识等）流程的融合。首先，就信息流来说，它并不是孤立存在的，始终与决策、事件（外部环境变化）相关。一方面，信息流在国家安全情报工作过程中的序化、转化和融合，是以信息链为顺序的进化，从而形成供业务部门或决策层应用的知识、情报；另一方面，信息流借助工具、系统、网络等，在相关领域、组织、机构、个体等主体间发生传播、交互，降低信息孤岛效应。信息流的输出是知识或情报。其次，对于决策流，一般是以发现问题（突发事件）、分析问题、确定解决问题的方案或计划为逻辑过程，并以情报支持和专家（智库）智慧嵌入决策过程中，其输出是战略决策（对策、实施方案等）。决策者在情报基础上，结合专家的专业智慧或者是智库的研究报告，做出相应的战略选择和对策安排；方案或计划的执行则是在事件流之中。再次，事件流是关于事件发展不断演化的过程，其嵌入情报工作的过程，同时也是决策在实践层面实施与执行的过程。根据发展阶段划分，事件流可划分为事前流程、事中流程和事后流程。最后，关于反馈流，在当前应急管理中缺少重要环节，即战略抗逆力作用过程中以及结束之后的各类信息、知识、能力等，对国家安全情报的反馈和支持。

从以上分析来看，信息流、决策流、事件流和反馈流是相互联系、相互依赖和相互作用的。在国家安全保障体系中，国家安全情报与战略抗逆力的融合必然从这四个层面推进，实现无缝融合。特别是事关国家安全领域，需要情报、监测、预警、决策、执行（实施）一体化，才能保持对损及国家安全的威胁、危险、危机进行准备、态势感知、预警；才能保持国家安全的鲁棒性、敏捷性、灵活性，保证决策的针对性、及时性、科学性和有效性；才能确保执行或实施的高效、准确。

3. 思维与文化、工具与平台、方法与策略维度上的融合

国家安全情报与战略抗逆力的融合，除了前面的理论与实践（信息流、决策流、事件流和反馈流）作为理论指导和实践场域的融合，还必须实现思维层面、资源层面、策略层面的融合。首先，在国家安全思维与文化层面的融合。在总体国家安全观理论视域中，传统国家安全与非传统国家安全同等重要，要从系统思维、整体思维和重点思维角度看待国家安全保障。特别是在经济全球化、社会一体化、交流网络化的时代，非传统国家安全领域中的国家安全问题往往更加突出，因此，要转换思维方式、改变国家安全文化观念，建立基于总体国家安全观的国家安全思维和文化生态。应视对方为己方的有益补充，是共同目标实现的帮助者、合作者，建立相互信任、相互依赖、相互促进的机制，这也是双方融合的基础和条件。其次，国家安全情报与战略抗逆力在工具与平台层面的融合。国家安全情报工作有其独特的情报搜集、整理、分析、分发的工具和平台，由于保密性的因素，国家安全情报工作相当于“黑盒”状态。战略抗逆力也在相应的国家安全领域构建了基于预防、预警、响应、恢复等性质的系统，如各种应急预案、机制和系统，为发挥整体性的优势，这些工作通常是开放的，相当于“白盒”状态。因此，应该在国家安全情报工作与战略抗逆力的平台之间建立相应的联系、交流和沟通的管道，从而为情报信息共享、资源共享、决策支持与合作等奠定基础和环境，实现“黑盒”与“白盒”的互动和共享。最后，在方法与策略层面的融合。主要是在具体的国家安全保障场域（环境、事件）中，国家安全情报与战略抗逆力在方法与策略上的融合，即形成共生与共振效应，实现协同和联动。

4. 结构与功能维度上的融合

国家安全情报与战略抗逆力在结构和功能维度上的融合，目标是能够实现国家安全保障全覆盖。前文清晰地论述了二者之间在结构和功能上具有的互补性关系，互补效应能否形成则需看二者之间在结构和功能上能否进行融合。要说明的是，这种结构和功能的融合，并不是要求二者在组织结构上整合到一起，而是在工作流程与功能实现路径中嵌入相应功能模块，以完善或强化彼此的国家安全保障能力。国家安全情报与战略抗逆力在结构和功能维度上融合的本质是情报信息与能力的融合，情报信息是战略抗逆力的“耳目、尖兵和参谋”，情报信息使得战略抗逆力的发挥更加有效、精准。反过来，战略抗逆力反哺情报信息工作，能丰富情报知识库等。如在反恐情报工作中，情报源除了依靠国家安全情报自身搜集之外，还需结合群众的反恐信息发现能力（社会抗逆力），实现全源覆盖。在公共卫生突发事件中，需要社会安全情报（舆论信息）的嵌入和支持。

（四）国家安全情报与战略抗逆力融合模型构建的过程与分析

所谓模型，是指用简洁的描述方法对已有的理论进行阐释，使理论（规律）更接近于实践（现象、事物、系统、过程或运行规律），或者凝练客体对象的特征使之更接近于共性、规律性。简言之，模型即是使理论具体化，使实践更抽象化，是理论与实践之间相互转化的桥梁。下文将从国家安全情报工作流程与战略抗逆力作用流程出发，研究二者各自的流程模型以及它们之间相互融合的模型。

1. 国家安全情报工作流程

情报循环和信息链能清晰地阐明情报工作流程的各个阶段和相应目标。在竞争情报领域，Herring 的 5 环循环模型（见图 4.4）传播广泛。这个模型与美国相关部门的情报循环十分相似，在阶段划分上，图 4.4 更为细致些，但总体是一致的。

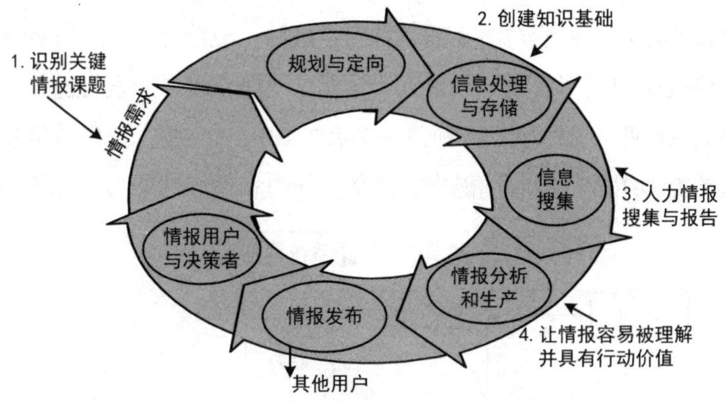

图4.4　竞争情报循环中的Herring模型

另外，还有一个影响比较大的情报工作模型，即美国著名情报专家克拉克在其《情报分析：以目标为中心的方法》专著中提出了以目标为中心的情报流程模型，见图 4.5，其目的是建立一个目标共享（情报工作者与用户之间）的愿景，形成情报分析、情报反馈双重循环的网络流程。与图 4.4 中模型相比，以目标为中心的情报流程模型更具有针对性（以目标为导向）、灵活性

(多元循环途径以纠偏、纠错)、协同性(用户参与情报工作的过程)。

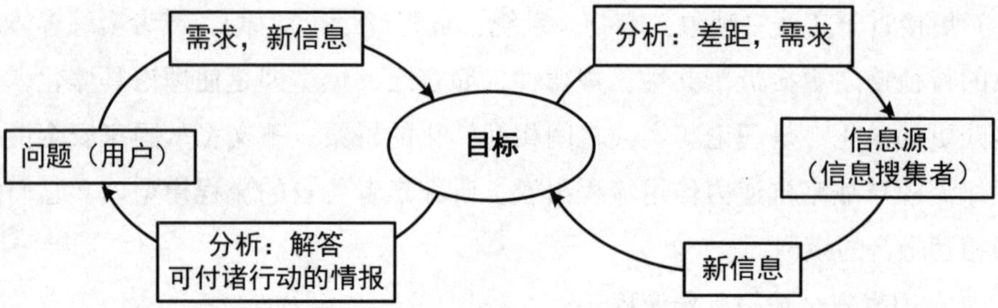

图4.5　以目标为中心的情报流程模型

2. 战略抗逆力作用流程

战略抗逆力的作用可划分为四个阶段：准备、响应、恢复、总结。作为国家安全保障能力的组成部分，战略抗逆力与情报循环周期相类似，是一个不断循环、进化的过程，以应对潜在的各种安全威胁、危险和危机。Francis 和 Bekera 曾提出战略抗逆力框架模型，包含五个要素：系统识别、脆弱性分析（事前、事中与事后）、抗逆力目标设定、利益相关者的加入（协调、合作与信息共享）以及抗逆力的能力组成（吸收性能力、恢复性能力和适应性能力），见图 4.6。

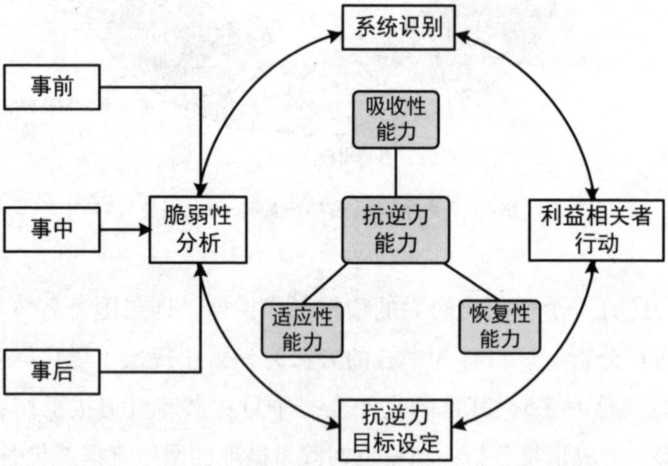

图4.6　战略抗逆力的表现形式与作用循环框架模型

原图中抗逆力由吸收性能力、恢复性能力、适应性能力三部分组成，笔者对抗逆力的组成做了微调，增加了筹备性能力，是事前（准备阶段）的各种能力组合：脆弱性评估能力、演练策划和实施能力、提升鲁棒性能力、资源冗余能力、态势感知能力、预警能力、突发事件情境构建能力、应急预案计划能力等，这是战略抗逆力最为重要与核心的组成部分。其他能力的形成也是在准备阶段的各种筹备性能力形成后在其他阶段中发挥作用的形式，见图 4.7 圆圈中深色圆角矩形部分及路径①、②与③（虚线部分）。

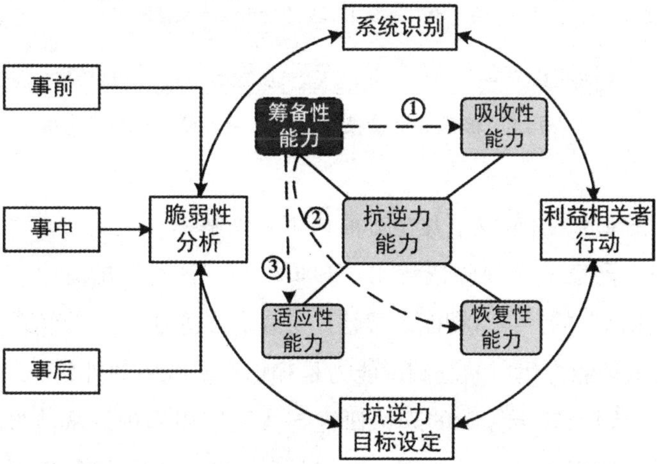

图4.7　战略抗逆力的表现形式与作用循环框架模型（调整）

3. 国家安全情报与战略抗逆力融合模型的构建与权变

二者融合的目标是保障国家安全，前面已经对二者融合的动力、原则、理论、信息流、决策流、事件流等以及它们各自循环的周期进行了分析。这些要素是国家安全情报与战略抗逆力融合的基础和必要条件，也是国家安全情报与战略抗逆力之间产生互补效应、共轭效应、共生效应与共振效应的基础，合作与共享、协同与联动则是国家安全情报与战略抗逆力融合的驱动力。基于这种逻辑关系，本书构建了“双轮驱动”的国家安全情报与战略抗逆力融合模型，见图 4.8。

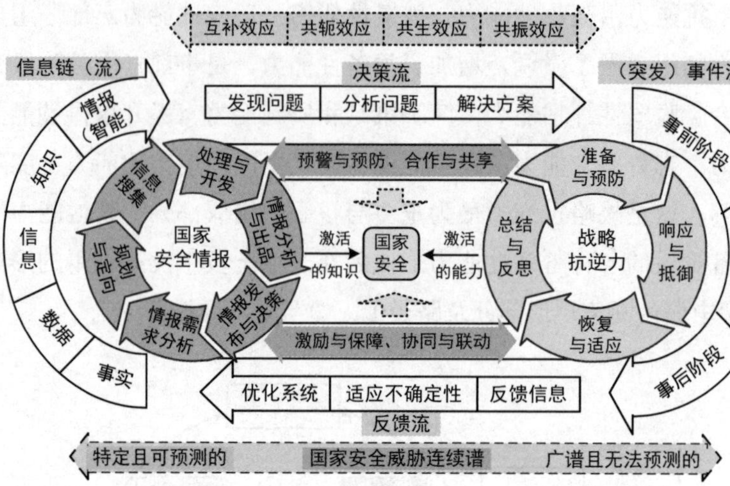

图4.8 国家安全情报与战略抗逆力融合模型示意图

对于图 4.8，可从以下几个方面认识和理解。

第一，国家安全保障依赖于“知识”与“能力”的融合，即国家安全情报——“激活”的知识（智能、智慧）与战略抗逆力——“激活”的能力之间的融合。知识是能力运用的基础，能力是知识在实践中的外化，二者是辩证统一的，统一于国家安全保障的理论研究与实践应用当中。从情报的决策和服务功能来看，情报也是一种能力，即“耳目、尖兵和参谋”作用，能够与战略抗逆力紧密结合，为战略抗逆力提供决策性支持，方向性指导。

第二，“双轮驱动”是指国家安全情报与战略抗逆力围绕各自承担的国家安全任务和目标而不断循环的工作过程。它们是国家安全保障的动力源所在，即国家安全保障体系是国家安全情报和战略抗逆力共同驱动的保障体系。国家安全情报以特定的任务（问题或对象）为目标，推动国家安全情报工作流程渐次展开。国家安全情报工作循环周期包括：情报需求分析、规划与定向、信息搜集、处理与开发、情报分析与出品、情报发布与决策支持等。战略抗逆力则是以消除未来潜在的各种威胁、危险、危机等不确定性为目标，以潜在的突发事件为对象，重在准备与提升应对能力，面向响应与恢复，关注总结和提高。即战略抗逆力作用周期包括准备与预防、响应与抵御、恢复与适应、总结与反思等。

第三，国家安全情报与战略抗逆力之间融合的层次、路径与方式有：合作与共享、协同与联动。由于国家安全保障实践是丰富多元的，二者的融合路径也不是一成不变的，需根据实际情况选择融合的路径。如在某个自然灾害发生过程中，战略抗逆力的发挥需要情报的支持；在区域性社会安全保障中，情报功能的实现往往需要社区、市民个体的抗逆力协同；而在重特大突发事件发生过程中，则需建立应急中心，联合双方，采取协同与联动共同应对危机和突发事件的处理，等等。低层次的融合是要能够实现国家安全情报与战略抗逆力之间的共享与合作，共享资源，相互支持，相互配合；高阶的融合则是要实现二者协调一致、同频联动，这时二者融合后的系统能形成有机的整体，发挥出国家安全保障的最佳绩效，国家安全保障能力达到最优化的状态。

第四，"四流"——信息流、决策流、（突发）事件流、反馈流之间无缝连接，良性循环。在国家安全保障实践中，信息流、决策流、事件流、反馈流的无缝连接，目的是实现"情报"（intelligence）—"决策"（decision）—"执行"（implementation）—"反馈"（feedback）之间的无时延、无断点、无误差对接，以保障对广谱的国家安全问题（威胁、危险或危机）进行响应、应对和处理，实现国家安全保障全覆盖。其中，信息流、决策流、（突发）事件流前文已论述，反馈流是指战略抗逆力作用流程中或突发事件结束后，对于国家安全保障中的问题（威胁、脆弱处等），通过信息共享机制的创建，以信息、知识或经验等形式反馈至国家安全情报。它帮助国家安全情报动态地增加新的知识（突发事件的特征、规律性的知识），有利于及时更新国家安全情报数据库、修正监控目标、调整情报任务等以适应不断变化的不确定性，并优化情报系统，实现情报工作的目标。

第五，二者融合的运作机制，即预警与预防、共享与合作、激励与保障以及协同与共振等机制，是促进和保障二者融合的运作机制。相关内容将在下一节详细分析。

第六，二者融合对象具有多元性。该模型只是提及国家安全情报与战略抗逆力这两个通用型概念，第三章分析了国家安全情报与战略抗逆力的类型，分别对应了总体国家安全观中11类国家安全领域（不局限于此）。这说明该模型中国家安全情报与战略抗逆力在融合对象上存在多元性，有可能是单个情报和多类战略抗逆力的融合，多类情报与单个战略抗逆力的融合，或多类情报与多类战略抗逆力的融合。如反恐情报与战略抗逆力融合过程中，情报领域中涉及政治、经济、外交、社会、科技、信息多重领域的情报，而战略抗逆力涉及多个领域、多个主体等。最后，融合模型的建立，以“四个效应”的显现和功效为标志。即实现国家安全情报与战略抗逆力融合的互补效应、共轭效应、共生效应和共振效应，此四个效应是二者融合的标志。

本书描述的国家安全情报与战略抗逆力融合模型是一个概念模型，定性刻画了二者之间融合过程中所包含的要素、任务、目标、各种关系、效应、方式和基本路径。中国是当今世界影响举足轻重的大国，我国各方面的进步和发展对世界各国的发展会产生深刻的影响。而且我国涉及国家安全领域众多，所辖地理区域差异巨大，社会结构具有异质性，社会发展变迁迅速而复杂，等等。因此，在具体的融合实践中，国家安全情报与战略抗逆力的融合模式并非固定不变，而是一个可权变的模式。

所谓权变，即根据不同领域、不同地区、不同突发事件而采取最适合实际需求的融合模式。根据国家安全情报与战略抗逆力融合过程中双方主导性的不同，可将国家安全情报与战略抗逆力融合模式分为三类，如图 4.9 所示。①二者并列融合模式，即国家安全情报与战略抗逆力在具体融合实践中处于同等重要地位，如图 4.9 的顶部图所示。②图 4.9 中（A）是以国家安全情报为主导的主从融合模式；图 4.9 中（B）是以战略抗逆力为主导的主从融合模式。主要是以一方为主，另一方作为支持和服务的方式参与合作。③嵌入融合模式。即一方作为对方的组成部分，包括图 4.9 中（C）战略抗逆力嵌入情报工作流程模式；图 4.9 中（D）国家安全情报嵌入战略抗逆力作用流程模式。一方作为另一方组成部分，从结构和功能上嵌入对方的工作流程中。融合过程将在下一节进行详细分析。

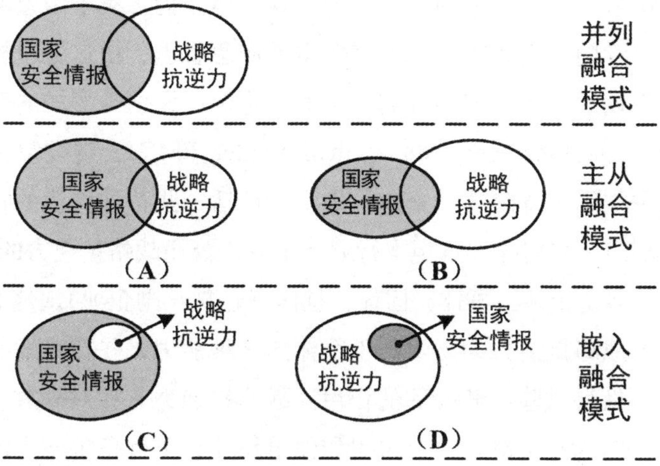

图4.9　国家安全情报与战略抗逆力融合模式类型示意图

三、国家安全情报与战略抗逆力融合的运作机制

前一节中构建的国家安全情报与战略抗逆力的融合模型，是一个概念模型，主要从理论逻辑上对二者融合中的要素、相互关系、融合条件等进行了描述。在国家安全保障实践中，如何保障与推动二者间的融合，从而实现整体的国家安全保障目标，则应在二者融合模型基础上，进一步探讨国家安全情报与战略抗逆力融合的运作机制问题。本节拟从共享与合作机制、预警与预防机制、协同与联动机制、激励与保障机制等方面进行分析和论证。

（一）国家安全情报与战略抗逆力融合的过程

1. 国家安全情报与战略抗逆力的组织机构

一般来说，国家安全情报工作是由专业化、专门化的情报组织或在组织中以单独子机构或部门负责运维，有相对固定的人员、物资、设备、平台、资金等方面的支持。它的工作从情报需求到情报产品分发至决策者或情报用户，是一个相对封闭、收敛、横向的线性过程。而且国家安全情报工作属于他组织过程，围绕情报工作目标，按照情报工作的逻辑步骤依序实施。

战略抗逆力是主体具有的一种能力，其主体分为三类：①政府设置的专门组织机构，专门负责各类可能的突发事件应急管理。由这些机构承担战略抗逆力作用周期的工作（多为规划、指挥、协调、评估等形式的管理能力），如应急管理中心（Emergency Management Center, EMC）、突发事件应急指挥机构。②大中型组织（公司、企业、集团，包括一些特种作业的行业）设置的应急管理部门，它们往往承担本行业、企业、公司战略抗逆力的相关工作。③第三类主体多是个体、群体、团体、社区（包括小型企业）。他们多是以个体形式存在，战略抗逆力即是附着于个体的一种能力，并在突发事件发生时自发性地发挥抵御风险、危险等的作用。战略抗逆力有相对开放、发散（分布式）和多方向的作用路径，自组织和他组织并存于战略抗逆力的作用过程中，在不同的阶段，二者主导性不同。如在准备阶段，他组织是主导性的，在突发事件爆发后的相应阶段，则自组织是主导性的。

2. 国家安全情报与战略抗逆力的融合形式

由于国家安全领域分布广泛，而且领域差异性很大，第三章从总体国家安全观理论角度，为国家安全保障体系中 11 个国家安全领域确定了相应的国家安全情报与战略抗逆力，见图 4.10。但是，这里需澄清如下问题：①每一个国家安全领域所对应的国家安全情报与战略抗逆力，在国家安全保障过程中的地位有差异，或均等或为主从关系。如在信息安全领域，信息抗逆力占据主导地位，信息安全情报则处于被支配、支持性、从属性的地位。再如在反恐斗争中，国家安全情报工作与战略抗逆力应是平等的，既要重视情报的预警工作，也要重视可能的各种突发性袭击。②国家安全情报与战略抗逆力之间的融合并非固定式的一一对应。国家安全情报之间应该打破隔阂相互融合，战略抗逆力之间也应有融合，这都属于相应的国家安全情报体系或战略抗逆力体系内的融合。但是，本书主要探讨国家安全情报与战略抗逆力的融合，即一个领域中的国家安全情报与本领域或其他领域的战略抗逆力进行融合，或是一个领域中的战略抗逆力与本领域的国家安全情报或是其他领域的国家安全情报工作之间的融合。③国家安全情报与战略抗逆力的融合可以是一对一的融合，也可以是一对多或多对一的融合。

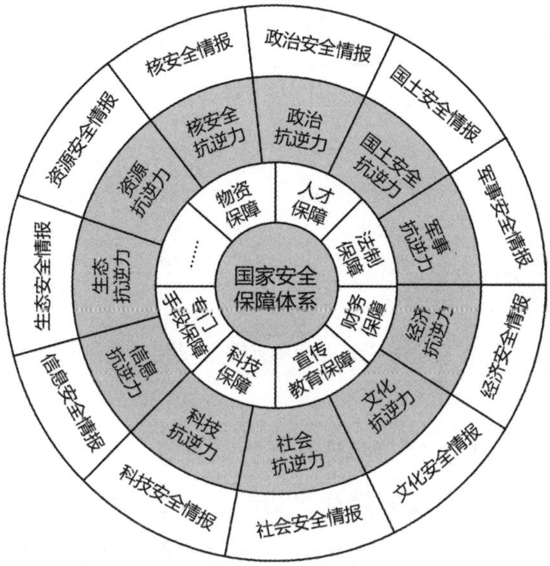

图4.10　国家安全保障体系中的国家安全情报与战略抗逆力

3. 国家安全情报与战略抗逆力的融合类型

在不同国家安全情境中，国家安全情报与战略抗逆力融合的方式也不相同，根据二者融合层次的不同划分为：简单情报信息共享的融合与多元交叉相互支持的融合。

（1）简单情报信息共享的融合。见图 4.11，这种国家安全情报与战略抗逆力的融合属于相对简单的融合，一般是将国家安全情报与战略抗逆力各自的循环周期对接。当没有突发事件发生时，国家安全情报与战略抗逆力之间是最低层次的融合，在国家安全情报与战略抗逆力之间仅存在有限的信息共享。一般的，一方根据对方提出的信息请求，如在突发事件发生时，遭受冲击的相关主体向国家安全情报组织提出情报支持的请求，突发事件将成为情报工作的任务或目标。然后，根据自身情报（信息）工作情况，转向特定目标进行情报工作，接着提供情报产品。突发事件结束后，情报信息共享的过程便结束。这种情形是目前较为常见的。一些领域、行业或组织只有在突发事件发生时，才会向相关情报组织或部门发出请求，希望得到决策上的情报支持。

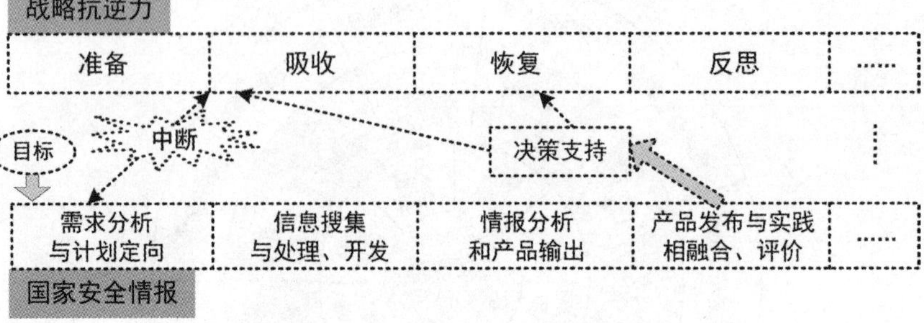

图4.11　国家安全情报与战略抗逆力之间的情报信息共享

（2）多元交叉相互支持且保持独立性的融合。国家安全情报与战略抗逆力之间实现从组织层面、要素层面、功能层面的无缝对接，从而实现组织联系密切、要素互补、功能互补的融合。融合并不意味着二者失去自我，而是在保持双方各自独立性的基础上，实现功能互补、相互支持，以实现国家安全保障能力最优化。为了更清晰地阐述二者之间的融合关系，本书采用 DNA 双螺旋式并行结构来隐喻多元交叉相互支持且保持独立性的融合模型。

在图 4.12 中，将 DNA 两条链分别隐喻为国家安全情报与战略抗逆力，它们无限延伸以保障国家安全的进程。在进程中，二者在组织沟通、要素、

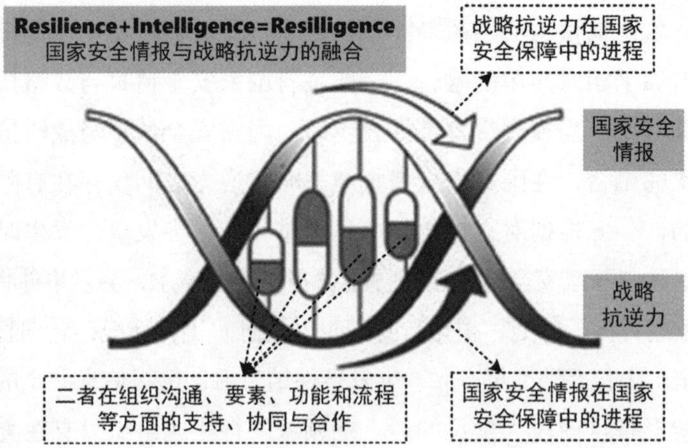

图4.12　国家安全情报和战略抗逆力融合的双螺旋结构

功能和流程等方面相互支持、协同与合作，以促进国家安全与发展。为了更形象地表明二者的无缝融合，可将二者英文合并，来隐喻战略抗逆力与国家安全情报融合的紧密性，即 resilience + intelligence = resilligence。[1]

（二）国家安全情报与战略抗逆力融合的共享与合作机制

1. 国家安全情报与战略抗逆力融合的信任机制

对于国家安全保障而言，国家安全情报与战略抗逆力的关系相当于一个战略联盟。王蔷认为：一个成功的战略联盟，其内部成员间的相互信任是必要的前提。战略联盟的失败，大多被归因为联盟内部成员间缺乏相互信任。沙贝尔（Sabel）指出：相互信任就是联盟各方应做到，没有一方会利用另一方的脆弱点谋得私利。相互信任是合作中各方在面向不确定未来时，体现出的彼此间的一种信赖。国家安全情报与战略抗逆力在保障国家安全过程中都面临未来可能存在不确定性、脆弱性的因素，需要彼此相互信赖才能共同抵御不确定性可能产生的安全威胁。二者之间建立起相互信任，是进一步共享、合作的前提和基础，因此，国家安全情报与战略抗逆力之间相互信任机制的建立是它们融合的第一步。相互信任的建立并不是天然的，而是经过信任选择—收益反馈—信任再选择—收益再反馈，博弈的结果是直至信任机制的产生（信任稳定性，不再有投机现象）。

表4.2　国家安全情报与战略抗逆力的信任机制建立的博弈

国家安全情报 / 战略抗逆力	信任	不信任
信任	（60，60）	（–20，70）
不信任	（70，–20）	（0，0）

---

[1]　国家安全情报与战略抗逆力融合是一个联合词组，二者是并列关系，resilligence是取resilience的首部resil与intelligence的尾部ligence后的合成，并非英语实词。有一个名为Resiligence Inc的美国硅谷软件公司，其主要任务是为社区或组织提供防止突发事件或减灾的软件，使之更安全。因此，为了避免与之雷同，这里合成词中多了一个字母“l”。

表 4.2 中描述的是在国家安全保障体系中国家安全情报与战略抗逆力之间基于信任的博弈收益矩阵，二者的博弈策略集均为（信任，不信任）。表中括号内居前的数字是战略抗逆力的单位收益[1]，居后的则是国家安全情报的博弈收益：如双方互不信任时，双方收益均为零；如双方相互信任时，则国家安全情报收益为 60 个单位，战略抗逆力收益为 60 个单位；如果一方利用对方的脆弱点选择机会主义行为，则比信任多收益 10 个单位（节约信任成本），而对方收益则是 –20 个单位；如果一方选择信任，另一方从纯粹的利己主义理性出发，肯定选择不信任，将自己利益最大化，而给对方造成 –20 个收益。由此可以看出，这是个典型的囚徒困境的博弈类型，最终趋于（0，0）。但是，国家安全保障是一个长期持续的过程，并非一次性选择，而是不断地重复下去，即国家安全情报与战略抗逆力在国家安全保障体系中对信任策略进行持续不断选择，而且第三章中国家安全保障方在国家安全情报与战略抗逆力之间采取相应激励、约束和保障措施（人、财、物、政策、制度等），以保障相互信任调节机制的运行，从而促使二者主动进行合作。国家安全情报与战略抗逆力之间在重复博弈过程中将会实现帕累托的改进，即国家安全情报与战略抗逆力均选择信任策略，双方得益为（60，60），而国家安全保障利益总和为 120 个收益单位，即达到最大化，从而建立起信任机制。

2. 国家安全情报与战略抗逆力融合的信息沟通与交流机制

信息沟通与交流是实现信息共享与合作的重要前提，没有沟通与交流，就没有共享与合作。本书中信息沟通包括两个方面：组织内部（子系统或个体间）的信息沟通，组织与外部环境（外部个体、群体或其他组织）的信息沟通。国家安全情报和战略抗逆力的融合，需要在二者间建立起信息沟通与交流机制。我国《突发事件应对法》明确规定，“国务院建立全国统一的突发事件信息系统。县级以上地方各级人民政府应当建立或者确定本地区统一的突发事件信息系统，汇集、储存、分析、传输有关突发事件的信息，并与上级人民政府及其有关部门、下级人民政府及其有关部门、专业机构和监测网

[1] 数值的大小并不具有严格的科学依据，这里是为了说明问题的原理，方便比较而设。

点的突发事件信息系统实现互联互通，加强跨部门、跨地区的信息交流与情报合作”。信息沟通与交流机制有助于战略抗逆力自组织功能的发挥，有助于达成情报工作的针对性，有助于决策者的有效决策与引导舆论。

3. 国家安全情报与战略抗逆力融合的资源共享机制

资源共享是国家安全情报与战略抗逆力融合过程中的重要条件。资源包括二者各自拥有的无形资源：信息、知识、情报；有形资源：各自独有的工具、系统、平台；人力资源：如数据分析师、情报分析师、领域专家、应急管理专家等。资源共享的目的是互通有无、优势互补；资源共享的条件是双方同时满足资源让渡的收益大于资源让渡的成本，即二者通过资源共享满足 1+1>2 的效应，资源共享行为才能产生。国家安全情报与战略抗逆力融合过程中资源共享机制的建立，应从三个方面着手：①在双方信息系统或平台（突发事件应急管理系统与安全情报管理系统）之间搭建相应的情报信息互通接口，并赋予相应的安全权限，从而在两个异构的系统间形成互联互通。②双方在信息、知识和情报上的共享。在突发事件发生前，国家安全情报机构可以提供情报预警；在突发事件过程中，向应急管理部门实时提供应急决策情报；在突发事件结束后，应急管理部门要进行总结和反思，将相关突发事件源、特征、演化阶段等信息提供给国家安全情报部门，以更新其情报监控数据库。③专业人员（专长知识或智慧）的共享。专长知识或智慧属于内含于专家大脑中的隐性知识，难以直接共享，只有通过人员的互换或借用才能实现。突发事件的发生往往是难以预料的，具有环境复杂性、领域多元性、学科专业性、文化背景差异性等特点，这些需要情报工作者、学科领域专家、管理专家共同应对，我们不可能在应急管理部门中设置所有关于这些人员的相应岗位，而是需要与其他机构相互共享专家（的专长及智慧）。同样，前文已提及国家安全情报领域是多元的，要保障国家安全的全面性，需要与战略抗逆力（应急管理部门）相互共享专长人才，让经验丰富的应急管理者帮助分析国家安全情报工作中潜在的威胁、危险。

4. 国家安全情报与战略抗逆力融合的合作机制

资源合作理论认为，合作是通过对各种资源进行有效整合，从而实现风险共担、知识共享、合作研发等目的。有了信任机制与资源共享机制的建立，以及第三章中国家安全情报与战略抗逆力合作关系的建立（博弈均衡策略），国家安全情报与战略抗逆力融合的合作机制就水到渠成了。

5. 建立共同的术语（话语）体系

基本术语、定义和对应类别，对于促进学科领域内概念统一、交换信息和共享知识具有重要意义，也是跨学科、跨领域以及国际学术交流与沟通的重要基础。中国社会科学院学部委员黄长著曾专门提及名词术语使用的困惑、学科名称使用上的混乱等，并就如何应对网络环境下图书情报学科发展过程中出现的名词术语使用上的困惑与混乱，给出了切实可行的解决方案。[1] 而且，建立共同的术语体系属于国家安全情报与战略抗逆力之间融合的信息交流与沟通机制的组成部分，之所以单独提出来，是因为这个问题的存在将严重影响国家安全情报与战略抗逆力之间的合作。只有实现术语、概念体系的一致性，我们才能准确地理解对方术语表达的内涵，也才能进一步推动更深层次的协同与联动，有利于理论研究与实践应用的融合。在这方面，美国的经验是值得借鉴的，美国情报界与国土安全部（包含负责国内应急管理事务）的相关标准、规范、研究报告等文档后均附有相应术语及其解释或边界的限定，这有助于本领域或跨领域的交流和沟通。

（三）国家安全情报与战略抗逆力融合的预警与预防机制

对于未来潜在的威胁、危险、危机进行预警与预防，是国家安全情报与战略抗逆力都必须具备的重要能力的组成部分。所谓（突发事件的）预警，是根据过去和现在的数据、信息、情报、资料等，采取逻辑推理和科学预测的方法与技术，以判断某些突发事件征兆信息度量的某种状态偏离设定预警线的强弱程度，从而对未来可能出现的风险因素、发展趋势和衍变规律等做出估计与推断，并发出确切的警示信号或信息（即预警信号），使政府和公众提前掌握事

---

[1] 2015年10月17日，黄长著先生在中国人民大学举办的第五届全国情报学博士生论坛上做了题为《图情学科的发展与名词审定工作——兼议某些关键性术语的理解》的主旨报告，此处为报告中的部分观点。

态发展的趋势，以便及时采取应对策略，防止或消除不利后果的一系列活动。国家安全情报与战略抗逆力中的预警目标与功能是一致的，为进一步决策、行动提供支持，为预防工作的开展提供一定时差或时延的提前量，从而保障国家安全。但是二者存在一定区别，国家安全情报工作总是与（特定）目标相关，战略抗逆力的预警则是广谱性的，而且分属不同组织的预警系统，此种差异性的存在也恰为二者之间的合作提供了机遇。

1. 演练机制与脆弱性评估机制

在战略抗逆力语境中，演练（包括演习）是按照预案对可能发生的中断性事件进行模拟，目的有两个：①使相关主体熟悉相应中断性事件处置流程，进而达到提高相关主体防范意识、经验，锻炼在实战中战略抗逆力的能力；②评估预案的不足以及主体（战略抗逆力）可能存在的脆弱性。演练的类型分为实操型、模拟型（又分为实物模拟型、电脑模拟型）。国家安全情报中的模拟型演练方法，是为了确定对手（敌人）可能的意图、动作路径及带来的后果等，利用情报（包括已有的信息、知识、经验等）支持己方决策，提供更为灵活的、可视化的、立体化的、针对性的工具。情报领域常用的演练方法包括：战争游戏法、情景分析法、影子分析法和沙盘演练法等。在演练环境方面，二者都经历了从物理模拟（沙盘模拟、兵棋推演）、电子模拟到计算机仿真模拟、网络化模拟、虚拟现实、混合性模拟（基于 ACP 非常规突发事件仿真平台）等演变。

脆弱性评估机制是战略抗逆力在准备阶段非常重要的环节，其原理是管理学中的“木桶原理”，战略抗逆力的提升在于主体鲁棒性的增强。脆弱性评估是主体根据过去已有经验或教训所确定的各类安全指标（标准），采取相应的方法或工具对自身进行全方位的评估（“体检”），发现薄弱环节，形成评估报告，从而强化“短板”建设，增强主体的鲁棒性、适应性，即战略抗逆力水平的提升。评估的方法或工具，包括演练过程中的脆弱性评估、定标比超、SWOT（竞争情报领域常用方法）、压力测试（经济领域）、问卷调查、专家检视，以及各领域中脆弱性评估标准或工具。从本质来看，国家安全保障中的脆弱性评估是运用各种情报分析方法或工具对目标主体各种数据进行搜集、处理、分析和判断（与已有标准数据进行对比），从而发现薄弱项的一种“安全自检”。

2. 监测（环境态势感知）、预警、预防机制

如果说演练机制与脆弱性评估是一种内生（自内而外）的防御机制，那么，监测、预警、预防机制则是外生（由外而内）的防御机制，先针对外部潜在的威胁，然后消除威胁所针对的内部薄弱处。国家安全情报与战略抗逆力在监测、预警层面的功能是一致的，但各自侧重方向不一样。国家安全情报在监测、预警层面侧重于计划中或情报用户需求中的目标（属于较易预测的国家安全威胁），如特定外部军事安全威胁、政治安全威胁、不良文化（极端宗教主义）渗透威胁等，战略抗逆力在监测、预警层面侧重于突发事件（特别是难以预测、“黑天鹅”式的突发事件）。图 4.8 国家安全情报与战略抗逆力融合模型示意图中，描绘了国家安全威胁是一个从可预测到难以预测的连续谱。战略抗逆力还具有预防能力，即通过外生的防御机制传导至内部的防御机制，防范外部国家安全威胁攻击潜在的脆弱性。

（四）国家安全情报与战略抗逆力融合的协同与联动机制

Haken 指出，所谓协同，是指在系统内的各个子系统之间通过协同行为形成大于各要素的单独作用，并形成系统的整体作用。协同理论（synergetic）认为，系统的组成要素之间、各要素和系统之间、系统与系统之间，以及系统与外部环境之间都存在协同作用。当外界控制参量达到一定的临界点时，要素之间的互相联系和关联取代相对独立、竞争的位置，并占据主导地位，导致系统从无序走向有序，即“协同导致有序”，形成联合效应和整体效应。协同是两个子系统之间形成的一致性、同步性，并为以后子系统之间的联合行动奠定了组织框架基础。从组织行为来看，协同机制与联动机制二者具有同一性。

国家安全威胁、危机和风险均可能导致突发事件的发生，进而使国家安全与发展呈无序状态或导致熵增，国家安全情报与战略抗逆力融合将“协同导致有序”或熵减，从而保障国家安全与稳定。因此，在国家安全保障体系中，国家安全情报与战略抗逆力两个子系统共同的目标——国家安全，通过协同机制将产生

超出各自国家安全保障能力之和的效果。即在协同过程中，通过主体协同、情报协同、行动协同，将激发“化学反应”或“结构性重构效应”，使国家安全保障能力得到优化和提高。因此，需要建立协同与联动机制，其逻辑关系见图 4.13。

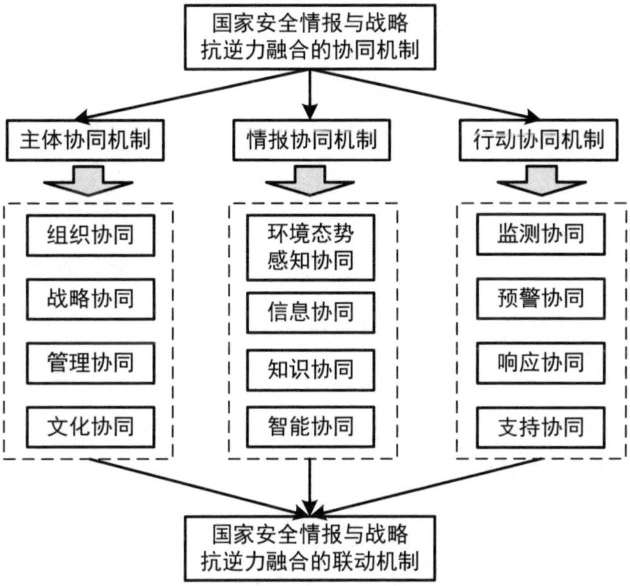

图4.13　国家安全情报与战略抗逆力融合的协同与联动机制

首先，建立主体协同机制，包括组织协同、战略协同、管理协同、文化协同四个层面。组织协同是指国家安全情报组织与相应或相关联的战略抗逆力组织建立协同关系；并进一步在国家安全战略的大框架下，协同构建国家安全情报战略与国家（相关领域）抗逆力战略；同时在管理层面建立联络机制；文化协同是指在组织文化层面重视协同意识、精神和制度等方面的构建。其次，建立情报协同机制，包括环境态势感知、信息、知识、智能四个维度的协同。环境态势感知协同是指国家安全情报与战略抗逆力的环境态势感知能力的协同；在信息搜集、处理和分析过程中协同，运用多维度信息融合将能更清晰地建构目标（对象）的原始图像，从而为预警提供更准确的情报，知识与智能协同是二者在专家知识、人工智能平台（系统）的协同。再次，国家安全情报与战略抗逆力在国家安全保障行动上的协同机制，主要分为监测（控）协同、预警协同、响应协同、支持协同。监测（控）与预警协同是国家安全情报与战略抗逆力在监测与监控分工上的协同与配合，并在预警机制上保持协调一致；响应协同是指突发事件发生时国家安全情报与战略抗逆力保持响应的敏捷性，并进一步协调相互工作；支持协同是指双方彼此支持对方工作。最后，在协同机制良好运转的前提下，实现国家安全情报与战略抗逆力融合的联动机制。联动多指两个系统同时段动态地、相向调整与变化，以达到二者之间的同步均衡。

（五）国家安全情报与战略抗逆力融合的激励与保障机制

1. 国家安全情报与战略抗逆力融合的激励机制

从功能来看，激励属于保障功能的一部分，单独强调激励机制，是因为在国家安全情报与战略抗逆力融合过程中，激励几乎贯穿整个进程，从底层的信任，到共享与合作，再到协同与联动等。二者融合激励机制主要包括：信任激励机制、信息共享激励机制、合作激励机制与利益共享激励机制等，见图 4.14。从前文可知，信任是共享与合作的基础，即信任激励机制是利益共享激励机制、信息共享激励机制的前提；利益共享激励机制与信息共享激励机制又是合作激励机制的基础。协同与联动则是以合作激励机制为起点的更进一步深度融合，目的是实现同频共振。

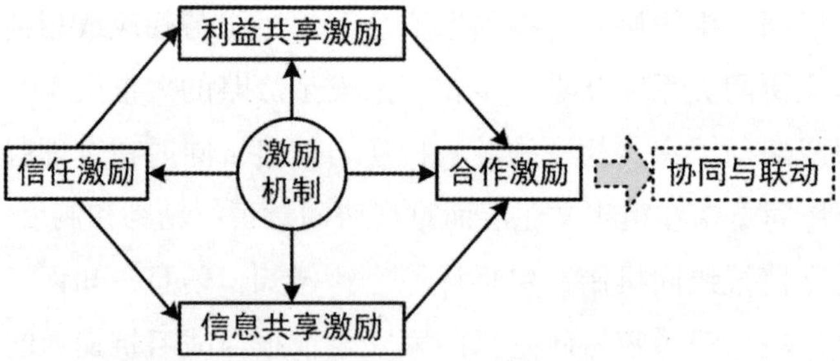

图4.14　激励机制（略作修改，新增了虚线部分结构）

前文已对国家安全情报与战略抗逆力融合的信任、利益共享、资源（信息）共享、合作等做了较为详细的阐述。共享与合作机制、协同与联动机制两者相比较，显然后者合作层级更高、融合更深、效果更佳，对于国家安全保障受益最大。因此，协同与联动是二者融合所追求的目标。

2. 国家安全情报与战略抗逆力融合的保障机制

所谓保障机制，是指国家安全保障体系为了保障国家安全情报与战略抗逆力融合而进行一种全方位的制度性与功能性的安排，目的是为了二者融合目标的实现。保障机制的主要内容包括两个方面。有形的方面（硬件）：人员的安排、资金的分配、物品的支配、设备的配置；无形的方面（软件）：科学与技术的研发、信息与系统的互联互通、标准与政策以及法规的配套、绩效测量与评价、教育与培训的跟进等。

前文提及的共享与合作机制、预警与预防机制、协同与联动机制，均是国家安全情报与战略抗逆力两个子系统之间的安排。激励与保障机制是一种上位机制，即是由国家安全保障体系或国家安全决策层进行的安排，一般可由国家安全委员会承担保障机制的安排，如笔者曾建议在国家安全委员会的分属机构中设置国家联合情报中心、国家安全应急中心。国家安全情报与战略抗逆力融合绩效如何，很大程度上取决于激励与保障机制设计与实施的有效性。其中，保障机制的设计要注意以下几个方面的问题。

（1）人员的安排。主要是指协调、沟通人员的配置。国家安全情报与战略抗逆力分属不同专业、不同领域、不同组织，融合的前提是负责联系、交流、沟通的人员需具备情报学、管理学、应急管理领域的专业知识与技能，才能准确地实现双方的交流与沟通，不致产生时机上的延误或信息的误解。

（2）资金的分配。根据国家安全需要和形势的变化，在国家安全情报与战略抗逆力之间对国家安全保障资金进行合理的分配，并确定相应的激励目标和措施，鼓励二者之间共享与合作、协同与联动以提升国家安全保障能力。

（3）物品的支配、设备的配置。主要用于各自日常工作的需求，而战略抗逆力的资源冗余将促使国家在战略物资储备上予以更多的倾斜。

（4）科学与技术的研发。既包括情报科技的研发，也包括战略抗逆力的科技研发。前者为了促进情报工作效果、效率、效益的提升，如美国专门成立情报高级研究计划署（Intelligence Advanced Research Projects Agency, IARPA）从事情报基础科技研发。后者则是为了提升战略抗逆力应对突发事件的能力（预警、响应、恢复等方面的能力），如智慧城市中物联网的普及与应用，极大提高了环境态势感知能力、预警能力等。

（5）信息与系统的互联互通。国家安全情报与战略抗逆力（应急管理系统）均有各自的信息系统，如何实现互联互通，要在保障各自信息安全的基础上，让数据、信息、知识实现融合，促进彼此的环境态势感知能力、预警能力、预测能力，增强响应的敏捷性、准确性和实现决策的高效。

（6）标准与政策以及法规的配套。标准是为了在一定范围内实现最佳秩序，经协商达成一致并由公认机构批准，能共同和重复使用的一种规范性文件。在国家安全情报与战略抗逆力融合过程中，应制定相应层面的标准以获得更加规范性的操作。这些标准包括多方面的，如术语标准、操作标准、情报产品（研究报告、简报等）规范、信息报告规范、数据库元数据规范等。政策是以权威性规定和体现政府意志倾向的措施鼓励相关主体为之努力，一般设定相应目标、原则、标准和措施等。对于国家安全情报与战略抗逆力融合过程来说，积极的、合适的、导向性的政策将有利于二者的合作与协同。法规的制定则是对二者在融合过程中承担的责任与义务进行了更加明确的界定，是一种底线思维，必须实现与完成。否则，合作与共享、协同与联动将流于形式。

（7）绩效测量与评价。根据国家安全保障目标以及相应标准与规范，对国家安全情报与战略抗逆力融合的绩效进行测量与评价，目的是发现和分析国家安全情报与战略抗逆力各自工作过程中以及二者在融合过程中的问题及原因所在，并向双方进行反馈，以期改善二者之间的融合效果。本书第六章将重点研究国家安全情报与战略抗逆力融合绩效评价指标体系的建立。

（8）教育与培训的跟进。教育与培训一直是专业人员培养的重要途径，也是提升普通公民素质的必然过程。首先，国家安全情报需要特定情报知识、技能、素养的专门人才和专业人员，国家安全情报工作的绩效与情报工作者受教育和培训的效果有直接的关联。特别是在大数据和网络时代，情报科技日新月异，情报工作面临的挑战和机遇并存，因此，要求情报工作者在知识、技能、素养的教育与培训上做到与时俱进。其次，战略抗逆力是保障国家安全的能力，是存在于主体中或由主体指定的代理（系统、程序等）在不同阶段以不同的形式表现出来，而且战略抗逆力水平的高低仍由主体自身表现出来。战略抗逆力的主体分为两类：一类是从事突发事件应急管理的人员，另一类是所有公民。对于从事突发事件应急管理的人员，他们需要经过专业的教育和培训，具备相应的专业知识、能力、思维和意识等。而对于所有公民来说，主要是在学校教育和在职培训过程中，通过相关课程或培训，掌握一些应对突发事件的常识、意识和基本能力等。

四、国家安全情报与战略抗逆力融合的案例分析及启示

本节选择正反两个案例，一个是国家安全情报与战略抗逆力融合的成功范例——美国情报融合中心；另一个则是由于国家安全情报与战略抗逆力融合方面的缺失，导致重大国家安全损失的案例——伊朗核设施遭“震网”病毒攻击，使得伊朗核电站项目受阻。透过案例分析，从中得到相应的启示。

（一）美国情报融合中心的实践

1. 美国情报融合中心概况

（1）情报融合中心概念。美国国土安全部和司法部于 2003 年共同创建美国情报融合中心，目的是提升美国联邦政府层面、州一级、地方政府、相关组织、社区等主体之间的情报信息分享能力。情报融合中心并不是纯粹的情报机构或综合情报机构，它是既能促进相关机构间情报信息的共享与融合，又能将各级政府、执法机构、司法机构、公司、社区、个人等主体的战略抗逆力与国家安全情报能力进行融合的一类实体机构。因此，一方面，不同于专业化情报机构的任务相对单一明确，只需提供关于某个任务的情报产品，情报融合中心面临的任务和目标是多样化的，包括应对反恐、公共安全、毒品、洗钱、走私、突发事件等，战略抗逆力对于这些任务和目标的实现也发

挥了重要作用。另一方面，情报融合中心与国家应急管理中心（Emergency Operations Center, EOC）存在差异，后者多是应对某突发事件而成立的临时性指挥管理机构。情报融合中心并不是只依靠情报工作解决国土安全问题，还与战略抗逆力协同发挥作用，从而更加高效地应对国土安全问题。

（2）情报融合中心分类。2015年，美国共有78个地区情报融合中心，这些情报融合中心的人员规模不等，少的有3人，多的有250人。这些情报融合中心分为两大类：① 53个主要情报融合中心，它们是各州和地方接收、分析、搜集和分享情报信息的重要点位。如印第安纳情报融合中心、阿拉斯加信息和分析中心等。② 25个被认可情报融合中心，没有选为主要情报融合中心的，包括主要城市地区融合中心，可以作为被认可情报融合中心。如芝加哥防止犯罪和信息中心、佛罗里达情报交换中心、特拉华河流域情报融合中心、圣迭戈执法协调中心等。

2. 美国情报融合中心——融合要素、结构、功能与运作过程

（1）组成要素。从纵向看，美国情报融合中心网络包括三个层面，顶层由国土安全部（DHS）负责，其他联邦政府机构协助。中间层是州级情报作业中心、国民警卫队、联合反恐任务小组、警察局、应急运行中心等组成州级（或主要）情报融合中心。底层则是地方各级机构，包括私营机构。从横向看，美国情报融合中心包括各个情报机构、执法机构、司法机构、政府、社区、企业等的派驻代表。从情报融合中心的组成来看，既有情报组织，也包含各类具有战略抗逆力的执法力量、执行力量、社区、个体等。

（2）融合结构。组成要素间的联系纽带为信息共享环境，是一个连接各级情报融合中心的网络平台，赋予不同层级情报融合中心不同的权限。情报既可在纵向上双向流动，也可在横向上的情报融合中心之间或者情报融合中心内部的不同机构间开展情报与行动的协同和支持。从图4.15中可以看出每一层级就是相应级别的国家安全情报与战略抗逆力融合的典型应用。这里的融合（fusion）是指把信息和情报转化为能付诸行动的知识。即一旦威胁、犯罪苗头或公共安全被识别，将由与融合中心相对应的地方、政府、部落和联邦政府代表访问各自部门所维护和管辖的数据库，从而对所有信息源的信息进行搜集、分析和交换。在符合情报融合中心规定或相关政策的前提下，这种交换的产品（情报）可保存在将要采取行动的实体里。

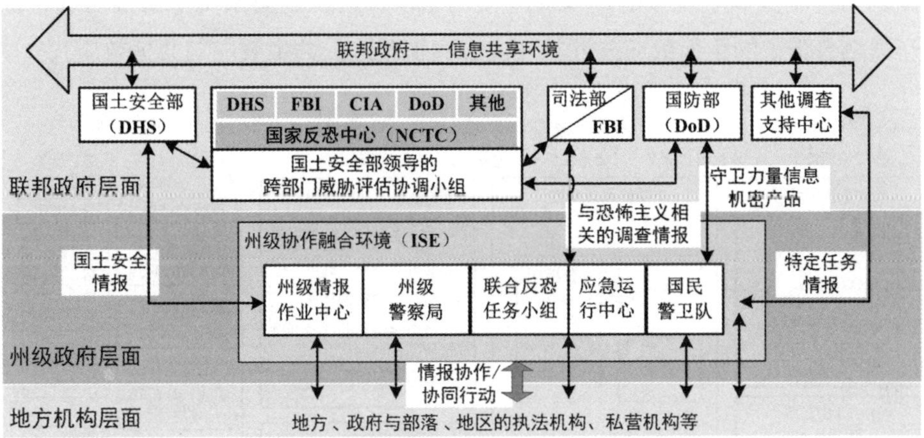

图4.15　美国情报融合中心结构示意图

（3）功能结构和运作过程模型。在功能结构上，分为四个层面：一是情报功能，情报融合中心由多个情报部门派员集体工作，能够汇聚各方情报源，优先进行情报融合分析，获得情报产品；二是战略抗逆力功能，情报融合中心还有政府应急部门、司法部门、执法部门、企业、社区等部门派员工作，能够将拥有应对突发事件处理能力的部门连接在一起形成合力；三是情报与战略抗逆力的融合，由于情报人员与突发事件处置人员异质同组，共同承担情报融合中心的任务、项目，因而情报与抗逆力融合将是自然发生的；四是情报融合中心运作与外部不是孤立的，在纵向和横向上与相应的情报部门、抗逆力行动部门（如司法、执法、应急管理等）是相互联系、彼此支持的。

图 4.16 是美国情报融合中心运作过程逻辑模型示意图。从联邦政府层面来看，情报融合中心的工作主要有：输入、过程、输出、情报产品或服务的绩效。绩效是指国土安全能力的提升、执法能力与情报能力的提高等，其实质是通过国家安全情报与战略抗逆力融合以提升国家安全保障能力。对于具体的情报融合中心，它的运作过程包括：接收、分析 / 生产、分发和聚集四

个阶段的循环。其结果是为了改善信息共享，提升战略抗逆力（反恐能力、司法能力和执法能力），从而保障美国国土安全。从图中可以看出，融合的结果包括两个方面：直接的结果和间接的结果。这正是国家安全情报与战略抗逆力融合带来的正面效应（互补效应、共轭效应、共生效应与共振效应）。

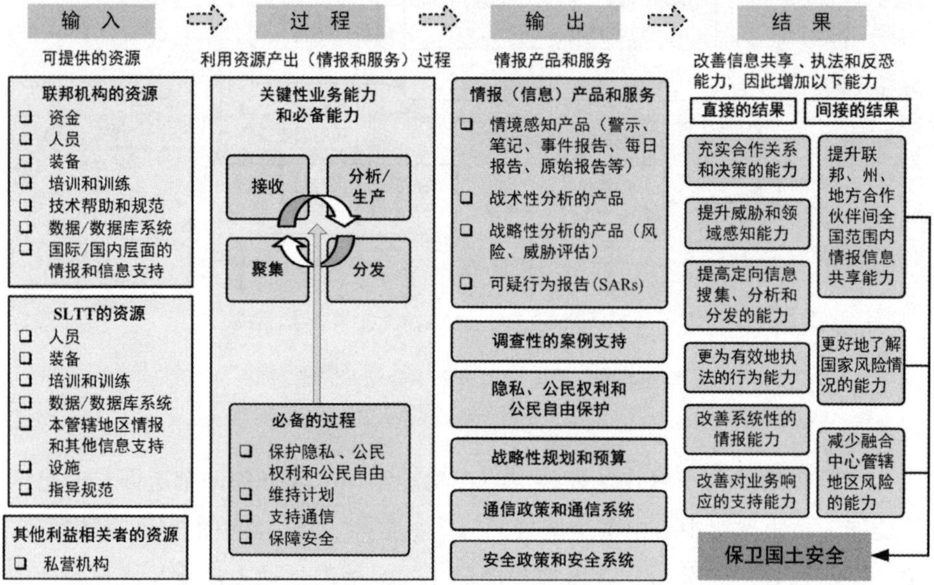

图4.16 美国情报融合中心运作过程逻辑模型示意图

（4）情报融合中心基准能力标准与绩效评估。2006年，美国司法部的Global小组和国土安全部共同发布了情报融合中心规范，为各级情报融合中心的建立和合作提供了指导原则。融合中心基准能力标准分为两个层面：融合处理能力，管理与实施能力。司法部和DHS共同制定了18条情报融合中心工作基本规范，是指导情报机构与其他国家安全保障机构融合的基本原则。为了评估情报融合中心的绩效水平，DHS情报和分析办公室协同州和地方项目办公室以及利益相关者协同制定了《绩效测量术语指南》。评价内容包括两个层次：首先，是四个关键性业务能力，主要是反映国家情报融合中心的优先业务领域；其次，是四个必备能力，是对情报融合中心基础性能力的评价，见表4.3。

表4.3　情报融合中心能力评价简表

关键性业务能力（Critical Operational Capability，COC）	必备能力（Enabling Capability，EC）
COC 1：接收——接收来自联邦合作伙伴的机密和非机密信息的能力	EC 1：隐私、公民权利和民主权利保护——对所有个体保护的承诺和能力
COC 2：分析——通过正式的风险评估过程评估威胁信息对于地方重要性的能力	EC 2：支持策略——确立和执行支持国家情报融合中心网络增长和成长战略的能力
COC 3：分发——在行政辖区内向其他州、地方各级政府机构分发威胁信息的能力	EC 3：对外联系和拓展——制订、执行联络和拓展规划的能力
COC 4：聚集——搜集地方各种信息，视情况与联邦合作伙伴进行信息聚合、分析和共享的能力	EC 4：安全——保护融合中心物理设施、信息、系统和人员安全的能力

2010—2014 年，DHS 和相关协作伙伴根据评价标准《绩效测量术语指南》，对全国情报融合中心进行了 5 次评价，并发布《年度情报融合中心评估报告》。评价内容包括：对国家信息共享和国土安全作出的贡献；对情报融合中心自身识别、评估和监测能力、绩效发展的评估；如何改善联邦政府给予情报融合中心支持的绩效。

3. 美国情报融合中心取得的成绩

（1）建构全国性情报融合中心网络。美国情报融合中心的设立和扩大渐渐形成情报融合中心网络，实现了互联互通。一方面，缓解了美国情报界由于条块分割所形成的结构性情形。从技术上的连接（ISE 系统创建）消除原有层级中的块状分割状态，为情报融合提供了流动的通道。另一方面，提升了战略抗逆力的水平。情报融合中心是由各情报机构、执法等机构的代表组成，通过他们异质同组的结合，能够实现国家安全情报和战略抗逆力之间的融合。

（2）打破传统区域界限，促进区域性情报融合中心建设。如美国特拉华河流域情报融合中心，是依据该流域地理覆盖区域而建立的跨州、地区的情报融合中心。创建该情报融合中心使该地区主要城市之间的情报得以统一和整合，实现区域性国家安全情报与战略抗逆力的融合。

（3）对美国国内反恐局面的改观起着积极的推动作用。经过多年的努力，在反恐、公共安全和突发事件等国家安全保障方面取得了很好的成绩。

（4）形成了示范效应。即为其他组织和国家提供了示范效应。2005 年，北大西洋公约组织（简称北约）成立了北约情报融合中心（NATO Intelligence Fusion Centre，NIFC），并形成全面作战能力（Full Operational Capability）。另外，其他国家如澳大利亚、加拿大、欧盟的部分国家，在反恐、毒品、走私等领域先后效仿美国的经验创建情报融合中心。

（二）伊朗核电站项目遭“震网”病毒重创事件

1.“震网”病毒重创伊朗核电站的经过

伊朗核技术发展期间，遭遇重重阻碍，其中核设施遭受“震网”病毒的攻击而迟缓其项目进程为世界所关注。“震网”（Stuxnet），指一种蠕虫病毒，于 2010 年 6 月首次被检测出来。它是第一个专门定向攻击关键基础（能源）设施的“蠕虫”病毒，如核电站、水坝、国家电网等，并破坏这些基础设施，使之失能、失效。2010 年 6 月，伊朗纳坦兹核设施遭到“震网”病毒的攻击；同年 7 月，白俄罗斯安全公司在其伊朗用户电脑中发现该蠕虫病毒，研究表明该病毒代码控制着伊朗核设施中的离心机。据估算，伊朗核项目实施时间被迟滞 2 年，德国专家拉尔夫·拉格纳认为该病毒是针对伊朗核计划而设计的，病毒的开发者疑似隶属美国国防部，有专家称以色列也参与了此次“震网”病毒的研发与实施。此外，核项目实施期间，伊朗与核项目有关的科学家频遭暗杀或绑架。

2. 原因分析

本书从国家安全保障体系出发，从国家安全情报、战略抗逆力，以及二者间融合这三个方面对该案例进行分析。①科技安全情报、信息与网络安全情报的缺失。根据伊朗通讯社 2014 年的报道，伊朗共有 16 个情报机构。但是，数量众多的伊朗情报机构没能在“震网”病毒攻击前及时发现并发布病毒攻击预警情报，这说明伊朗情报机构在科技安全情报、信息与网络安全情报、核安全情报、关键基础设施保护情报等工作中出现了情报差错或者情报错误，并进而导致情报失察。②科技抗逆力、信息与网络安全抗逆力、核抗逆力能力的不足。除了情报差错或错误的问题，伊朗在核项目上也存在抗逆力的问题。伊朗在科技发展和应用中面临不确定性的威胁、危机和危险，在准备、预防、预警方面能力不足。与西方国家相比较，伊朗自身信息安全能力和水平处于弱势的地位，其信息与网络安全抗逆力并没有发挥应有的作用。伊朗纳坦兹核设施受到“震网”病毒的攻击并严重地迟滞了项目进程，从抗逆力的周期来看，伊朗核抗逆力的表现也差强人意：准备阶段的预警能力、抵御阶段的吸收能力、恢复阶段的适应能力、总结与反思能力等方面存在不足。2012 年 5 月，“火焰”（Flame）病毒[1]在中东地区爆发，尤其是伊朗又成为重灾区，再一次说明伊朗信息与网络抗逆力、核抗逆力的失能状态。③相关领域安全情报与战略抗逆力缺乏有效融合。伊朗核项目是涉及多领域、跨学科，而且风险高、国家安全利益重大的工程，未能推动安全情报与战略抗逆力有效融合的安全保障战略的有效构建。总之，在“震网”病毒攻击事件中，伊朗国家安全情报与战略抗逆力之间缺乏共享与合作、协同与联动的融合机制，也是产生严重后果的重要原因之一。

（三）两个案例的延伸思考

1. 加强反恐战略实施中国家安全情报与战略抗逆力融合

（1）恐怖主义的危害与反恐教训。在恐怖主义袭击事件中，如果仅从伤亡率或损失来判断，尽管一些恐怖袭击产生的后果与某些安全生产事故、自然灾难相当，但与一些生产性事故伤亡后果相当的恐怖袭击，其传播至民众的恐怖心理效应（不安全感）可能影响更大。如果一般的安全生产事故、自然灾难产生的心理效应与后果成正比关系的话，那么恐怖袭击在民众中产生的恐怖心理效应则可能呈幂指数关系。[2]在恐怖主义袭击当中，特别是“独

[1]　《华盛顿邮报》一篇文章认为“火焰”病毒是美国与以色列联合针对伊朗核项目开发的。

[2]　这两种相关关系，本书只是进行一个猜想——普通灾难在民众中产生的心理阴影（不安全感）随着后果严重性的增加而增加，呈线性关系；恐怖袭击在民众中产生的心理阴影（不安全感）随着后果严重性的增加而呈幂指数（乘方）迅速放大。当然，这有待于进一步通过模拟、仿真、心理访谈或调查等进行分析与统计之后验证。

狼”式暴力恐怖袭击事件，产生的恐怖效应更是影响巨大，而且给预警、准备与防范工作带来极大的困难。2015 年 11 月 13 日法国巴黎市发生的一系列恐怖袭击事件，政府实施的紧急状态一再延长[1]，就是一个非常典型的佐证。

美国知名反恐专家布莱因·詹金斯（Brian Jenkins）对美国国内外反恐行动中的教训进行了反思。他认为，美国反恐过度依赖情报与武力，而情报共享层面仍存在障碍；美国反恐行动忽视战略抗逆力（个体抗逆力、社区抗逆力等）的提升。他还认为，应发动美国人民参与反恐行动，美国不应该囤积恐惧，而应该去建设美国所具有的富有决心和自助传统，并且采取措施把民众吸收到应急准备与响应中。他还提及：“我们必须更加理性地对抗风险；我们必须动员美国人民参与国土安全中；我们必须在国家安全上变得更加富有经验，并抓住机会重建美国基础设施；我们必须改善地方情报能力；我们必须建构更好的法律框架防止恐怖主义分子介入……”

（2）国家安全情报与战略抗逆力融合是反恐行动的重要保障。应强化国家安全情报与战略抗逆力融合，以推动我国反恐行动战略目标的实现。①在相关地区成立反恐情报融合中心，隶属国家反恐怖主义情报中心领导。目的是加强各类安全情报的搜集、处理和分析，从而为反恐决策提供最优化的支持；反恐情报信息来源很广，需要国内情报与国外情报相结合；反恐对象既包括境内外的成形组织，也要关注一些独立个体；情报源类别既包括政治、经济、科技、文化、教育等类别中多元情报信息，也要包括电信、网络、社交媒体、常规交流等各种交流方式中的多媒体情报信息。这些情报信息能够在反恐情报融合中心实现情报信息的共享与合作，既能提高情报工作的精准预测、预警，又能帮助相关机构、组织有充足时间去处置可能的恐怖袭击，或提前做好准备。②多元战略抗逆力的融合。反恐行动并非单一部门、机构、

[1] 法国当地时间2015年11月13日晚9点左右，法国巴黎市区、郊区公共场所共计发生7处枪击、6次爆炸恐怖事件。法国总统奥朗德宣布法国全国进入紧急状态。2016年12月10日法国新任总理卡泽纳夫宣布，鉴于国家持续面临恐怖主义威胁，政府决定提出将目前实施的紧急状态延长至2017年7月15日法案的颁布。

专业或领域所能承担的，需要多部门、跨组织、跨领域、跨层级的协同与联动，如行政、公安、武警、社区、相关企业以及普通群众个体等。需要政治抗逆力、经济抗逆力、文化抗逆力、信息抗逆力融合，协同一致，共同发力，以抵御恐怖主义从思想意识形态、宗教极端主义、民族分裂主义等方面侵蚀群众、教众的思想和文化理念等。③反恐情报与战略抗逆力的融合。“专群结合”“打防并举”“查打结合”等策略是本书提倡的国家安全情报与战略抗逆力融合的重要实践应用，但仍要从系统的视角看待战略抗逆力的形成，以及情报与抗逆力的融合。“专”是指专业化的反恐能力，包括情报能力，但单一的“情报能力”难以对所有潜在目标进行信息搜集、处理和分析，只能是“重点”关注恐怖主义组织、重要头目的情报工作。“群”是指利用群众的战略抗逆力，依靠群众，发动群众加入反恐行动。

2. 加强信息安全情报与信息抗逆力的融合

（1）信息与网络安全的重要性。在总体国家安全观中，信息安全是重要领域之一，并且“没有网络安全就没有国家安全，没有信息化就没有现代化。建设网络强国，要有自己的技术，有过硬的技术；要有丰富全面的信息服务，繁荣发展的网络文化；要有良好的信息基础设施，形成实力雄厚的信息经济；要有高素质的网络安全和信息化人才队伍；要积极开展双边、多边的互联网国际交流合作”。

由此可见，信息与网络安全属于基础性国家安全之一。随着信息技术与我国社会各领域的深度融合，“互联网＋”战略的深入推进，信息与网络安全同其他国家安全领域联系将更加密切，影响其他国家安全领域的走向和保障能力的实施。如经济安全、金融安全、关键基础设施安全、政治安全、文化安全、科技安全、核与能源安全，甚至是反恐、反毒品、反走私等领域都离不开信息与网络的支持。如果信息与网络安全保障失能，将无国家安全而言。结合伊朗核设施遭受“震网”病毒攻击的事件，我们认为应该强化相关领域的国家安全情报与战略抗逆力之间的融合。

（2）我国信息与网络安全的现状。据统计，仅 2012 年中国被境外控制的计算机主机就达1420余万台。中国是遭受网络攻击最严重的国家之一[1]。国家计算机网络应急技术处理协调中心发布的《2014年我国互联网网络安全态势报告》认为，我国信息与网络安全形势严峻。中国互联网新闻研究中心2014年5月26日公开发表了《美国全球监听行动纪录》报告，指出美国把中国当成秘密监听的主要目标，斯诺登向德国《明镜》周刊提供的文件表明：美国针对中国进行大规模网络进攻，并把中国领导人和华为公司等列为目标。

（3）强化信息安全情报与战略抗逆力融合的举措。结合前面的案例以及国家安全情报与战略抗逆力融合模型理论，得出几点启示：①加强信息安全情报与信息基础设施战略抗逆力融合。既要加强信息安全情报的获取，还应经常评估信息与网络相关的关键基础设施，发现脆弱性，提高网络抗毁性[2]的能力。例如美国的“错误赏金项目”（bug bounty programs）吸引黑客（实名登记）攻击政府系统，并根据黑客破解漏洞进行完善与更新；通过科技研发创新，提升关键基础设施中网络环境态势感知能力[3]，并自动根据预测发布安全预警信息。信息安全情报与关键基础设施战略抗逆力的融合，体现在两个方面：一方面，信息安全情报的合作与共享，脆弱性评估；另一方面，后者向前者提供可能的攻击源、恶意程序、木马、病毒等，从而为前者扩大监控对象数据库，提升安全情报侦测能力提供帮助。②加强基于网络的特定领域信息内容的安全情报与相应领域的安全情报或战略抗逆力融合。信息与网络安全不仅仅是数据和信息的安全，更重要的是与各个领域相关的信息内容安全，如在网络上传输的政治信息、军事信息、经济信息、金融信息、科技信息、商业信息、文化信息、反恐信息、疾病传播信息，这些内容与相应领域的国家安全情报或战略抗逆力有着重要的关联。因此，提升我国各领域的国

[1] 2013年6月28日，我国外交部发言人华春莹在回答记者提问时，作出上述回应。

[2] 网络抗毁性的英文表达方式有多种，如invulnerability, survivable, reliability, stability, robustness, resilience, tolerance，与抗逆力相当。该术语在计算机与网络安全领域常用，用以表示网络抗外部或从内部恶意攻击、破坏而保持核心功能正常运行的能力。

[3] M.Endsley在1995年发表的论文《动态系统中的态势感知理论》（“Toward a Theory of Situation Awareness in Dynamic Systems”）中认为，动态环境中的“态势感知是在认知大量的时间和空间中的环境要素之后，理解它们的意义，并预测它们在不久将来的状态”。

家安全情报、战略抗逆力在信息与网络安全领域相融合的技术与能力，对于防范相关领域的国家安全有着重要的作用。③网络安全战略升级为国家安全战略。2016 年 12 月 27 日，经中央网络安全和信息化领导小组批准，国家互联网信息办公室发布《国家网络空间安全战略》。在该战略中，已经把网络安全上升到国家基础性安全层面。这说明网络空间蕴含着信息时代最具创新活力、最有革命意义的先进生产力、文化力、国防力。因此，网络安全并不仅仅是网络本体的安全，而是应该把它与政治、经济、军事、科技、文化等所有领域紧密结合起来，推动基于网络的各领域国家安全情报与战略抗逆力的深度融合，以保障国家安全。

3. 建设智慧韧性城市

（1）智慧韧性城市[1]。这是一个复合性的概念，是智慧城市（smart city）与韧性城市（resilient city）两个概念的复合。“智慧”又可用 intelligence 表示，在占有信息、知识和情报后，各领域才能呈现“智能”或“智慧”，说明智慧城市需要情报、智能的支撑；韧性城市则是具有应对各种风险、威胁和危机等安全保障能力的城市，需要战略抗逆力 resilience。范维澄认为：要构建智慧韧性城市，需要研究智慧韧性城市体系与城市风险动态评估精细化技术、城市防恐反恐与维稳关键技术、人员密集场所监控预警关键技术、立体化社区风险治理技术、城市生命线系统安全运行监测与预警关键技术、城市地铁安全运行保障关键技术、智慧韧性城市综合评价与安全规划技术等，即 intelligence+resilience。IBM 公司指出智慧城市的四大特征：全面物联、充分融合、激励创新、协同运作。2017 年 1 月，美国网络与信息技术研发计划（NITRD）智慧城市与社区任务组发布《智慧城市与社区联邦战略计划：共同探索创新》草案报告，其中强调“提升安全和韧性基础设施、系统与服务”。

（2）我国智慧韧性城市建设的现状。2013 年，科技部、国家标准化管理委员会确定国家“智慧城市”技术和标准试点城市。2014 年 8 月，我国发布《关于促进智慧城市健康发展的指导意见》，要求智慧城市建设健康有序推进。

[1]　在建筑学中，resilient被国内业界翻译为“韧性”，意指城市建筑抵御灾难的能力，与本书中“抗逆性”在内涵上并无二致。

截至2015年底，我国智慧城市建设数量已经达到386个；预计至2017年，我国智慧城市建设数量将超过500个。[1]

（3）我国智慧城市规划建设中存在的安全保障问题。目前，我国智慧城市建设进入关键阶段，建设重点多关注“智慧”应用：智能交通、智能医疗、智能生活、智能养老、智能政务、智能城管、智能应急等。但是，在事关国家安全相关领域，智慧参与度不深入，且鲜有把相关国家安全保障或国家安全情报与智能城市功能对接，如智能金融如何与金融安全情报对接，智慧安防如何助力反恐、扫毒等打击犯罪行动。而且针对智慧城市在城市抗逆力建设层面的着墨也不多，智慧城市在应急管理突发事件中如何发挥作用，也没有涉及。智慧城市是国家安全的重要单元，安全保障是智能城市功能发挥的前提，如安全不再，便成脆弱性和风险度极高的城市。从近几年我国智慧城市发展规划建设内容中不难发现这一问题。

因此，智慧城市建设应从总体国家安全观出发，树立整体的、系统的、融合的安全观，重视智慧城市建设在推动国家安全各领域中国家安全情报与战略抗逆力融合所发挥的作用。①将各领域国家安全情报工作、战略抗逆力作用过程融入智慧城市建设。要充分利用智慧城市建设的基础性、集成性、系统性的整体推进优势，与相应的国家安全情报工作和战略抗逆力作用进行对接，如智慧金融与金融安全乃至经济安全相结合，及时进行经济、金融领域风险的环境态势感知并发出预警；突发事件的舆情信息与公共安全治理；公安情报与智慧监控相结合；基于网络的文化安全情报与文化抗逆力的融合等。②借力智慧城市建设推进国家安全情报工作与战略抗逆力的融合。智慧城市建设将各类网络平台、系统、数据库集成在一起，为国家安全情报与战略抗逆力实现情报信息共享与合作、协同与联动提供了相应的“管道”，降低了融合的成本，减少了协同与联动的响应时滞。③重视智慧城市建设中关键基础设施的安全保障工作。智慧城市是极复杂的信息系统集成，复杂性越高，

[1] 2016年5月19日在北京市举办的“2016中国智慧城市论坛”上，中国通信信息研究院、信息化研究部副主任陈才表示：截止到2015年底，我国智慧城市建设数量已经达到386个，我国智慧城市概念探索逐渐步入实质建设阶段。

其脆弱性程度越甚。一些工业自动化系统也接入智慧城市的底层系统，使得城市中各类系统（如交通、金融、商务、电力、通信、治安、医疗、政务等）容易受到攻击（可能是物理上的攻击，也可能是软件系统的攻击）。因此，要加强关键基础设施（包括信息基础设施）的安全情报和战略抗逆力的协同与联动的融合工作，做好防灾、备灾，环境态势感知、预警、预防等。④加强智慧城市建设规划中国家安全保障评估工作。智慧城市建设规划评审专家应包含国家安全相关领域的专家，以确保在国家安全的基础上实现智能城市的各项功能。

第五章

国家安全情报与战略抗逆力融合绩效

第四章为国家安全情报与战略抗逆力的融合提供了融合模型和运行机制，并通过正反两个案例对二者融合效果做了定性分析，指出二者融合的可行性和必要性。但是，在国家安全保障实践中，从哪些方面来考察国家安全情报与战略抗逆力的融合效果，或者说二者融合绩效指标包含哪些内容？如何衡量这些绩效指标对国家安全情报与战略抗逆力融合绩效的重要程度？怎样判断二者融合绩效是否达到国家安全保障的预期？这些问题有待进一步研究和探讨。本章主要通过规范研究与德尔菲法相结合来确立国家安全情报与战略抗逆力融合的绩效指标体系，进而确定二者融合绩效指标的权重体系、标准体系，为二者融合绩效提供相应的测量评价工具。

一、国家安全情报与战略抗逆力融合绩效指标体系的初选

（一）国家安全情报与战略抗逆力融合绩效指标体系组成与设计思路

1. 国家安全情报与战略抗逆力融合绩效概述

所谓绩效（performance），即组织期望实现的结果，是组织为达到其目标

而展现在不同层面或维度的有效输出。相关学者对绩效的界定大致分为三类：首先，绩效是结果，是主体行为或工作的结果；其次，绩效是行为，相关学者认为绩效是由主体的行为（系列）组成的，是以任务完成和目标实现为目的的行为；最后，绩效是围绕目标或任务的行为和结果，即前面两类认知的综合。

国家安全情报与战略抗逆力融合绩效，是指国家安全保障组织（机构）围绕国家安全保障的目标或任务的规划，由国家安全情报、战略抗逆力以及二者协同而完成的行为过程和结果的输出。可从以下几个层面来理解国家安全情报与战略抗逆力融合绩效：①国家安全情报与战略抗逆力融合绩效的目标或任务是保障国家安全；②国家安全情报与战略抗逆力融合绩效的多维性。可理解为基础维度和融合维度两个层次，基础维度是指国家安全情报与战略抗逆力融合绩效包括了国家安全情报的绩效水平和战略抗逆力的绩效水平，融合维度是建立在各自绩效水平基础之上，二者之间是相互共享与合作、协同与联动的绩效水平。③国家安全情报与战略抗逆力融合绩效兼有静态性和动态性。二者融合绩效的静态性是指某一时刻或时间段所呈现出相对稳定的绩效水平，动态性则是指二者融合绩效水平随着时间、空间、领域、对象等改变而变化，并且国家安全情报与战略抗逆力绩效水平随着国家安全局势的变迁而做相应的调整。

2. 国家安全情报与战略抗逆力融合绩效指标体系

从二者融合绩效的内涵及其结构特征来看：一方面，二者融合绩效是过程和结果的综合，既要能考察过程性绩效，又要能兼顾结果性绩效（目标实现程度）。如国家安全情报的质量指标就属于过程性绩效指标，国家安全情报的实战绩效则属于结果性绩效指标。另一方面，从二者融合绩效指标体系结构来看，二者融合绩效指标体系包括两个部分：首先，是基础性绩效指标体系，由国家安全情报绩效指标和战略抗逆力绩效指标组成；其次，是二者之间融合的绩效指标[1]，也包含两个层次：共享与合作、协同与联动。国家安全情报与战略抗逆力融合绩效指标体系的结构，见图 5.1。

[1]　本书中国家安全情报与战略抗逆力融合绩效指标不同于国家安全情报与战略抗逆力之间融合的绩效指标，二者是包含与被包含的关系，即前者包括后者在内。

构建国家安全情报与战略抗逆力融合绩效指标体系，其作用体现在三个方面：①树立国家安全情报与战略抗逆力融合实践的参照系。通过绩效指标体系的构建引导二者的工作方向符合国家安全保障能力和绩效水平的提升，以促进国家安全保障战略得以实现。②成为评价国家安全情报与战略抗逆力融合绩效的框架，促进融合的有效性和导向性。国家安全情报与战略抗逆力根据二者融合绩效指标体系进行分工合作，彼此相互支持，相互合作和协同。二者在融合绩效中的付出和贡献，可作为客观、公正和合理分配国家安全保障资源的重要依据，促进资源利用效率的提高。③二者融合绩效指标体系是分析和发现二者融合过程中问题和不足的重要工具。即把二者融合绩效指标体系作为绩效管理工具，利用绩效指标体系对国家安全保障的具体实践领域、组织、项目等进行测度和评价，目的是发现问题、分析问题、解决问题，从而促进国家安全情报和战略抗逆力融合绩效的改进和完善。

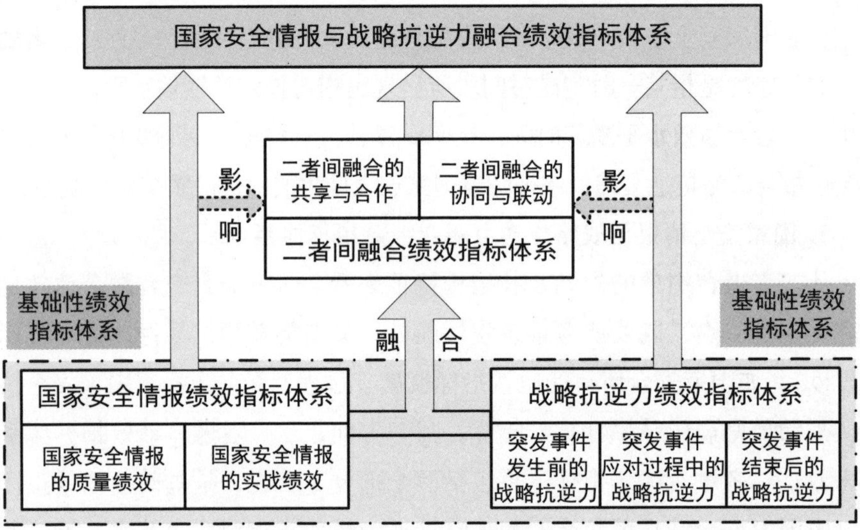

图5.1　国家安全情报与战略抗逆力融合绩效指标体系结构

3. 国家安全情报与战略抗逆力融合绩效指标体系的设计思路

国家安全情报与战略抗逆力融合绩效指标内容涉及范围广、领域多，几无现成的绩效指标体系可供参考。为了得到较为科学、全面而又准确的绩效指标体系，本书中相关指标的来源与选择思路有：①从关键性的概念、相应的特征及理论体系中提取，还涉及从上位学科中绩效（评价）指标延展（个性化）或从下位学科中绩效指标浓缩（凝聚共性）而得。②从已有的学术研究成果中采用统计分析的方法提取符合指标特征的高频词汇作为备选指标。从文献元数据中采用词频分析工具获得关键词、主题词，然后在内容分析的基础上，选择合适的关键词作为绩效指标项的考核内容。③聚焦国家安全保障目标与任务的要求。包括国家安全情报与战略抗逆力的目标和任务，以及二者间达到融合的目标和要求。④在前三步的基础上，再根据指标选择四原则——可测性、可靠性、充分性和最小性，对上述指标源进行筛选。⑤最后结合前面的指标体系，利用学术交流的机会，与相关专家进行面对面探讨，以非正式的意见征询方式初步拟定国家安全情报与战略抗逆力融合绩效指标体系的德尔菲法专家调查问卷草案（第 1 轮调查问卷）。⑥第 1 轮德尔菲法专家调查的实施与分析。根据德尔菲法问卷回收结果，统计、分析，按照相应参数阈值以及专家反馈意见对绩效指标体系进行删减、增补、拆分、合并等操作，在此基础上，确定第 2 轮德尔菲法专家调查问卷。⑦第 2 轮德尔菲法专家调查的实施与分析。根据回收问卷，进行统计和分析，根据结果确定国家安全情报与战略抗逆力融合绩效指标体系（含权重体系）。并初步确定绩效评价标准区间，以便于实践中的绩效测度和考核。

（二）国家安全情报绩效指标的来源与选择

1. 国家安全情报绩效评价

由于国家安全情报的保密性，难以像科学研究中常采用的同行评议方式进行评价，而且国家安全情报用户一般是高层决策者，因此，对于国家安全情报的绩效评价基本是缺失的。有关国家安全情报绩效评价的研究很少，国家安全情报绩效评价也多属于总结性评价，表现在两个方面：①历史层面的评价研究。以从事国际关系研究、政治学、军事情报史学等其他学科的专家为主，通过已经解密的外交档案或其他相关资料对历史发生的重大事件进行梳理，来评估情报组织的成功和失误，如英、美两国在伊拉克战争中的情报失误，但这些研究存在一定的局限性，即多采用文本分析。②国家层面发起的情报调查（评估），用以问责。通过评估相应的情报组织机构及决策部门在国家安全重大问题上失误的原因及责任，进行追责或对情报机构进行改组。最为典型的案例是美国“9·11”恐怖袭击事件的调查。

随着国家安全内涵和外延的不断演化，一些非传统安全领域的情报需求反而处于较为突出的位置，如反恐、疾病传播、生产事故、自然灾难发生等事件，有时需将情报及时公布以提高国民的防范意识并提前做好准备工作。因此，加强这类国家安全情报绩效评价研究是必要的且必须去做的事情。怎样进行国家安全情报绩效评价，迄今为止尚未有相关论述或实践可供参考。在科技情报或竞争情报领域，也没有成熟的评价指标体系可供借鉴。因此，根据绩效的含义，即绩效是（行为）过程和结果的综合，拟从国家安全情报质量（情报过程）与实战绩效（情报结果）两个方面来考察国家安全情报绩效指标：第一，国家安全情报质量绩效指标。情报质量取决于情报生产的过程，属于过程性评价。第二，国家安全情报实战绩效[1]指标。情报实战绩效取决于情报产品的功效，显然，这属于总结性评价，是情报用户和决策者对情报产品使用的满意度。

2. 国家安全情报绩效指标的形成基础

虽然尚无国家安全情报绩效指标可供参考，但国家安全情报属于信息链的高端部分，有关情报学基本原理应能支持情报指标性特征，且能从已有情报或信息质量的研究中发现情报质量指标性的选项。基于此，本书将从这两个方面来遴选国家安全情报质量的绩效指标。

（1）情报学的基本原理。遵从这些原理，对于提升情报质量或是情报实战绩效有着重要指标性意义。离散分布原理可作为情报搜集全面性与重点性的理论支持；有序性和相关性原理可作为情报组织和应用中有效性、相关性

[1] 国家安全情报实战绩效，取决于多方面因素，如决策者的选择、一线实践者的执行等。如果将这些因素考虑进来，可能增加太多的不确定性和复杂性因素。为了确保国家安全情报评价不失焦，本书主要假定这些因素在实际操作中无过失，以情报产品的使用绩效为评价对象。

或一致性评价的理论支持；最小省力原理可作为评价情报生产效率和使用效果的理论支持；对数透视原理为情报组织与分析过程中效率指标项的选择也提供了理论支持。

（2）相关学者的研究。相关学者对于竞争情报评价、信息质量评价的研究，为国家安全情报提供了重要的指标性参数。[1] 在竞争情报评价中，一些学者从竞争情报质量和效用的维度提出情报评价内容。如4I体系，即信息、解释、洞察力和印象。学者Wcst提出竞争情报质量应该包括5个方面：准确性、相关性、响应性、及时性和综合性。还有很多学者对情报质量所具有的特征或影响因素进行了大量研究，这些研究虽针对信息质量，但都涉及信息实际应用的绩效，即包含信息生产和使用两方面的评价，这些研究也可移植到国家安全情报质量绩效评价中。

Ballou等人基于信息的属性将信息质量划分为准确性（accuracy）、完整性（completeness，数据搜集的全面程度）、一致性（consistency，数据形式上的一致）和及时性（timeliness，数据使用在有效期内）4个维度；Richard等人根据用户使用信息的过程将信息质量维度划分为：可获取性、可理解性、有用性、可信性。查先进从质量评估的指标体系角度提出，将信息资源质量划分为信息资源内容质量、表达形式质量、系统质量和效用质量4个一级指标，以及信息资源的正确性、完整性、相关性、新颖性等16个二级指标，见表5.1。

表5.1 信息资源质量评价指标体系

信息资源质量	信息资源内容	正确性	反映事物或系统属性的客观程度
		完整性	信息资源内容广度和深度
		相关性	信息资源与用户需求间的匹配程度
		新颖性	是否具有独创性，更新是否及时
	信息资源表达形式	准确性	信息符号值与真实信息相符合的程度
		易用性	信息符号是否简单、使用方便
		精简性	信息符号是否简单明了
		标准化程度	信息表达技术、表达符号的形式和意义的统一程度

[1] 国家安全情报源于信息，信息质量评价的参数可以引用至国家安全情报评价，在我国相关法律中也有相应的表述，如《国家安全法》中提出的是“情报信息”。

（续表）

	信息资源系统	完备性	信息资源的系统性和结构体系的完备程度
		可获取性	易得性、易操作性和共享性
		快速响应性	系统是否反应敏捷，能否迅速实现信息资源价值增值
		可靠性	包括系统的稳定性和安全性
	信息资源效用	可用性	能否具有信息资源的使用权
		适量性	信息资源数量是否适当
		利用率	统计分析信息资源利用的数量指标
		价值增值性	经济效益和社会效益的总量

3. 国家安全情报绩效指标的选择

在指标选择上，还应考虑国家安全情报所具有的独特性（如把国家安全情报的前瞻性转变成绩效指标——情报产品对特定威胁、危险等的预警作用），即国家安全情报的主要任务是保障国家安全。因此，以第二章中的国家安全情报特征、情报学的基本原理所支持的情报规律、竞争情报评价指标体系、情报（信息）质量评价指标体系为基础，我们初步确定国家安全情报绩效指标体系，具体见表5.2。

表5.2　国家安全情报绩效指标体系

一级指标	二级指标	三级指标
国家安全情报绩效指标体系	国家安全情报质量绩效指标	1. 情报目标（需求、任务或问题）定位的准确性
		2. 情报信息搜集的全面性
		3. 情报信息的可靠性
		4. 情报信息的相关性（一致性）
		5. 情报分析过程的客观性
		6. 情报分析过程的效率
	国家安全情报实战绩效指标	1. 情报产品对特定威胁、危险等的预警作用
		2. 情报产品的可用性
		3. 情报产品的可行性
		4. 情报产品的易用性
		5. 情报产品的精准性
		6. 情报产品的有效性（效果与预期的对比）

其中，国家安全情报质量绩效指标属于形成性评价中的评价指标，属于情报工作过程中围绕情报目标或用户需求对情报工作进行的绩效评价内容，目的是使情报流程不出现偏差。国家安全情报实战绩效指标则属于总结性评价中的评价指标，属于情报用户对情报产品在实际使用中价值的判断，其目的是反馈至情报机构用以促进情报工作的改进和完善。

（三）战略抗逆力绩效指标的来源与选择

战略抗逆力绩效评价涉及的领域很多、行业分布很广，如与自然灾害相关的抗逆力评价（又细分为地震、海啸、飓风、洪涝、干旱等）、区域性抗逆力评价、主体性抗逆力评价（个体、群体、社区、组织、国家等）、领域抗逆力评价（政治、经济、军事、科技、文化、信息等）。因此，抗逆力绩效指标体系相对复杂、多元，本书关注的是国家安全领域战略抗逆力绩效指标，是具有共性的指标体系。

本书中战略抗逆力绩效指标的来源有如下方面：首先，基于第二章不同学科、领域的战略抗逆力理论中，有关战略抗逆力的特征维度、作用过程中的表现方式、测量与评价等，寻找具有共性的绩效指标项；其次，相关国际组织、国家的战略抗逆力绩效内容；再次，我国战略抗逆力绩效（应急管理评价指标）的相关研究；最后，结合国家安全保障层面的特殊性，确定战略抗逆力绩效指标体系。

1. 来源于战略抗逆力理论的指标

第二章对国外文献中关于各类学科或领域的抗逆力概念进行了汇总，这些概念均从不同视角强调了抗逆力所具有的特征，如鲁棒性、感知力、敏捷性、冗余性、自组织等。另外，从抗逆力相关文献的词频分析过程中获得与抗逆力绩效相关联的指标性特征，如适应性、前瞻性、鲁棒性、冗余性、敏捷性、机智（足智多谋）等。综合这两项工作，本书对这些抗逆力的特征或属性进行适当的延伸，形成战略抗逆力的绩效指标项。在战略抗逆力绩效测量与评价的研究中，多用时间、成本、绩效等定量或定性的评价标准，将其与相应绩效指标项结合，可作为绩效指标项的量化工具。

2. 相关组织、国家或地区制定的战略抗逆力的绩效指标

联合国减灾办公室发布的《灾难风险与抗逆力》中，将（国家自然灾难）抗逆力的指标划分为：人口死亡率、GDP 的直接损失率、国家发展规划中是否采用和提到减灾与抗逆力计划。经济合作与发展组织对抗逆力做了专题研究，发表了《风险与抗逆力：从美好理念到美好实践》（风险与抗逆力专家小组的概述性研究）的工作文件，将抗逆力分为三个部分：吸收能力、适应能力与转变（改革）能力。如美国联邦应急管理署（Federal Emergency Management Agency, FEMA）与美国国家海洋和大气管理局（National Oceanic and Atmospheric Administration, NOAA）联合发起一个旨在确定抗逆力绩效指标及测量的项目，并得到了美国国家减灾框架领导小组（Mitigation Framework Leadership Group, MitFLG）的支持。《国家准备目标》（National Preparedness Goal）中纳入抗逆力，包括社区、基础设施、生态与国家资源、风险抵御等方面，并针对社区抗逆力制定了《社区抗逆力指标》。这些指标多用来评估某单一领域抗逆力，如社区、环境、基础设施等。

3. 战略抗逆力绩效评价指标体系的相关研究

国内学者从事战略抗逆力的直接研究较少，但有学者针对供应链管理的抗逆力评价进行研究，如朱新球提出从供应链的能力维度（采购柔性、订单实现的柔性、资产、效率、可视化、适应性、预测、恢复、分散、合作、组织）和脆弱性维度（动荡、蓄意威胁、外部压力、敏感性、连接性、供应商和客户中断等）对供应链进行评价。与战略抗逆力评价研究较为接近的是应急管理评价的研究，如田军等对各种政府应急管理评价研究进行了梳理。

从表 5.3 中国内学者对应急管理评价内容来看，主要还是从应急管理过程进行评价的。当然，应急管理评价与战略抗逆力绩效评价有着区别和联系，共同之处是二者均为评估主体在未来发展过程中应对无法确定的风险、危险或威胁带来中断性冲击的能力；区别在于二者重心不同，应急管理评价重心在于突发事件的处置、适应和恢复，战略抗逆力评价重心在于准备阶段中主体抗逆力的绩效水平，以及在总结和反思阶段学习能力和抓住机遇的能力等。另外，应急管理侧重于管理层面，属于中观层面的评价，战略抗逆力

表5.3　一些关于政府应急管理能力评价的研究

研究者	评价方法	评价内容及其特点
美国联邦应急管理署（FEMA）	专家评分	针对应急准备过程的13项管理职能、56个要素、209个属性和1014个指标进行打分，计算综合分值
PublicSafety（加拿大）	专家评估寻找弱点	主要对公共和个体进行评价：预防和减灾、处置和恢复等方面的应对能力，从而寻找问题并加以改善
Douglas等人	评价中心评价法	主要以模拟训练来评价应急准备计划的绩效、技能和经验获取，包括组织之间相互沟通的效果，在紧急条件下行为模型的建立，各类战术知识，形势感知，自我保护能力，以及反馈与提升
William等	主观判断定性评估	主要是对领导能力和协调能力的评价
澳大利亚政府委员会	专家评估要素审查	逐项审查：灾害政策制定、备灾措施、反应措施、减灾措施、灾后评估、灾害风险评估、救济和恢复措施等落实情况
王锐兰	运用绩效评价模型	绩效评价指标体系包括4个一级指标：预防绩效、过程绩效、效能绩效和恢复绩效，16个二级绩效指标以及57个三级绩效指标
张黎勇	运用层次分析法	从国家层面提出应急管理系统框架，共包含4大模块和74个指标
韩传峰和叶岑	运用综合层次分析模型	主要评价政府应对突发事件的综合能力，评价内容包括组织体系、预警机制、应急机制、保障资源和总结
牛冲槐 等	运用综合测量模型	主要以政府实力系统、政府能力系统、事件处理效果评价系统建立相应的测量指标
冯立杰 等	采用综合质量评价模型	主要是以预防、准备、应对、恢复和学习等为过程，建立以质量效果为导向的质量评价指标体系

评价侧重于主体相关能力的具备与否。由于二者之间存在联系，因此，应急管理评价内容也可以为确定战略抗逆力绩效指标内容提供相应的参照系。表5.4是其中具有代表性的应急管理质量评价指标体系，从评价指标体系来看，其相当于应急管理绩效指标体系。

表5.4　突发公共事件应急管理质量评价指标体系

目标层	评价阶段(准则层)	评价项目(指标层)
突发公共事件应急管理的质量评价指标体系	预防阶段 U_1	有效的风险管理 U_{11}
		细致的前兆管理 U_{12}
		有效地化解突发公共事件 U_{13}
		科学的预警系统 U_{14}
		正确有效的警示措施 U_{15}
		国际交流合作 U_{16}
	准备阶段 U_2	相应的应对机构 U_{21}
		有效的应对机制 U_{22}
		足够的物资保障 U_{23}
		科学合理的预案 U_{24}
		必要的演习 U_{25}
	应对阶段 U_3	关注民生 U_{31}
		行动迅速 U_{32}
		确认突发公共事件的状态与程度 U_{33}
		分清主次 U_{34}
		适时公布真相 U_{35}
		充足的后勤保障 U_{36}
	恢复阶段 U_4	尽快恢复正常秩序 U_{41}
		防止追究责任式的恢复 U_{42}
		及时沟通 U_{43}
		心理恢复 U_{44}
	学习阶段 U_5	赏罚分明 U_{51}
		深刻认识自身不足 U_{52}
		保证客观性 U_{53}
		抓住机遇 U_{54}

根据我国《突发事件应对法》关于突发事件处置流程，并结合战略抗逆力作用过程，本书将战略抗逆力绩效评价划分为：事前阶段的评价、事中阶段的评价和事后阶段的评价。其中，事前阶段对应战略抗逆力的准备、脆弱性评估、态势感知、预警等，此阶段的评价属于诊断性评价；事中阶段对应

战略抗逆力的响应与适应恢复阶段，对应的评价属于形成性评价；事后阶段则是对战略抗逆力的准备、响应、恢复阶段的能力发挥进行总结、反思和学习等，该阶段的评价属于总结性评价。

4. 战略抗逆力绩效指标的选择依据和结果

本书从国家安全保障层面探讨国家安全保障体系中战略抗逆力绩效指标体系，而且以国家安全保障能力、水平以及效果作为战略抗逆力绩效指标的重要内容。

综上，在战略抗逆力特征的基础上，笔者结合战略抗逆力作用过程、应急管理中各个阶段与战略抗逆力相关的指标，以及结合国家安全保障层面的内容，拟定了表 5.5 战略抗逆力的绩效指标体系。

表5.5　战略抗逆力的绩效指标体系

<table>
<tr><th>一级指标项</th><th>二级指标项</th><th>三级指标项</th></tr>
<tr><td rowspan="18">战略抗逆力
绩效指标体系</td><td rowspan="7">突发事件发生前，
战略抗逆力
绩效指标</td><td>1. 相关主体（系统）的抗风险（威胁）意识、思维</td></tr>
<tr><td>2. 明确主体（系统）的抗风险（威胁）责任、担当</td></tr>
<tr><td>3. 评估主体在安全层面（环节）的脆弱性，增加鲁棒性</td></tr>
<tr><td>4. 强化内外环境监控、监测的情境感知能力与预警能力</td></tr>
<tr><td>5. 构建各类“情境—应对”应急预案，增加安全的前瞻性</td></tr>
<tr><td>6. 对战略性资源、能力、策略进行储备，加强冗余性</td></tr>
<tr><td>7. 进行常态化的模拟、演练，增强抗逆力</td></tr>
<tr><td rowspan="7">突发事件处置过程中，
战略抗逆力
绩效指标</td><td>1. 主体（系统）应对突发事件的响应时间</td></tr>
<tr><td>2. 主体（系统）应对突发事件过程中基本结构的完整性</td></tr>
<tr><td>3. 主体（系统）应对突发事件过程中核心功能的连续性</td></tr>
<tr><td>4. 主体（系统）应对突发事件过程中的管理能力</td></tr>
<tr><td>5. 主体（系统）应对突发事件的止损时间（绩效不再下降）</td></tr>
<tr><td>6. 主体（系统）恢复至原有绩效水平的时间</td></tr>
<tr><td>7. 主体（系统）恢复至原有绩效水平的成本</td></tr>
<tr><td rowspan="4">突发事件结束后，
战略抗逆力
绩效指标</td><td>1. 对突发事件应对全过程进行信息搜集、处理和分析</td></tr>
<tr><td>2. 各责任主体根据信息分析结果进行总结、反思</td></tr>
<tr><td>3. 将突发事件所有知识反馈至主体决策层，为下一阶段的安全生产提供新的安全知识、作业规则和应对类似突发事件的策略</td></tr>
<tr><td>4. 推动知识共享，对相关主体进行安全宣传、教育和学习</td></tr>
</table>

（四）国家安全情报与战略抗逆力融合绩效指标的来源与选择

目前，还没有国家安全情报与战略抗逆力间的融合绩效（评价）指标体系的相关研究。因此，本书拟从三个层面分析融合绩效指标来源：①将管理学中“共享”“合作”“协同”“联动”等方面的研究，作为绩效指标的理论来源；②以第四章中国家安全情报与战略抗逆力融合模型及运作机制作为指标的主要理论来源；③以第四章中国家安全情报与战略抗逆力融合所产生的效应——“互补效应”“共轭效应”“共生效应”“共振效应”等融合效应，作为融合应达到的效果。

另外，国家安全情报与战略抗逆力间融合分为两个层次：共享与合作、协同与联动。与之对应的二者之间的融合绩效指标也划分为两个层次：①合作与共享的绩效指标，属于二者之间融合的基础性层次绩效指标项；②协同与联动的绩效指标，属于二者之间融合的高水平层次的绩效指标项。经过上述分析，大致确定了表 5.6 中国家安全情报与战略抗逆力之间融合的绩效指标体系。

表5.6　国家安全情报与战略抗逆力之间融合的绩效指标体系

一级指标	二级指标	三级指标
国家安全情报与战略抗逆力之间融合的绩效指标体系	合作与共享的绩效指标	1. 国家安全情报与战略抗逆力都认同对方是国家安全保障体系的重要组成部分
		2. 国家安全情报与相应主体（应急管理部门）间的相互信任
		3. 国家安全情报识别危险、威胁或危机，并向相应主体提供预警
		4. 国家安全情报在突发事件应对过程中提供决策支持的力度
		5. 对战略抗逆力过程进行总结和反思，并反馈至国家安全情报
	协同与联动的绩效指标	1. 突发事件发生后，国家安全情报应实时介入，并接受相关应急管理机构的统一领导、统一指挥
		2. 建立国家安全情报和应急管理组织间沟通、联动的长效机制
		3. 重视国家安全情报和战略抗逆力的互补性
		4. 重视公众情报素养与抗逆思维和意识的整体性国家安全知识教育

（五）调查问卷草案初步论证及修改

在相关理论和评价指标体系的基础上，我们在表 5.1、表 5.2、表 5.5、表 5.6 等表格中基本确定了国家安全情报与战略抗逆力融合的三级评价指标体系。为了进一步凝练指标体系，笔者通过研究论文开题及学术交流会议[1]，与相关专家进行交流与沟通，汲取了他们的意见与建议，并做了相应调整。具体如下。

1. 专家建议增加的指标

①在一级指标国家安全情报绩效指标体系下的国家安全情报质量二级指标下增加 1 个三级评价指标：情报工作反应的敏捷性评价。该指标主要反映国家安全情报工作对于国家安全保障中的问题、任务等方面的反应能力。②在一级指标国家安全情报与战略抗逆力间融合绩效指标体系下的合作与共享二级指标下增加 2 个三级指标：国家安全情报与战略抗逆力之间情报（信息、知识）共享情况的评价，国家安全情报在突发事件应对过程中提供决策支持力度的评价。③在一级指标国家安全情报与战略抗逆力间融合绩效指标体系下的协同与联动二级指标下增加 1 个三级指标：国家安全情报与战略抗逆力在最近一次突发事件处置过程中的融合绩效表现如何。这是对二者融合在实践检验中的效果评价。

2. 专家建议删去的指标

在一级指标战略抗逆力绩效指标体系下突发事件处置过程中战略抗逆力绩效的二级指标下删去 1 个三级指标：主体（系统）应对突发事件过程中的管理能力。专家们认为该指标内容较为模糊，而且能从其他三级指标中反映出来。

3. 其他方面的修改

主要是针对部分指标内容的清晰性、可理解性等方面做了相应修改或调

[1]　2016年11月5—6日，笔者参加了由陕西省科技信息研究所《情报杂志》编辑部和解放军国际关系学院战略与安全研究所联合主办的“第三届华山情报论坛——新形势下中国情报工作理论与实践创新”，论坛在江苏南京举行，与会者大多是从事国家安全或竞争情报研究的专家、学者等。

整，最后形成了本书德尔菲法专家咨询问卷调查表（第 1 轮）。

二、国家安全情报与战略抗逆力融合绩效评价体系的建立

本书采用德尔菲法确定国家安全情报与战略抗逆力融合绩效评价体系。基于以下几方面：首先，本书所构建的国家安全情报与战略抗逆力融合绩效指标体系属于跨领域的研究，国家安全情报属于情报学领域，战略抗逆力与应急管理领域相关，但并不限于此。其次，为了提高专家咨询效率，从相关理论和研究入手，以理论演绎和结合他人的相关研究成果，确定了原始性的绩效指标体系框架。再次，小范围与相关专家进行深度探讨，对德尔菲法专家咨询问卷做进一步删增和完善。最后，经过两轮的专家咨询，通过对指标相关参数的统计分析，建立二者融合绩效评价体系。

（一）第 1 轮德尔菲法专家咨询的实施与统计分析

1. 第 1 轮德尔菲法专家咨询的实施与数据统计

（1）*德尔菲法专家的选择和调查问卷发放。*德尔菲法研究信度和效度的关键在于调查专家的选择是否准确、恰当。根据德尔菲法咨询专家的选择标准以及本研究跨学科、跨领域的特点，专家来源不能仅局限于某一个领域，而应根据专家的研究方向和所从事实践领域进行选择。此次德尔菲法咨询专家主要来自高校、科研机构、智库、政府相关机构及国家安全一线工作的专家、学者和业者。本书第 1 轮德尔菲法专家共遴选出 26 位在情报研究、竞争情报、应急管理、智库工作、反恐一线（公安系统）等方面的专家和学者。其中，第 1 轮发出 15 份问卷邀请（定向邀请专家在线进行），纸质问卷发出 13 份。共回收问卷 23 份[1]，其中一份电子答卷战略抗逆力部分空缺，不作统计。因此，第 1 轮咨询专家有效人数为 22 人，有效问卷为 22 份。

[1] 由于网络调查问卷平台——问卷星的审查制度，对于出现“国家安全情报”字眼的问卷进行过滤，问卷发出后第三天被平台关闭，只收集了11份。后通过纸质问卷在湖北和安徽三所高校中发放13份问卷，回收12份，共计回收23份专家咨询问卷。

（2）专家基本情况分析。从网络问卷地址和纸质问卷访问对象工作单位所在地来看，这些专家分布于全国各地，有北京市、河北省、宁夏回族自治区、江苏省、安徽省、浙江省、湖北省、海南省、湖南省、重庆市、新疆维吾尔自治区等。从专家的相关工作或研究年限来看，20 年以上的占 27.3%，10 年以上的占 86.5%，说明专家的研究或实践经验非常丰富；另有 3 位专家工作年限虽不足 10 年，但他们在相关领域的研究或工作成绩较为突出。跨领域研究的专家或学者有 9 人，占比 40.8%。有关专家背景或其他情况见表 5.7。

表5.7　德尔菲法咨询专家的基本情况统计结果（专家人数N=22人）

内容	相应属性或范围	人数	占比（%）
单位性质	高校/研究所	13	59.1
	部队/公安机关	2	9.1
	智库/咨询机构	4	18.2
	政府	3	13.6
技术职称	正高	10	45.5
	副高	9	40.8
	中级	3	13.7
工作/研究年限	20年及以上	6	27.3
	15~19年	6	27.3
	10~14年	7	31.9
	5~9年	3	13.5
文化程度	博士	10	45.7
	硕士	9	40.2
	本科及以下	2	9.1
研究领域（含跨领域）	情报研究	13	59.1
	应急管理或突发事件	11	50.0
	企业风险管理	8	36.4

在参加调查的专家之中，对于国家安全情报与战略抗逆力领域熟悉程度的回答，没有人选择“不熟悉”或“很不熟悉”选项，国家安全情报领域较

熟悉和熟悉人数逾 90%，战略抗逆力（应急管理相关）领域较熟悉和熟悉人数占 77.3%，与前者相比略少。但是，总的来看，专家们对评价领域的熟悉程度还是具有较好的代表性，具体对应人数及占比见表 5.8。

表5.8　专家对两个评价领域的熟悉程度

评价领域	熟悉程度——人数(百分比)				
	很熟悉	较熟悉	一般	较不熟悉	很不熟悉
国家安全情报	12（54.5%）	8（36.4%）	2（9.1%）	0（0%）	0（0%）
战略抗逆力	4（18.2%）	13（59.1%）	5（22.7%）	0（0%）	0（0%）

（3）专家积极系数与权威程度方面。①专家的积极系数。是指专家咨询调查问卷的回收率，这个结果从另一方面反映了专家对本研究内容的关注程度。本书德尔菲法专家咨询共进行 2 轮，第 1 轮专家积极系数为 84.6%，总的来说，专家的积极系数还是不错的。②专家的权威程度。专家在相关研究领域的权威性，事关其所提出建议或结论的影响力程度。专家的权威程度包括三个方面的因素，第一个因素是专家对绩效指标作出判断的依据，以 C_α 表示，判断依据数值总和为 1 时表明对专家判断的影响大，0.8 为中等，0.6 为小，见表 5.9。

表5.9　专家的判断依据量化表

判断依据	判断依据对专家判断的影响程度		
	大	中	小
理论研究	0.4	0.3	0.2
实践经验	0.45	0.35	0.25
国内外同行的了解	0.1	0.1	0.1
感觉	0.05	0.05	0.05

根据表 5.10 专家对指标的判断依据量化表的系数等，先计算国家安全情报、战略抗逆力以及二者融合的加权值，再计算对应指标的算术平均值作为 C_α 的值。

表5.10　专家的判断依据（C_α值）

判断依据	3 个一级指标项对应计算值		
	国家安全情报	战略抗逆力	二者间的融合绩效评价
理论研究	0.3773	0.3545	0.3500
实践经验	0.3909	0.3682	0.3636
国内外同行的了解	0.1	0.1	0.1
感觉	0.05	0.05	0.05
总计	0.9182	0.8727	0.8636

第二个因素是与专家自身学术造诣相关，即与其受教育程度高低相关。本书研究以学历层次为代表，学历层次既能反映其理论研究水平，也影响其实践中经验和知识的获取。专家受教育程度对应学术造诣系数用符号 C_q 表示，通过相应数据计算得到 C_q 值。见表 5.11。

表5.11　专家自身受教育程度（C_q）及其加权数值

文化程度（学历层次）	博士 / 博士后	硕士	本科及以下
相应权重	1.0	0.8	0.6
C_q值	0.8727		

第三个因素是专家对问卷主题的熟悉程度，以 C_S 表示，划分为：不熟悉、不太熟悉、一般、熟悉和很熟悉，依次赋值为 [0，0.2，0.5，0.8，1.0]。根据相关统计，计算专家熟悉程度 C_S 值。

一般的，专家的权威程度以自我评价为主。专家权威系数（C_r）则为专家判断依据的数值（C_α）、专家的受教育程度（C_q）以及熟悉程度数值（C_S）的算术平均数，其计算公式为：$C_r=(C_\alpha+C_q+C_S)/3$。而且，一般认为专家权威程度大于或等于 0.5，便可接受；大于或等于 0.8，则专家权威程度比较高。根据以上计算方法进行计算，结果见表 5.12。

表5.12　专家权威系数计算结果表

一级指标项	判断系数(C_a)	受教育程度(C_q)	熟悉程度(C_S)	权威程度(C_r)
国家安全情报的绩效指标	0.9182	0.8727	0.85	0.8803
战略抗逆力的绩效指标	0.8727	0.8727	0.7273	0.8242
二者间融合的绩效指标	0.8636	0.8727	0.7136	0.8166

由表 5.12 可以看出，本研究三项一级指标中，国家安全情报的权威程度平均值超过 0.8，而另外两个指标：战略抗逆力绩效指标、二者间融合的绩效指标均大于 0.8。[1] 这也说明了本次咨询调查所选择的专家权威性较高。由于本书德尔菲法咨询专家的权威程度与预测精度呈现一定的函数关系，所以，可认为本书的调查精度也较高。

（4）咨询专家的协调系数。对于咨询专家意见的协调程度，可用两个指标项进行判断——用变异系数（V_j）和协调系数（W）来表示。V_j 是指第 m_j 个专家对于第 j 指标与其他专家之间相比的协调程度，如果某指标项变异系数值越小，则说明该指标项的协调程度越高，通常要求变异系数 $V_j < 0.25$；W 则是指所有 m 个专家对于所有 n 个指标的整体或局部（由多个指标项组成的指标组）的协调程度，W 值（W 取值在 0~1 之间）越大则表明专家意见的协调程度越高，一般来说，W 的取值在 0.5 左右可以接受。V_j 与 W 计算公式如下：

$V_j=\sigma_j/M_j$（σ_j 表示 j 指标项的标准差；M_j 则表示 j 指标项的均数）

$$W = \frac{12}{m^2(n^3 - n)}\sum_{j=1}^{n} d_j^{\ 2}$$（式中 W 表示 m 个专家对 n 个指标的协调系数）

m 表示所有专家总数，n 表示所有指标总数，d_j 表示 j 指标的离均差。

[1]　这里战略抗逆力绩效指标、二者间融合的绩效指标权威程度的平均值略低于国家安全情报的绩效指标，其主要原因有两个：第一，在中文中，resilience对应的汉译多元，“抗逆力”出现频率不高；第二，战略抗逆力术语乃是近些年出现在国家安全保障领域，且主要是在国外学者针对突发事件应急管理的相关研究中，虽然二者联系较为紧密，但还是有较大的差异性。

当有相同等级时，上式分母中要减去修正系数 T_i，W 计算公式变为：

$$W=\frac{12}{m^2(n^3-n)-m\sum_{i=1}^{m}T_i}\sum_{j=1}^{n}{d_j}^2$$（式中的 T_i 表示相同等级指标项）

协调程度的显著性检验——χ^2 检验：

$$ {\chi_R}^2=\frac{1}{mn(n+1)-\frac{1}{n-1}\sum_{i=1}^{m}T_i}\sum_{i=1}^{n}{d_j}^2$$

$$d.f.=n-1$$

根据自由度 $d.f.$ 和显著性水平 P 的值，从 χ^2 值表中得到值 χ^2。如果 ${\chi_R}^2>\chi^2$，则认为该协调系数具有显著性，也说明专家咨询意见协调性是可以的，结果可取。否则，如 ${\chi_R}^2$ 值很小，而且 $P>0.05$，则认为结果可信度差，调查结果不可取。各指标项肯德尔和谐系数（W）、卡方值、自由度和显著性水平见表 5.13。

表5.13 第1轮专家意见协调性检验结果

指标等级	指标项	维度	参评专家人数	Kendall's W 系数	卡方值 x^2	自由度 $d.f.$	显著性水平 P
一级指标体系	国家安全情报 战略抗逆力 二者间的融合	重要性	22	0.283	12.444	1	0.002
		可行性	22	0.318	14.000	1	0.001
二级指标体系	国家安全情报质量 国家安全情报实战	重要性	22	0.409	9.000	1	0.003
		可行性	22	0.335	7.364	1	0.007
	事前战略抗逆力绩效 事中战略抗逆力绩效 事后战略抗逆力绩效	重要性	22	0.300	13.192	2	0.001
		可行性	22	0.263	11.551	2	0.003
	二者间融合的共享与合作 二者间融合的协同与联动	重要性	22	0.247	5.444	1	0.020
		可行性	22	0.284	6.250	1	0.020

（续表）

指标等级	指标项	维度	参评专家人数	Kendall's W 系数	卡方值 x^2	自由度 d.f.	显著性水平 P
三级指标体系	国家安全情报质量	重要性	22	0.270	35.658	6	0.001
		可行性	22	0.312	41.147	6	0.001
	国家安全情报实战	重要性	22	0.196	21.545	5	0.001
		可行性	22	0.127	13.945	5	0.016
	事前战略抗逆力绩效	重要性	22	0.160	21.077	6	0.002
		可行性	22	0.138	18.224	6	0.006
	事中战略抗逆力绩效	重要性	22	0.154	16.899	5	0.005
		可行性	22	0.143	15.736	5	0.008
	事后战略抗逆力绩效	重要性	22	0.216	14.250	3	0.003
		可行性	22	0.160	10.576	3	0.014
	二者间融合的合作与共享	重要性	22	0.143	18.857	6	0.004
		可行性	22	0.174	22.918	6	0.001
	二者间融合的协同与联动	重要性	22	0.476	41.910	4	0.001
		可行性	22	0.381	33.500	4	0.001

从表 5.13 中的协调系数、卡方值和显著性水平数值范围来看，专家意见的协调性总体较好，可信度高，结果是可取的。这里需要指出的是，表中的专家意见协调系数在 0.12~0.48 区间内，总体并不是很高。主要原因在于指标体系涉及多个领域，专家也分属不同领域或学科，但同一领域的专家对相应领域指标看法比较一致，所以意见协调系数较高。如情报学的专家对国家安全情报领域评估的一致性较高，应急管理专家对战略抗逆力的评估相对一致。因此，这个区间值是可信的、可接受的。在第 1 轮专家咨询调查问卷中，主要目的是确定指标项，并没有进行指标适应性的调查和分析，后者将在第 2 轮专家咨询中进行。

2. 第 1 轮德尔菲法专家咨询分析和结果的输出

（1）各级指标项的重要性与可行性的数据分析。在第 1 轮专家咨询过程中，专家对于指标的重要性与可行性之间的权重分配，通过计算得出二者的权重比约为 65:35；根据这一比例关系对每一个指标的重要性与可行性求得均值的加权平均值，即：某指标的加权平均值 = 该指标的重要性均值 ×65% + 该指标的可行性均值 ×35%。该加权均值也为第 2 轮专家咨询提供初步的指标权重值提供了参照系。对于每一项指标的重要性和可行性，专家可进行5个等级评价，分别按[9，7，5，3，1]进行赋值，在微软Excel软件中对各项指标进行均值、标准差和变异系数的计算，以及每项指标重要性与可行性的加权均值的计算。具体结果见表5.14。

表5.14　第1轮德尔菲法专家咨询中各级指标项的统计分析结果

指标	重要性			可行性			加权平均值
	均值	标准差	变异系数	均值	标准差	变异系数	
1. 国家安全情报	7.0000	1.2344	0.1763	7.0000	1.3801	0.1972	7.0000
2. 战略抗逆力	7.5455	1.1010	0.1459	7.4545	1.2239	0.1642	7.5137
3. 二者间融合的绩效评价	8.2727	0.9847	0.1190	8.3636	0.9535	0.1140	8.3045
1.1 国家安全情报质量绩效	7.2727	1.4203	0.1953	7.7273	0.9847	0.1274	7.4318
1.2 国家安全情报实战绩效	8.5455	0.8579	0.1004	8.0000	1.1952	0.1494	8.3546
2.1 在突发事件发生前，主体（系统）战略抗逆力绩效	8.3636	1.1358	0.1358	7.2727	1.1205	0.1541	7.9818
2.2 在突发事件应对过程中，主体（系统）战略抗逆力绩效	7.1818	1.2203	0.1699	8.2727	1.1622	0.1405	7.5636
2.3 在突发事件发生后，主体（系统）战略抗逆力绩效	7.8182	1.1807	0.1510	8.0000	1.3452	0.1681	7.8818
3.1 二者间融合的共享与合作	7.8182	1.1807	0.1510	8.0909	1.0193	0.1260	7.9136
3.2 二者间融合的协同与联动	8.4545	0.9117	0.1078	7.0909	1.3060	0.1842	7.9772
1.1.1 情报目标定位的准确性	8.2727	1.3159	0.1591	8.0909	1.0193	0.1260	8.2091
1.1.2 情报工作反应的敏捷性	7.9091	1.3420	0.1697	8.2727	0.9847	0.1190	8.0364
1.1.3 情报信息搜集的全面性	6.3636	1.7874	0.2809	5.8182	1.9182	0.3297	6.1727
1.1.4 情报信息的可靠性	8.0000	1.0235	0.1279	7.5455	1.8703	0.2479	7.8409
1.1.5 情报信息的相关性	7.5455	1.2622	0.1673	7.4545	1.2239	0.1642	7.5137
1.1.6 情报分析过程的客观性、准确性	8.2727	1.1622	0.1405	7.9091	1.1916	0.1507	8.1454
1.1.7 情报分析过程的效率	7.2727	1.6671	0.2292	6.9091	1.6877	0.2443	7.1454
1.2.1 情报产品对特定威胁、危险等的预警作用	8.2727	1.1622	0.1405	8.1818	1.1807	0.1443	8.2409
1.2.2 情报产品的可用性	8.0000	1.3452	0.1681	8.0000	1.1952	0.1494	8.0000

（续表）

指标	重要性			可行性			加权平均值
	均值	标准差	变异系数	均值	标准差	变异系数	
1.2.3 情报产品的可行性	7.3636	1.7056	0.2316	8.0000	1.1952	0.1494	7.5863
1.2.4 情报产品的易用性	7.2727	1.6671	0.2292	8.0000	1.1952	0.1494	7.5273
1.2.5 情报产品的精准性	8.1818	1.5927	0.1947	7.5455	1.2622	0.1673	7.9591
1.2.6 情报产品的有效性	6.4545	1.5346	0.2378	7.0909	1.5708	0.2215	6.6772
2.1.1 相关主体（系统）的抗风险（威胁、危机）的意识与思维层面	7.0909	1.6877	0.2380	7.7273	1.3159	0.1703	7.3136
2.1.2 明确主体（系统）的抗风险（威胁、危机）的责任与担当	8.5455	0.8579	0.1004	8.1818	1.1807	0.1443	8.4182
2.1.3 评估主体在安全层面（环节）的鲁棒性	8.0000	1.0235	0.1279	7.2727	1.2792	0.1759	7.7454
2.1.4 强化内外环境监控、监测的情景感知能力与预警能力	8.0909	1.0193	0.1260	8.0909	1.0193	0.1260	8.0909
2.1.5 构建各类“情境—应对”应急预案应用前瞻性能力	8.0909	1.1916	0.1473	8.2727	0.9847	0.1190	8.1545
2.1.6 战略性资源、能力、策略（方案）的储备与冗余性	7.3636	1.1770	0.1598	8.0909	1.0193	0.1260	7.6182
2.1.7 进行常态化的模拟、演习、教育或培训，提升抗逆性	7.8182	1.3323	0.1704	8.4545	0.9117	0.1078	8.0409
2.2.1 主体应对突发事件的响应时间	8.2727	1.1622	0.1405	8.3636	0.9535	0.1140	8.3045
2.2.2 主体应对突发事件过程中基本结构的完整性	8.4545	0.9117	0.1078	7.3636	1.1770	0.1598	8.0727
2.2.3 主体应对突发事件过程中核心功能的连续性	8.2727	0.9847	0.1190	8.0000	1.0235	0.1279	8.1773
2.2.4 主体应对突发事件的止损时间（绩效水平不再下降）	7.2727	1.4203	0.1953	8.1818	1.1807	0.1443	7.5909
2.2.5 主体恢复至原有（突发事件发生前）绩效水平的时间	8.0909	1.1916	0.1473	8.0909	1.1916	0.1473	8.0909
2.2.6 主体恢复至原有绩效水平的成本	7.8182	1.1807	0.1510	8.1818	1.0065	0.1230	7.9455
2.3.1 突发事件应对全过程进行信息搜集、处理和分析能力	7.4545	1.2239	0.1642	8.0000	1.0235	0.1279	7.6454

（续表）

指标	重要性			可行性			加权平均值
	均值	标准差	变异系数	均值	标准差	变异系数	
2.3.2 各责任主体根据信息分析结果进行总结、反思过程的评价	7.5455	1.4050	0.1862	7.7273	1.1622	0.1504	7.6091
2.3.3 将突发事件所有知识反馈至主体决策层，为下一阶段的安全工作提供新的安全知识、作业规则和应对类似突发事件策略的评价	8.1818	1.0065	0.1230	8.3636	0.9535	0.1140	8.2454
2.3.4 推动知识共享，对相关主体进行安全宣传、教育和学习的效果评价	8.3636	0.9535	0.1140	7.3636	1.4653	0.1990	8.0136
3.1.1 国家安全情报与战略抗逆力彼此是否认同对方为国家安全保障能力的重要组成部分	7.4545	1.5032	0.2017	7.0000	1.7457	0.2494	7.2954
3.1.2 国家安全情报与相关主体（应急管理部门）间的相互信任与沟通顺畅	8.3636	0.9535	0.1140	7.5455	1.2622	0.1673	8.0773
3.1.3 国家安全情报与应急管理部门间情报共享	8.4545	0.9117	0.1078	8.1818	1.1807	0.1443	8.3591
3.1.4 国家安全情报识别危险、威胁或危机是否及时向相应主体提供预警	8.2727	0.9847	0.1190	8.1818	1.0065	0.1230	8.2409
3.1.5 战略抗逆力在国家安全情报工作过程中是否给予支持（如市民、组织、机构发现情报线索及时报告）	7.9091	1.1916	0.1507	8.3636	0.9535	0.1140	8.0682
3.1.6 国家安全情报在突发事件应对过程中提供决策支持的力度	7.8182	1.1807	0.1510	7.4545	1.2239	0.1642	7.6909
3.1.7 对战略抗逆力过程进行总结和反思，是否将相关信息、知识（经验或教训）反馈至国家安全情报机构，以帮助其更新数据库、知识库	7.7273	1.3159	0.1703	8.0000	1.1952	0.1494	7.8227
3.2.1 国家安全情报和战略抗逆力是否彼此重视二者之间的互补效应	8.0000	1.0235	0.1279	7.1818	1.3675	0.1904	7.7136

（续表）

指标	重要性			可行性			加权平均值
	均值	标准差	变异系数	均值	标准差	变异系数	
3.2.2 是否建立了国家安全情报和应急管理组织间沟通、联动的长效机制	8.4545	0.9117	0.1078	8.1818	1.0065	0.1230	8.3591
3.2.3 突发事件发生后，国家安全情报是否实时介入，并接受相关应急管理机构的统一领导与统一指挥	8.4545	0.9117	0.1078	8.3636	0.9535	0.1140	8.4227
3.2.4 是否重视公众的国家安全知识教育（包括国家安全情报素养与战略抗逆力思维和意识相结合等方面）	6.2727	1.1622	0.1853	6.2727	1.6954	0.2703	6.2727
3.2.5 二者融合在应急管理过程中绩效高低的评价（如以最近某突发事件处理为案例进行评价）	8.1818	1.0065	0.1230	8.3636	0.9535	0.1140	8.2454

（2）第 1 轮专家咨询后相关指标的增加、删除和归属合理性的处理。增加指标项的原则：根据专家咨询的结果，如果有一半以上的专家提议同一新的指标项，则考虑在第 2 轮中增加相应指标选项。删除指标项的原则：首先，指标项加权平均值 <6.5 的；其次，指标项变异系数 >0.25 的。指标项归属合理性判断的原则：本次调查对各等级的指标归属均设置了相应的选项——是或否。根据专家的选择，对于一半专家持否定选项的指标将重新考虑其归类。根据上述原则，在第 1 轮专家咨询后，评价指标体系做了如下相应调整，并形成了第 2 轮专家咨询调查问卷。主要变动有以下方面。

①删去的三级指标项。第 1 轮专家咨询调查问卷中的三级指标体系——1.1.3 情报信息搜集的全面性、1.2.6 情报产品的有效性、3.2.4 是否重视公众的国家安全知识教育（包括国家安全情报素养与战略抗逆力思维和意识相结合等方面）。1.1.3 情报信息搜集的全面性评价标准难以确定，在实际情报工作中不需要也无法实现情报信息搜集的全面性（是一个相对性的概念），因此在实践操作中难以把握。1.2.6 情报产品的有效性，与其他指标项有交叉或可由其他指标项体现出来，如情报产品的精准性，因此也可以删去该指标项。3.2.4

是否重视公众的国家安全知识教育，该指标项未能准确表述出有关对公众进行国家安全情报素养与战略抗逆力思维和意识相融合的教育，因此删去。

②增加的指标项。根据专家增设指标项建议（内容合并——表述不同但含义相同或相近）的统计，需要增设的指标项有：a. 情报信息搜集来源的多样性，置于 1.1 国家安全情报质量绩效的子指标中，用以反映情报信息质量是经过多源信息相互印证、补充的。b. 情报信息的时效性，置于 1.2 国家安全情报实战绩效的了指标中，表示情报信息是反映当前最新状态变化的，这也是国家安全、突发事件处置过程中必须要考虑的。c. 用户对国家安全情报产品的满意度，置于 1.2 国家安全情报实战绩效的子指标中，主要从用户视角来测度国家安全情报的实战绩效。d. 应对突发事件的组织体制和机制建设，隶属 2.1 突发事件发生前战略抗逆力绩效的子指标，反映了突发事件发生前战略抗逆力建设的组织架构是否成熟。e. 情报、突发事件应对决策与执行等环节的协同性，该指标项属于 3.2 二者间融合过程中的协同与联动绩效的子指标，用以反映国家安全情报、战略抗逆力在应对突发事件过程中的无缝衔接。f. 国家安全情报与战略抗逆力融合的教育与培训，也隶属 3.2 二者间融合过程中的协同与联动绩效的子指标，反映在教育和培训中，将国家安全情报素养与战略抗逆力的融合作为公众意识、理念、知识和能力的组成部分。

③拆分的指标项。对于第 1 轮专家咨询调查问卷中 1.1 国家安全情报质量绩效子指标——1.1.6 情报分析过程的客观性、准确性，多数专家认为，尽管该指标项是合适的，但由于客观性和准确性是情报分析过程的两个属性，应分开评价。因此，将该指标项拆分为：情报分析过程的客观性，情报分析过程的准确性。

④指标项归属合理性方面。在对所有指标项归属合理性进行统计后发现，第 1 轮专家咨询调查问卷中的 2.3.1 突发事件应对全过程进行信息搜集、处理和分析能力的评价，这一指标项归属性存在问题，17 位专家认为该指标项应隶属 2.2 突发事件应对过程中战略抗逆力绩效的子指标。因此，在第 2 轮专家咨询调查问卷中，该指标项将移至 2.2 的子指标体系中。

⑤修改表述的指标项。同时，根据专家的相关建议对部分指标表述做进一步凝练，使之更加准确和简练。具体见第 2 轮专家咨询调查问卷中相关指

标项的内容表述。

（二）第 2 轮德尔菲法专家咨询的实施与统计分析

1. 第 2 轮德尔菲法专家咨询的内容变化及实施步骤

根据第 1 轮专家咨询的统计结果，对第 1 轮德尔菲法调查问卷指标项进行了相应的修改、补充和完善后，形成第 2 轮德尔菲法专家咨询调查问卷，再反馈给第 1 轮提供有效问卷的 22 位专家。请他们对各项指标的重要性、可行性和适应性进行第 2 轮评价，在此基础上进行统计分析。

其中，适应性是第 2 轮新增的指标项属性评价。我们在第 1 轮评价中发现，不同领域的专家对于指标属性评价的差异性较大，原因是不同领域的专家对于指标的判断是根据各自实践领域或理论研究领域的认知作出判断的。因此，指标项在不同领域的适应性，在第 2 轮德尔菲法专家咨询调查中增加为各指标项的属性之一，从而使得指标项权重系数的确定更加合理。我们也能确认各指标项在不同领域、行业或地区中内容评价的可移植性，如国家安全情报的绩效指标是否既能应用于文化领域国家安全保障能力的绩效评价，也能适合于经济领域国家安全保障能力的绩效评价；战略抗逆力绩效指标是否既能反映军事领域国家安全保障能力的绩效，又能适合反映社会领域国家安全保障能力的绩效内容。

在第 2 轮德尔菲法专家咨询调查问卷中，首先，将第 1 轮德尔菲法专家咨询统计结果——每个指标项（重要性与可行性）的算术平均数以及标准差反馈给专家，以便专家根据第 1 轮其他专家的综合意见以及自己的判断，对第 2 轮各级指标项赋值再次作出判断选择。指标项赋值分为 5 个等级，将 10 分划为 5 个分数段与之对应：1~2 分、3~4 分、5~6 分、7~8 分、9~10 分。其次，根据统计结果确定每个指标中各个等级的频率，以形成评价等级矩阵。再次，根据专家对每个指标重要性、可行性和适应性的三个属性权重分配，以确定权重计算中的隶属度。最后，采用模糊评价方法计算各级指标的权重系数。

2. 第 2 轮德尔菲法专家咨询的实施与统计分析

我们向第 1 轮中 22 个专家发送了填写问卷邀请，反馈 20 份回收问卷，即咨询专家的积极系数为 90.9%。专家对指标的熟悉程度可选择赋值 5、4、3、2、1，分别对应——很熟悉、较熟悉、一般、较不熟悉、很不熟悉，通过统计计算，专家对各指标项的熟悉程度均值范围为 3.95~4.45，说明专家对各指标项内容还是非常熟悉的。第 2 轮专家咨询结果的 Kendall 和谐系数在 0.196~0.634 之间，Kendall 和谐系数的均值为 0.409，且 P 值范围也落在 0~0.05 之间，与第 1 轮专家咨询调查的 Kendall 和谐系数值相比有较大的提高。通过对第 2 轮德尔菲法专家咨询调查问卷结果进行统计计算，获得了各指标项得分的均值、标准差和变异系数（见表 5.16）。根据表 5.16 中三级指标体系的卡方值范围，与第 1 轮专家咨询调查结果的统计分析相比较，有了较为明显的改善。而且，从第 2 轮专家咨询调查结果各指标项均值、标准差和变异系数的数值范围（见表 5.15）来看，专家评估意见的集中程度、波动程度和协调程度在整体上是比较理想的，说明此轮专家咨询的可信度以及预测意见协调性很好，结果可取。

表5.15　第2轮专家咨询调查中相关属性参数范围

统计项	重要性(数值范围)	可行性(数值范围)	适应性(数值范围)
均值	8.10~8.98	7.64~8.64	7.43~8.26
标准差	0.3238~0.6469	0.3837~0.6581	0.3913~0.6832
变异系数	0.0363~0.0787	0.0456~0.0826	0.0480~0.0900

表5.16　第2轮德尔菲法专家咨询调查各级指标项得分统计结果

指标	重要性			可行性			适应性		
	均值	标准差	变异系数	均值	标准差	变异系数	均值	标准差	变异系数
1.国家安全情报	8.50	0.3261	0.0384	8.13	0.5428	0.0668	7.66	0.5491	0.0717
2. 战略抗逆力	8.35	0.4666	0.0559	7.92	0.5008	0.0633	8.05	0.5699	0.0708
3. 二者间融合的绩效	8.66	0.4751	0.0549	8.20	0.4893	0.0597	7.73	0.6157	0.0796
1.1 国家安全情报的质量绩效	8.32	0.3874	0.0466	7.96	0.5276	0.0663	7.82	0.6014	0.0769
1.2 国家安全情报的实战绩效	8.51	0.4850	0.0570	8.07	0.5391	0.0668	7.71	0.5684	0.0737

（续表）

指标	重要性			可行性			适应性		
	均值	标准差	变异系数	均值	标准差	变异系数	均值	标准差	变异系数
2.1 突发事件发生前战略抗逆力的绩效	8.77	0.5613	0.0640	8.27	0.5059	0.0612	7.95	0.5726	0.0721
2.2 突发事件应对过程中战略抗逆力的绩效	8.51	0.4526	0.0532	8.50	0.5201	0.0612	7.79	0.4518	0.0580
2.3 突发事件结束后战略抗逆力的绩效	8.10	0.5591	0.0690	8.21	0.4571	0.0557	7.66	0.4536	0.0593
3.1 二者间融合的共享与合作	8.59	0.4855	0.0565	8.12	0.5274	0.0650	7.50	0.4652	0.0620
3.2 二者间融合的协同与联动	8.41	0.5911	0.0703	8.36	0.5995	0.0717	7.84	0.5244	0.0669
1.1.1 情报目标（需求、任务或问题）定位的准确性	8.77	0.5139	0.0586	8.40	0.6100	0.0727	7.65	0.4734	0.0619
1.1.2 情报工作（对问题、任务或目标）反应的敏捷性	8.72	0.5575	0.0640	8.37	0.4756	0.0568	7.64	0.5174	0.0678
1.1.3 情报信息来源多样性	8.58	0.4494	0.0524	7.93	0.5526	0.0697	7.96	0.5104	0.0642
1.1.4 情报信息的可靠性	8.87	0.3496	0.0394	8.03	0.5561	0.0693	7.82	0.6685	0.0855
1.1.5 情报信息的相关性	8.21	0.5073	0.0618	7.64	0.6311	0.0826	7.63	0.6383	0.0837
1.1.6 情报分析过程的客观性	8.86	0.4925	0.0556	8.33	0.4587	0.0551	7.74	0.6540	0.0845
1.1.7 情报分析过程的准确性	8.63	0.5639	0.0653	8.35	0.3900	0.0467	7.85	0.5491	0.0700
1.2.1 情报产品对特定威胁、危险等的预警作用	8.75	0.5326	0.0609	8.59	0.5575	0.0649	8.00	0.6271	0.0783
1.2.2 情报产品的可用性	8.61	0.4424	0.0514	8.20	0.6386	0.0779	7.78	0.5702	0.0733
1.2.3 情报产品的可行性	8.36	0.5698	0.0681	8.20	0.5496	0.0670	7.60	0.5717	0.0753
1.2.4 情报产品的易用性	8.22	0.6469	0.0787	8.38	0.6204	0.0740	7.66	0.5443	0.0711
1.2.5 情报产品的精准性	8.70	0.4915	0.0565	8.16	0.5185	0.0635	7.58	0.5300	0.0700
1.2.6 情报产品的时效性	8.79	0.3418	0.0389	8.47	0.5292	0.0625	7.55	0.5175	0.0685
1.2.7 用户对情报产品的满意度	8.10	0.4478	0.0553	8.12	0.5878	0.0724	7.70	0.5749	0.0747
2.1.1 主体抗风险（威胁、危机）的意识与理念	8.67	0.3962	0.0457	8.44	0.4660	0.0552	7.78	0.5571	0.0717

（续表）

指标	重要性			可行性			适应性		
	均值	标准差	变异系数	均值	标准差	变异系数	均值	标准差	变异系数
2.1.2 主体抗风险（威胁、危机）的责任与担当	8.47	0.5253	0.0620	8.11	0.5211	0.0643	7.54	0.6784	0.0900
2.1.3 评估主体在安全层面（环节）的鲁棒性	8.61	0.4123	0.0479	8.15	0.5825	0.0715	7.63	0.6544	0.0858
2.1.4 内外环境监控、监测的情景感知能力与预警能力	8.85	0.4347	0.0491	8.47	0.5162	0.0609	7.89	0.6282	0.0796
2.1.5 构建各类“情境—应对”应急预案	8.53	0.5796	0.0679	8.45	0.4447	0.0526	8.26	0.5924	0.0717
2.1.6 战略性资源、能力、策略（方案）的储备与冗余性	8.21	0.6034	0.0735	8.01	0.5385	0.0673	8.22	0.5531	0.0673
2.1.7 常态化的模拟、演习、教育或培训，提升抗逆性	8.64	0.5557	0.0643	8.34	0.5762	0.0691	7.81	0.5114	0.0655
2.1.8 应对突发事件的组织体制和机制建设	8.37	0.5704	0.0681	8.41	0.3900	0.0464	7.81	0.5543	0.0710
2.2.1 应对突发事件的响应时间	8.70	0.4058	0.0467	8.46	0.5125	0.0606	8.01	0.5106	0.0637
2.2.2 应对突发事件过程中相关主体基本结构的完整性	8.28	0.5435	0.0656	8.04	0.6038	0.0751	7.81	0.6832	0.0875
2.2.3 应对突发事件过程中相关主体核心功能的连续性	8.64	0.4591	0.0532	8.36	0.5093	0.0609	7.78	0.5552	0.0714
2.2.4 应对突发事件的止损时长（以绩效水平不再下降为止损时间点）	8.31	0.4141	0.0498	8.25	0.5951	0.0722	7.68	0.5637	0.0734
2.2.5 恢复至原有（突发事件发生前）绩效水平的时间	8.46	0.4806	0.0568	8.04	0.5363	0.0668	7.43	0.6440	0.0866
2.2.6 恢复至原有绩效水平的成本	8.11	0.5496	0.0678	8.00	0.5708	0.0714	7.68	0.4633	0.0604
2.2.7 突发事件应对全过程进行信息搜集、处理和分析的能力	8.63	0.5533	0.0642	8.26	0.5679	0.0688	7.78	0.4913	0.0631

（续表）

指标	重要性			可行性			适应性		
	均值	标准差	变异系数	均值	标准差	变异系数	均值	标准差	变异系数
2.3.1 根据信息分析结果进行总结、反思的效果	8.56	0.5394	0.0631	8.24	0.5698	0.0691	8.08	0.4456	0.0551
2.3.2 反思结果反馈至主体决策层，为下一阶段的安全工作提供新的安全知识、作业规则和应对类似突发事件策略	8.92	0.3238	0.0363	8.53	0.5310	0.0623	7.90	0.4236	0.0537
2.3.3 推动知识共享，对相关主体进行安全宣传、教育和学习的效果	8.39	0.4902	0.0585	8.05	0.5995	0.0745	8.16	0.3913	0.0480
3.1.1 国家安全情报与战略抗逆力彼此认同对方的重要性	8.59	0.3878	0.0452	8.07	0.5768	0.0715	7.76	0.5642	0.0727
3.1.2 国家安全情报与应急管理部门间的相互信任与沟通	8.74	0.4591	0.0526	8.25	0.6581	0.0798	7.75	0.5481	0.0707
3.1.3 国家安全情报与应急管理部门间情报共享	8.88	0.4396	0.0495	8.53	0.5411	0.0634	7.70	0.4888	0.0635
3.1.4 国家安全情报在识别危险、威胁或危机时向应急管理部门提供预警合作	8.65	0.5021	0.0580	8.64	0.5824	0.0675	7.80	0.4577	0.0587
3.1.5 战略抗逆力在国家安全情报工作过程中是否给予支持	8.55	0.6403	0.0749	8.23	0.5330	0.0648	7.80	0.6084	0.0780
3.1.6 国家安全情报在突发事件应对过程中提供决策支持与合作	8.35	0.5206	0.0624	7.93	0.5574	0.0703	7.82	0.4880	0.0624
3.1.7 对战略抗逆力过程进行总结和反思，将相关信息、知识（经验或教训）反馈至国家安全情报机构，以帮助其更新情报知识库	8.56	0.4032	0.0471	7.80	0.5991	0.0768	7.60	0.5171	0.0681

（续表）

指标	重要性			可行性			适应性		
	均值	标准差	变异系数	均值	标准差	变异系数	均值	标准差	变异系数
3.2.1 国家安全情报和战略抗逆力彼此重视二者之间的互补效应	8.48	0.4166	0.0492	7.88	0.5550	0.0704	8.02	0.4514	0.0563
3.2.2 国家安全情报和应急管理组织间沟通、联动的长效机制的建立	8.98	0.3998	0.0445	8.54	0.5432	0.0636	7.64	0.5771	0.0755
3.2.3 国家安全情报在突发事件发生后实时介入，并接受相关应急管理机构的统一领导与统一指挥	8.72	0.5824	0.0668	8.41	0.3837	0.0456	7.81	0.4851	0.0621
3.2.4 国家安全情报与战略抗逆力融合的教育与培训	8.35	0.3954	0.0473	8.13	0.5497	0.0676	7.90	0.5005	0.0634
3.2.5 二者融合在应急管理过程中绩效高低的评价（如以最近某突发事件处理为案例进行评价）	8.46	0.4071	0.0482	8.35	0.4947	0.0593	7.45	0.5395	0.0724
3.2.6 国家安全情报与战略抗逆力在应急决策和执行等环节中的协同性、一致性	8.57	0.5571	0.0650	8.23	0.5600	0.0681	7.86	0.4915	0.0626

（三）国家安全情报与战略抗逆力融合绩效评价指标体系

国家安全情报与战略抗逆力融合绩效评价指标体系由三个部分组成：绩效指标体系、绩效指标项权重体系和绩效指标项标准体系。通过德尔菲法及模糊综合评判法，能够帮助确立二者融合绩效指标体系和权重体系，标准体系则可根据具体指标项满足或实现的程度对相关对象进行相应等级的划分或定级。

（1）国家安全情报与战略抗逆力融合绩效指标体系的最终确立。通过对第2轮专家咨询调查回收的问卷进行统计分析，在指标体系中对各指标项的均值、标准差、变异系数以及肯德尔和谐系数（W）值进行过滤发现，所有二级指标和相应的三级指标满足相应的指标标准阈值范围，因此没有需要删减或修改的指标项。而且，在第2轮专家咨询调查问卷反馈意见中，提议新增指标项的意见较少，且不满足新增指标项的条件，因此，也没有新增的指标项。

（2）国家安全情报与战略抗逆力融合绩效权重系数的确定。因为专家对于各项指标的重要性、可行性、适应性的评价赋值具有模糊性，而且二者融合绩效涉及多层次多因素（指标）相关联，其中任一指标项绩效对于整体融合绩效均产生重要影响，也即权重相对比较均衡。因此，在权重系数的确定方法选择上，本书采用模糊综合评判法来确定二者融合绩效指标体系中各级指标项的权重系数。主要原理及步骤如下：

①按照专家对绩效指标三种属性——重要性、可行性和适应性的赋值，计算得到均值分别为：重要性是38.76分、可行性是35.48分、适应性是26.16分。根据总分值100分，算得三项属性的权重值分别是0.386、0.353、0.261，并作为下一阶段计算指标项权重系数的模糊综合评判法中的隶属度(表示可能性大小)。

②模糊综合评判模型：$Y_i=K\times W_i\times R_{ij}\times V_i$（$Y_i$是各项指标的综合评分）

K为逻辑值，取决于单向评判属性的可行度；

W_i为模糊评判的隶属度；

R_{ij}是专家（本轮有效反馈专家20位）针对每一个指标项属性（三个属性：重要性、可行性和适应性）评价结果所构成的评价矩阵；其中，m为评价指标集U中元素的个数（本轮研究中属性的个数，即m=3），n为评价集V中元素的个数。本研究中评价区间数，即n=5，分别对应[1, 3]、[3, 5]、[5, 7]、[7, 9]、[9, 10]5个评价赋值区间。因此，本书“专家—指标”的评价矩阵是一个3行5列的矩阵。

V_i是评分等级向量的转置（本书中是1、3、5、7、9分）。

③因此，根据前面的隶属度以及评分等级向量，得到：

$$Y_i = K \times (0.386, 0.353, 0.261) \times \begin{vmatrix} R_{11} & \cdots\cdots & R_{1n} \\ \cdots & \cdots\cdots & \cdots \\ R_{m1} & \cdots\cdots & R_{mn} \end{vmatrix} \times \begin{bmatrix} 9 \\ 7 \\ 5 \\ 3 \\ 1 \end{bmatrix}$$

其中，所有指标项的 K 值以 1 代入计算。

④计算各项指标的权重系数值：$P_i = Y_i / \sum Y_i$；具体计算结果见表 5.17。

表5.17　国家安全情报与战略抗逆力融合绩效指标体系中权重系数的计算结果

指标项内容	Y_i	P_i
1. 国家安全情报	7.2125	0.329942
2. 战略抗逆力	7.2419	0.331287
3. 二者间融合的绩效	7.4055	0.338771
1.1 国家安全情报的质量绩效	7.1000	0.139241
1.2 国家安全情报的实战绩效	7.2158	0.141512
2.1 突发事件发生前战略抗逆力的绩效	7.4441	0.145989
2.2 突发事件应对过程中战略抗逆力的绩效	7.4048	0.145218
2.3 突发事件结束后战略抗逆力的绩效	7.1125	0.139486
3.1 二者间融合的共享与合作	7.3408	0.143963
3.2 二者间融合的协同与联动	7.3728	0.144591
1.1.1 情报目标（需求、任务或问题）定位的准确性	7.5239	0.020269
1.1.2 情报工作（对问题、任务或目标）反应的敏捷性	7.4533	0.020079
1.1.3 情报信息来源多样性	7.3316	0.019751
1.1.4 情报信息的可靠性	7.4768	0.020142
1.1.5 情报信息的相关性	7.0772	0.019066
1.1.6 情报分析过程的客观性	7.4055	0.019950
1.1.7 情报分析过程的准确性	7.4180	0.019984
1.2.1 情报产品对特定威胁、危险等的预警作用	7.6820	0.021051
1.2.2 情报产品的可用性	7.3636	0.020179
1.2.3 情报产品的可行性	7.2603	0.019896
1.2.4 情报产品的易用性	7.3276	0.020080
1.2.5 情报产品的精准性	7.4566	0.020434

（续表）

指标项内容	Y_i	P_i
1.2.6 情报产品的时效性	7.4886	0.020521
1.2.7 用户对情报产品的满意度	7.0614	0.019351
2.1.1主体抗风险（威胁、危机）的意识与理念	7.3636	0.018181
2.1.2 主体抗风险（威胁、危机）的责任与担当	7.3022	0.018029
2.1.3 评估主体在安全层面（环节）的鲁棒性	7.4022	0.018276
2.1.4 内外环境监控、监测的情景感知能力与预警能力	7.5886	0.018736
2.1.5 构建各类“情境—应对”应急预案	7.5158	0.018556
2.1.6 战略性资源、能力、策略（方案）的储备与冗余性	7.2261	0.017841
2.1.7 常态化的模拟、演习、教育或培训，提升抗逆性	7.4408	0.018371
2.1.8 应对突发事件的组织体制和机制建设	7.2897	0.017998
2.2.1 应对突发事件的响应时间	7.5408	0.021366
2.2.2 应对突发事件过程中相关主体基本结构的完整性	7.2772	0.020619
2.2.3 应对突发事件过程中相关主体核心功能的连续性	7.4761	0.021183
2.2.4 应对突发事件的止损时长（以绩效水平不再下降为止损时间点）	7.2184	0.020453
2.2.5 恢复至原有（突发事件发生前）绩效水平的时间	7.1772	0.020336
2.2.6 恢复至原有绩效水平的成本	7.1125	0.020153
2.2.7 突发事件应对全过程进行信息搜集、处理和分析的能力	7.45	0.021109
2.3.1 根据信息分析结果进行总结、反思的效果	7.2897	0.046010
2.3.2 反思结果反馈至主体决策层，为下一阶段的安全工作提供新的安全知识、作业规则和应对类似突发事件策略	7.6364	0.048198
2.3.3 推动知识共享，对相关主体进行安全宣传、教育和学习的效果	7.1739	0.045279
3.1.1 国家安全情报与战略抗逆力彼此认同对方的重要性	7.3283	0.020351
3.1.2 国家安全情报与应急管理部门间的相互信任与沟通	7.5147	0.020869
3.1.3 国家安全情报与应急管理部门间情报共享	7.6331	0.021198
3.1.4 国家安全情报在识别危险、威胁或危机时向应急管理部门提供预警合作	7.5879	0.021072
3.1.5 战略抗逆力在国家安全情报工作过程中是否给予支持	7.4316	0.020638
3.1.6 国家安全情报在突发事件应对过程中提供决策支持与合作	7.1511	0.019859
3.1.7 对战略抗逆力过程进行总结和反思，将相关信息、知识（经验或教训）反馈至国家安全情报机构，以帮助其更新情报知识库	7.193	0.019976
3.2.1 国家安全情报和战略抗逆力彼此重视二者之间的互补效应	7.2158	0.023546

（续表）

指标项内容	Y_i	P_i
3.2.2 国家安全情报和应急管理组织间沟通、联动的长效机制的建立	7.7136	0.025171
3.2.3 国家安全情报在突发事件发生后实时介入，并接受相关应急管理机构的统一领导与统一指挥	7.4794	0.024407
3.2.4 国家安全情报与战略抗逆力融合的教育与培训	7.2386	0.023621
3.2.5 二者融合在应急管理过程中绩效高低的评价（如以最近某突发事件处理为案例进行评价）	7.2478	0.023651
3.2.6 国家安全情报与战略抗逆力在应急决策和执行等环节中的协同性、一致性	7.4147	0.024195

（3）指标体系与权重体系的分析。经过理论上的指标筛选、专家初步评价以及2轮德尔菲法专家咨询调查等多个环节的实施，基本上确定了国家安全情报与战略抗逆力融合绩效的指标体系与权重体系。①在3个一级指标项中，国家安全情报与战略抗逆力间融合的绩效评价指标权重比二者的绩效指标项权重要略高，说明专家们对于3个一级指标重要程度的安排为：国家安全情报与战略抗逆力两个基础性绩效指标是二者融合绩效的基础；二者之间融合绩效指标在国家安全保障中发挥更加重要的作用，但这是建立在两个基础性绩效指标基础之上的。②在二级指标体系中，国家安全情报实战绩效指标项的权重要大于国家安全情报质量绩效的指标项权重，说明绩效考核的落脚点在结果上，过程性绩效是为结果性绩效服务的。对于战略抗逆力部分，事前的准备、感知、预警能力的绩效指标项权重系数所占比重要高于事中与事后战略抗逆力的权重系数，表明专家们重视突发事件发生前战略抗逆力的形成和发展。事实也证明，事前战略抗逆力的发展和成熟恰恰是事中战略抗逆力正确和有效发挥作用的重要前提和基础。这也是战略抗逆力评价重心与应急管理评价重心之间的差异所在，前者关注的是战略抗逆力的形成、提升和完善，后者关注应急管理的结果；对于二者间融合的绩效指标，共享与合作指标项的权重要略低于协同与联动指标项的权重，说明专家们希望国家安全情报与战略抗逆力间的融合绩效能够达到较高的水平。③三级指标的权重系数是指该指标项在整个评价指标体系中所占的比重，由其在某个二级指标

项中所占的比重乘以二级指标在整个指标体系中的权重而得到。在三级指标项中，3.1.4、2.1.4、3.1.3、2.3.2、1.2.1、3.2.2 等指标项权重相对较高，说明专家们重视诸如二者间融合的机制、体制的建立，情报产品的预警作用，国家安全情报与战略抗逆力间的情报信息合作与共享等方面在国家安全保障中的重要作用。④从整体的权重系数分配来看，专家们对于国家安全情报与战略抗逆力融合的过程与结果都非常重视，权重系数分配相当。这也说明绩效本身是过程与结果融合的体现，既重视过程，又重视结果。

（4）国家安全情报与战略抗逆力融合绩效的评价体系建立。标准是保证评价的客观性、公正性、同一性的基础。尽管二者融合绩效指标体系和权重体系的建立，为进一步评估国家安全情报与战略抗逆力融合绩效提供了明确的内容和重要性。但是，因为缺少标准体系，所以仍难以对二者融合绩效划分成相应的等级，难以确定各项指标的绩效测度，也就无法确定绩效差距和问题所在。表 5.17 国家安全情报与战略抗逆力融合绩效指标体系只是粗线条地确定绩效主要内容，评价人员仍难以把握绩效评价的具体参数和评价依据。

综上，我们在表 5.17 二者融合绩效指标体系和权重体系基础上做出修改。首先，为了便于后面绩效评价方法的运用，将三级指标的权重（表 5.17 是相对于整体指标体系的权重数值，所有三级指标体系权重之和为 1）改为相对于二级指标的权重数值（某个二级指标项下的三级指标权重系数之和为 1）。二级指标权重则相对应于一级指标项的权重。其次，结合指标项的理论内涵、特征与实践应用范畴等，确定了国家安全情报与战略抗逆力融合绩效指标体系中相对应的评价依据，具体见表 5.18 中的“绩效评价依据”所在列。从“绩效评价依据”对各三级指标项绩效评价具体内容中，可以看出绩效指标的评价依据既有量化的内容，也有质性的内容；既有客观性的陈述，也有部分主观性的感知（如易用性、满意度等)。绩效评价依据中内容表述的目的是便于评价者对客体（二者融合绩效指标）有一个较为清晰的理解和把握，从而为进一步客观公正地评价提供参考。

表5.18 国家安全情报与战略抗逆力融合绩效评价体系

一级指标项内容及权重	二级指标及权重	三级指标体系及对应权重体系		绩效评价依据
		三级指标体系	权重体系	指标项绩效评价的内容或相应的参数
1.国家安全情报（P_1=0.329942）	1.1国家安全情报的质量绩效（P_{11}=0.495956）	1.1.1 情报目标（需求、任务或问题）定位的准确性	0.145569	根据情报目标的阐述来判断与情报用户的需求、情报任务和突发事件处置要求等之间的匹配程度或准确程度
		1.1.2 情报工作（对问题、任务或目标）反应的敏捷性	0.144203	根据对突发事件、情报任务反应的时间长短和效率高低的程度，来判断情报工作反应的敏捷性高低
		1.1.3情报信息来源多样性	0.141848	根据情报信息源的采集渠道类别的多少和信息搜集范围的大小，来判断多源情报的融合程度
		1.1.4情报信息的可靠性	0.144657	根据采集情报信息源的正规性、权威程度（如源于政府、国际组织、各类专业统计报告、智库报告等），以此来判断情报信息的可靠性
		1.1.5 情报信息的相关性	0.136926	根据采集的情报信息与情报目标阐述的相关或一致性的程度，来判断情报信息相关性
		1.1.6 情报分析过程的客观性	0.143278	根据情报分析过程中理论模型、工具、方法、标准等因素中人员主观判断参与的程度，以确定分析过程的客观性
		1.1.7 情报分析过程的准确性	0.143520	根据情报分析各阶段的输出结果与情报目标（用户需求、突发事件的对象、问题和任务）的相符程度，来确定情报分析过程的准确性
	1.2 国家安全情报的实战绩效（P_{12}=0.504044）	1.2.1 情报产品对特定威胁、危险等的预警作用	0.148760	依据情报产品对潜在威胁、危险等的预警是否发挥了及时预判并发出警示讯息的作用，以避免突发事件的发生
		1.2.2 情报产品的可用性	0.142595	依据情报产品在实践中解决用户的情报需求、突发事件的解决和任务完成等方面效用的大小程度，以确定其可用性程度
		1.2.3 情报产品的可行性	0.140594	依据情报产品所提供的各种方案、策略、方法等是否符合实际条件或者具备实施的条件等，来判断情报的可行性程度
		1.2.4 情报产品的易用性	0.141897	依据情报产品所提供的各种方案、策略、方法等是否便于用户或相关主体等的应用程度，来判断易用性程度
		1.2.5 情报产品的精准性	0.144396	依据情报产品所提供的各种方案、策略、方法等在解决问题时的精确程度和准确程度，来判断精准性程度
		1.2.6 情报产品的时效性	0.145015	依据情报产品在多长的时间范围内向情报用户或相关主体提供有效的决策服务或解决问题的有效支持，来判断情报的有效性大小
		1.2.7 用户对情报产品的满意度	0.136743	是情报用户对于情报产品在实际使用中的总体感受所给出的主观评价，依据用户或相关主体的主观评价高低来判断满意度高低

（续表）

一级指标项内容及权重	二级指标及权重	三级指标体系及对应权重体系		绩效评价依据
		三级指标体系	权重体系	指标项绩效评价的内容或相应的参数
2.战略抗逆力（P_2=0.331287）	2.1 突发事件发生前战略抗逆力的绩效（P_{21}=0.338963）	2.1.1 主体抗风险（威胁、危机）的意识与理念	0.124534	主体是指组织、单位、社区等，甚至是个体，依据主体在危机文化氛围营建（包括群众工作宣传与发动，如公告栏、标语牌、网站宣传、安全理念等）工作中的表现，来判断其意识和理念中对战略抗逆力的重视程度
		2.1.2 主体抗风险（威胁、危机）的责任与担当	0.123496	依据主体中成员对于战略抗逆力的分工是否明确、责任落实情况、权利与义务协调等、相应的规章制度是否规范，来评价其责任与担当
		2.1.3 评估主体在安全层面（环节）的鲁棒性	0.125187	依据各类潜在的威胁、危险、危机等（可能的突发事件）来测试主体在各个环节中的承压情况，即以其存在的脆弱程度进行判断
		2.1.4 内外环境监控、监测的情景感知能力与预警能力	0.128340	依据主体对内外的物理环境、网络环境、社会环境等变化的态势感知和预警能力，以避免突发事件的发生和危害
		2.1.5 构建各类“情境—应对”应急预案	0.127109	依据主体各类“情境—应对”应急预案的数量、质量、种类、完备性、规范性、可操作性等维度进行判断
		2.1.6 战略性资源、能力、策略（方案）的储备与冗余性	0.122209	依据应对各类潜在突发事件所需配备的人员、财力、物资、信息（知识、案例等）、领域专家等层面各类资源的冗余程度来判断
		2.1.7 常态化的模拟、演习、教育或培训，提升抗逆性	0.125840	依据主体为了应对各类可能突发事件而进行各种沙盘或兵棋推演、实地或实战演习、教育或培训等，重点评估这些工作的计划、方案、记录、总结与整改效果等
		2.1.8 应对突发事件的组织体制和机制建设	0.123285	依据是否为应对各类突发事件建立相应的组织机构，功能是否齐备，运行机制是否完善，信息平台建设、报告制度、检查制度、问责制度等方面建设是否达到完备性进行评估
	2.2 突发事件应对过程中战略抗逆力的绩效（P_{22}=0.337173）	2.2.1 应对突发事件的响应时间	0.147131	根据主体（如组织、机构、部门、社区等）在突发事件发生后，接收信息、应急人员出发、到达现场、处置突发事件的时间等，与同类突发事件响应时间进行横向或纵向比较，来评估其响应的敏捷性
		2.2.2 应对突发事件过程中相关主体基本结构的完整性	0.141988	根据主体中组织架构（包括人员、设备、资金、物资、各类[信息]系统或平台等）与内外环境之间，以及各要素间的连接通道等在突发事件发生后所保持的完整性比例大小
		2.2.3 应对突发事件过程中相关主体核心功能的连续性	0.145869	根据主体的核心功能（或能力）在突发事件过程中发挥作用能否持续地、完整地保持，如通信、水电气、网络、交通、联动平台、粮食、必需品等能够持续发挥作用的程度

（续表）

一级指标项内容及权重	二级指标及权重	三级指标体系及对应权重体系		绩效评价依据
		三级指标体系	权重体系	指标项绩效评价的内容或相应的参数
		2.2.4 应对突发事件的止损时长（以绩效水平不再下降为止损时间点）	0.140841	根据突发事件发生时起至主体基本结构和各种功能不再有新的损毁或不再有能力丧失时止的时间来评估止损时长，是战略抗逆力应对突发事件能力的重要指标之一
		2.2.5 恢复至原有（突发事件发生前）绩效水平的时间	0.140037	根据突发事件发生后主体止损时间点起至恢复到突发事件发生前的绩效水平时止的这段时长，来评估恢复能力。也是战略抗逆力应对突发事件能力的重要指标之一
		2.2.6 恢复至原有绩效水平的成本	0.138775	根据突发事件发生后至主体恢复到突发事件发生前绩效水平所付出各种成本（人力、物力和财力等），以评估恢复能力。也是战略抗逆力应对突发事件能力的重要指标之一
		2.2.7 突发事件应对全过程进行信息搜集、处理和分析能力	0.145360	根据主体在突发事件处置过程中信息搜集、处理、分析和归档的情况。这些既是突发事件处置决策的依据，也是后期总结的基础，是与情报融合的前提，是战略抗逆力应对突发事件能力的重要指标之一
	2.3 突发事件结束后战略抗逆力的绩效（P_{23}=0.323864）	2.3.1根据信息分析结果进行总结、反思的效果	0.329851	依据信息分析报告的客观性、准确性、完整性，以及对突发事件发生、应对过程中问题和原因的分析，对提出的结论和整改措施的适当性、可行性等方面进行评估
		2.3.2 反思结果反馈至主体决策层的及时性和准确性	0.345538	依据反馈时间距突发事件结束后的时长，以及反馈报告的准确程度、形式、送达对象的合适性，以及是否为未来安全工作提供新的知识、规则和新的应对策略等，来评估该指标
		2.3.3推动知识共享，对相关主体进行安全宣传、教育和学习的效果	0.324611	依据在组织内对安全知识（信息、经验等）共享的文化氛围，宣传工具的使用，教育和培训中安全知识的学习与实践效果等方面进行评估
3.二者间融合的绩效（P_3=0.338771）	3.1 二者间融合的共享与合作绩效（P_{31}=0.498913）	3.1.1 国家安全情报与战略抗逆力彼此认同对方的重要性	0.141365	依据双方是否认同对方为国家安全保障能力重要组成部分，主要从在相关制度、政策、策略文档中是否有相应的内容体现来判断
		3.1.2 国家安全情报与应急管理部门间的相互信任与沟通	0.144960	依据双方是否建立相互联系和沟通的制度、通信渠道或平台等，以及各层级之间沟通的频率、内容等进行判断
		3.1.3 国家安全情报与应急管理部门间情报共享	0.147244	依据双方之间的情报（信息、知识、经验、数据库等）共享是否双向，以及频次、范围、层次等方面的参数来评判

（续表）

一级指标项内容及权重	二级指标及权重	三级指标体系及对应权重体系		绩效评价依据
		三级指标体系	权重体系	指标项绩效评价的内容或相应的参数
		3.1.4 国家安全情报在识别危险、威胁或危机时向应急管理部门提供预警合作	0.146372	依据国家安全情报对战略抗逆力提供风险识别、预警合作的频次，以及双方合作的有效性、及时性、准确性等方面来评判
		3.1.5 战略抗逆力在国家安全情报工作过程中是否给予支持	0.143357	依据战略抗逆力对国家安全情报支持（如市民、组织、机构发现安全情报线索并及时报告）的频次、有效性、及时性、准确性等方面来评判
		3.1.6 国家安全情报在突发事件应对过程中提供决策支持与合作	0.137946	依据国家安全情报对突发事件应对过程中提供情报的频次、有效性、及时性、准确性等方面来评判
		3.1.7 对战略抗逆力过程进行总结和反思，将相关信息、知识（经验或教训）反馈至国家安全情报机构，以帮助其更新情报知识库	0.138755	突发事件发生后，相关组织机构将经验和教训的总结以报告的形式反馈给情报机构，依据这类报告的数量、质量（针对性、可靠性、可行性等）进行评判
	3.2 二者间融合的协同与联动绩效（P_{32}=0.501087）	3.2.1 国家安全情报和战略抗逆力彼此重视二者之间的互补效应	0.162848	依据在双方的工作计划、制度或政策中，是否有依靠对方的能力来弥补自身能力不足的内容、计划和策略来进行评价
		3.2.2国家安全情报和应急管理组织间沟通、联动的长效机制的建立	0.174083	依据双方已有联系的基础上，是否设有专人联络或建立常设性机构进行沟通，是否建立常态化协同与联动的体制和机制等制度化的安排等方面，来进行评价

（续表）

一级指标项内容及权重	二级指标及权重	三级指标体系及对应权重体系		绩效评价依据
		三级指标体系	权重体系	指标项绩效评价的内容或相应的参数
		3.2.3 国家安全情报在突发事件发生后实时介入，并接受相关应急管理机构的统一领导与统一指挥	0.168797	依据在突发事件发生后国家安全情报部门介入时间点的早或晚，投入的人力、资源（信息、情报、网络）等要素进行评价
		3.2.4 国家安全情报与战略抗逆力融合的教育与培训	0.163363	依据双方在各自教育和培训中是否有双方融合的理论知识与实践应用的相关内容，是否有联合培训、互派专家、交流学习等进行评价
		3.2.5 二者融合在应急管理过程中绩效高低的评价（如以最近某突发事件处理为案例进行评价）	0.163571	依据双方在突发事件（以最近某突发事件处理为例）中的融合，在突发事件处理的效果、效率和效益上，人民群众的满意度等方面进行评价
		3.2.6 国家安全情报与战略抗逆力在应急决策和执行等环节中的协同性、一致性	0.167337	依据双方融合过程中的参与人员，在协同决策和执行过程中的协同意识、大局意识、民主与协商等方面的合作进行评价

有了绩效评价依据，但尚未完全解决绩效评价工具完备性的问题，因为评价者还要根据一定的衡量尺度，才能对被评价对象的某个指标项与绩效评价依据的匹配程度给予等级结果。本书采取了五级制评价：很好、较好、一般、较差、很差，对应分值分别为100、85、70、60、50分，评价者对每一指标项赋之以相应等级所代表的分值，便于下一步的统计和加权。最后，把评价等级放置到表5.18中“绩效评价依据”的右侧，这样就形成了完整的国家安全情报与战略抗逆力融合绩效评价体系，其中包含了绩效指标体系、指标权重体系、评价标准体系。

（5）国家安全情报与战略抗逆力融合绩效评价方法与过程。在评价方法选择方面，由于多层次模糊综合评判模型比较适合对涉及多个指标或因素的某个对象进行全面的评价，因此，在国家安全情报与战略抗逆力融合绩效评价过程中可采用多层次模糊综合评判法。具体评价过程包括以下几个阶段。

首先，选择评价专家（领域内的情报工作者、应急管理工作者、相关管理者等）组成专家评价小组，并按照国家安全情报与战略抗逆力融合绩效评价体系对三级指标项逐项予以等级评分。

其次，建立多层次模糊综合评判模型。①针对7个二级指标项进行定量测度。国家安全情报绩效、战略抗逆力绩效和二者间融合绩效3个一级指标项中共有7个二级指标项。为了能让每个因素（指标项）都对综合评判有所贡献，本书采取“M（·，+)，加权平均型算子”，即普通矩阵乘法意义，$B_i=A_i \cdot R_i$，$(i=1，2，3，\cdots 7)$，R_i为第i个二级指标的模糊评判矩阵，A_i是由第i个二级指标项下三级指标项的权重系数（相对于二级指标的权重系数）组成的向量，B_i就是第i个二级指标的综合测度向量。②在①的基础上，针对3个一级指标项进行定量测度。如国家安全情报绩效的综合评价：$U_1=\{U_{11}，U_{12}\}$，U_1等于其二级指标权重向量$r_1=$（P_{11}，P_{12}）（相对于一级指标的权重系数）乘以（B_1，B_2）的转置矩阵，其他二级指标项战略抗逆力绩效的综合评价为U_2、二者间融合绩效的综合评价为U_3，以此类推。③国家安全情报与战略抗逆力融合绩效的综合评价。设$U=\{U_1，U_2，U_3\}$，是3个一级绩效指标综合评价结果所组成的矩阵。然后，将由 3 个一级指标权重系数组成的权重向量（列向量）A 与矩阵 U 相乘，即得综合测度为 $A \cdot U$，其结果就是一个行向量，代表的是国家安全情报与战略抗逆力融合绩效的综合评价（在各等级分值上的分布）。④国家安全情报与战略抗逆力的综合评价分值计算。最后在③的行向量结果基础上，再乘以对应的综合测度等级分值向量（100，85，70，60，50）的转置向量，便是综合评价值。

最后，对某领域（地区）国家安全情报与战略抗逆力融合绩效评价得分的解释。①总体得分的解释。可以看出整体评价最终结果应该落在 [50~100] 内，对应该区间的 5 个子区间 [0，50]、[50，60]、[60，70]、[70，85] 和 [85，100]，分别对应于：很差、较差、一般、较好、很好。这属于结果性评价或总结性评价，表示国家安全情报与战略抗逆力融合的层次，也能说明国家安全保障能力的高低。②一级与二级指标项的解释，属于具体行为的评价或过程性评价。一级和二级指标项得分的计算结果，能够反映在国家安全情报、战略抗逆力和二者间融合绩效等方面取得的成绩和存在的问题。就存在的主要问题及原因，可通过向有关主体（组织、机构或部门等）反馈绩效评价结果，并提出相应的整改对策或意见，供其决策参考。

（6）关于国家安全情报与战略抗逆力融合绩效评价体系的两点说明。①二者融合绩效评价体系的目的。需要指出的是，国家安全情报与战略抗逆力融合绩效评价的最终目的是，确定某个国家安全领域或地区安全保障体系能力的高低，发现国家安全情报、战略抗逆力以及二者之间融合过程中的问题和原因，在此基础上加以解决。此评价体系不能用以评估国家安全局势和状态，因为国家安全局势会受到国内外的政治、经济、文化、军事等多方面因素影响。国家安全情报与战略抗逆力属于国家安全保障能力，不是主导国家安全局势走向的能力。有的国家安全领域（如欧洲反恐领域）安全局势可能比较严峻，但并不代表该领域国家安全情报与战略抗逆力融合的绩效水平低，反之亦然。②二者融合评价体系实践应用的适用性。由于本书中二者融合绩效评价体系主要从国家安全保障的普遍性出发，并非针对某类国家安全领域、某个城市或地区的国家安全层面，因此，在具体实践领域，还需根据评价实践的特殊性，对相应指标体系和评价依据作出相应调整，以使绩效评价具有针对性、适恰性。如对某个城市社会安全方面的社会安全情报与战略抗逆力融合绩效的评价，某个地区反恐领域的反恐情报与战略抗逆力融合绩效的评价等，可能需要就具体的指标项考核测评内容作相应的微调，以适应不同国家安全领域的应用。

三、国家安全情报与战略抗逆力融合绩效评价体系的应用

为了验证国家安全情报与战略抗逆力融合绩效指标体系的效用，发挥其国家安全保障能力绩效评估工具之价值，我们对该绩效评价体系进行了实际应用。鉴于国家安全领域众多、地域范围较广，以及本研究周期的局限性，本书将地理范围缩小至城市，选择国家安全领域中反恐层面，通过选择性的操作，便于国家安全情报与战略抗逆力融合绩效评价工具实践应用的顺利开展。

（一）评价对象概述及绩效评价的实施

（1）评价对象概述。本书选择 K 市作为考察城市，其反恐斗争战略目标是：坚持情报引领，补齐短板，延伸覆盖，创新机制，不断提升反恐情报预警预防能力；创新完善立体化社会治安防控体系，构筑“专业力量、科技手段、人民战争”相结合的反恐维稳工作体系；以信息化为支撑，探索新举措，切实做好重点人员重点要素管控等。该市反恐工作目标和思路与本书主题“国家安全情报与战略抗逆力融合”相一致。因此，通过本书国家安全情报与战略抗逆力融合绩效评价体系，来评价 K 市在反恐层面国家安全情报与战略抗逆力融合绩效水平和相应层面存在的问题，是合适的。

（2）绩效评价专家小组的建立。国家安全情报与战略抗逆力融合绩效评价涉及情报领域与应急管理领域，涉及主体（利益攸关方）包括情报机构、应急管理机构（政府跨部门协调组成，如行政、警察、军队、消防、卫生）、社区、企事业单位和群众等。为此，在绩效评价专家选择上，分为四方面：

情报工作者、反恐工作者、应急管理者（促进共享与合作、协同与联动等融合工作）、反恐领域的研究者。专家小组成员 8 人，专家小组成员主要来自 K 市公安、应急管理部门、负责突发事件应急管理协调者（市政府领导层）等部门。[1] 其中，组长 1 名 [2]，负责评价专家遴选，评价过程的实施，以及本次绩效评价指标体系和标准体系的解释工作。

（3）绩效评价的实施。在此次绩效评价实施过程中，笔者负责绩效评价量表的设计、制订、统计和分析，及反馈结果与绩效问题等。而对于绩效专家的选择，评价量表的传递、回收等工作均交由绩效评价小组组长负责，从而提高效率和节约成本。评价方法和步骤见前文所介绍的多层次模糊综合评判法。

（二）绩效评价数据的统计

（1）K 市反恐领域国家安全情报与战略抗逆力融合绩效评价数据的统计。首先，每个专家根据评价量表中的绩效评价依据和等级划分结果，对每个三级指标项在不同标准等级上选中的专家数进行统计；然后，将该数字与整体专家数相比，得到该指标项不同标准等级上的专家占比，结果见表 5.19。

[1] 评价小组专家来自K市各部门，属于“自己人”，看似与评价客观性、公正性似乎相违。但是，我们认为不会影响评价结果的客观性和公正性。原因有二：一方面，这些专家小组成员谙熟K市反恐工作的流程、历史和现状，相关评价信息源非常可靠；另一方面，本次国家安全情报与战略抗逆力融合绩效评价属于研究性实验，不是结果性的等级评优，侧重自我评估，而且有助于探查出K市在反恐斗争中，反恐情报与K市各领域战略抗逆力融合中存在的问题与不足，为进一步自我改进、完善和提高提供了相应的绩效管理工具。

[2] 组长是反恐一线警察，具有丰富的实战经验，同时也是一名长期从事反恐研究的学者，具有较高的理论素养。在核心期刊发表多篇有关反恐领域的学术文章，还多次被交流至其他省区指导反恐工作。因此，经过沟通，能非常准确地把握评价量表的内容和应用。

表5.19 K市反恐领域国家安全情报与战略抗逆力融合绩效评价结果表

指标项内容	评价标准				
	很好	较好	一般	较差	很差
1.1.1 情报目标（需求、任务或问题）定位的准确性	0.125	0.75	0.125	0	0
1.1.2 情报工作（对问题、任务或目标）反应的敏捷性	0.125	0.5	0.25	0.125	0
1.1.3 情报信息来源多样性	0	0.625	0.25	0.125	0
1.1.4 情报信息的可靠性	0.125	0.75	0.125	0	0
1.1.5 情报信息的相关性	0	0.875	0.125	0	0
1.1.6 情报分析过程的客观性	0.375	0.25	0.125	0.25	0
1.1.7 情报分析过程的准确性	0.25	0.375	0.125	0.125	0.125
1.2.1 情报产品对特定威胁、危险等的预警作用	0.25	0.375	0.375	0	0
1.2.2 情报产品的可用性	0	0.375	0.625	0	0
1.2.3 情报产品的可行性	0	0.625	0.25	0.125	0
1.2.4 情报产品的易用性	0.125	0.5	0.25	0.125	0
1.2.5 情报产品的精准性	0.375	0.375	0.125	0.125	0
1.2.6 情报产品的时效性	0.375	0.125	0.5	0	0
1.2.7 用户对情报产品的满意度	0	0.25	0.625	0.125	0
2.1.1 主体抗风险（威胁、危机）的意识与理念	0.125	0.5	0.25	0.125	0
2.1.2 主体抗风险（威胁、危机）的责任与担当	0.125	0.25	0.5	0	0.125
2.1.3 评估主体在安全层面（环节）的鲁棒性	0	0.375	0.625	0	0
2.1.4 内外环境监控、监测的情景感知能力与预警能力	0.125	0.375	0.25	0.25	0
2.1.5 构建各类“情境—应对”应急预案	0.25	0.125	0.5	0.125	0
2.1.6 战略性资源、能力、策略（方案）的储备与冗余性	0	0.25	0.625	0.125	0
2.1.7 常态化的模拟、演习、教育或培训，提升抗逆性	0.125	0.625	0.25	0	0
2.1.8 应对突发事件的组织体制和机制建设	0	0.5	0.25	0.25	0
2.2.1 应对突发事件的响应时间	0.25	0.625	0	0.125	0
2.2.2 应对突发事件过程中相关主体基本结构的完整性	0	0.75	0.125	0	0.125
2.2.3 应对突发事件过程中相关主体核心功能的连续性	0.25	0.75	0	0	0
2.2.4 应对突发事件的止损时长（以绩效水平不再下降为止损时间点）	0	0.75	0.125	0.125	0
2.2.5 恢复至原有（突发事件发生前）绩效水平的时间	0	0.375	0.625	0	0
2.2.6 恢复至原有绩效水平的成本	0	0.625	0.375	0	0
2.2.7 突发事件应对全过程进行信息搜集、处理和分析的能力	0.25	0.375	0.25	0.125	0
2.3.1 根据信息分析结果进行总结、反思的效果	0.125	0	0.75	0.125	0

（续表）

指标项内容	评价标准				
	很好	较好	一般	较差	很差
2.3.2 反思结果反馈至主体决策层，为下一阶段的安全工作提供新的安全知识、作业规则和应对类似突发事件策略	0.125	0.25	0.5	0.125	0
2.3.3 推动知识共享，对相关主体进行安全宣传、教育和学习的效果	0.125	0.25	0.375	0.25	0
3.1.1 国家安全情报与战略抗逆力彼此认同对方的重要性	0.125	0.25	0.5	0.125	0
3.1.2 国家安全情报与应急管理部门间的相互信任与沟通	0.125	0.375	0.375	0.125	0
3.1.3 国家安全情报与应急管理部门间情报共享	0.25	0.375	0.25	0.125	0
3.1.4 国家安全情报在识别危险、威胁或危机时向应急管理部门提供预警合作	0.125	0.5	0.25	0.125	0
3.1.5 战略抗逆力在国家安全情报工作过程中是否给予支持	0	0.125	0.625	0.125	0.125
3.1.6 国家安全情报在突发事件应对过程中提供决策支持与合作	0.125	0.25	0.625	0	0
3.1.7 对战略抗逆力过程进行总结和反思，将相关信息、知识（经验或教训）反馈至国家安全情报机构，以帮助其更新情报知识库	0	0.25	0.625	0.125	0
3.2.1 国家安全情报和战略抗逆力彼此重视二者之间的互补效应	0	0.125	0.875	0	0
3.2.2 国家安全情报和应急管理组织间沟通、联动的长效机制的建立	0.125	0.125	0.375	0.25	0.125
3.2.3 国家安全情报在突发事件发生后实时介入，并接受相关应急管理机构的统一领导与统一指挥	0.125	0	0.75	0.125	0
3.2.4 国家安全情报与战略抗逆力融合的教育与培训	0	0.375	0.5	0.125	0
3.2.5 二者融合在应急管理过程中绩效高低的评价（如以最近某突发事件处理为案例进行评价）	0.125	0.25	0.375	0.25	0
3.2.6 国家安全情报与战略抗逆力在应急决策和执行等环节中的协同性、一致性	0.125	0.125	0.5	0.25	0

（2）K市反恐领域国家安全情报与战略抗逆力融合绩效评价的分析过程。主要是通过模糊综合评判法对相应指标项进行绩效等级计算。过程分为

两个部分。首先，是对 7 个二级指标项分别进行测度计算，包括测度向量和测度分数，其中测度向量用 3 个一级指标的测度向量计算。测度分数是指该二级指标项得分情况，等于测度向量（行向量）与由等级分数构成的列向量（100，85，70，60，50）的成绩，其数值高低表明该二级指标项的绩效能够达到的等级水平。其次，在 7 个二级指标项的测度向量基础上，分别计算 3 个一级指标项的测度向量和测度分数，意义同前。最后，在 3 个一级指标项的测度向量基础上，计算 K 市反恐领域国家安全情报与战略抗逆力融合绩效评价的测度分数，并给予相应等级的判断。

（3）二级指标项测度向量与测度分数。①以国家安全情报质量绩效的测度向量与测度分数计算为例。根据表 5.19 中的国家安全情报质量绩效所对应的 7 个三级指标评价结果，构建模糊评判矩阵 R_1。

$$R_1 = \begin{vmatrix} 0.125 & 0.75 & 0.125 & 0 & 0 \\ 0.125 & 0.5 & 0.25 & 0.125 & 0 \\ 0 & 0.625 & 0.25 & 0.125 & 0 \\ 0.125 & 0.75 & 0.125 & 0 & 0 \\ 0 & 0.875 & 0.125 & 0 & 0 \\ 0.375 & 0.25 & 0.125 & 0.25 & 0 \\ 0.25 & 0.375 & 0.375 & 0 & 0 \end{vmatrix}$$

国家安全情报质量绩效所对应的 7 个三级指标项的权重向量 A_1=(0.145569，0.144203，0.141848，0.144657，0.136926，0.143278，0.143520)。由于影响国家安全情报质量绩效指标的因素（三级指标）属于多层面的，每个因素对其综合评价均有所贡献，因此，本书采用“M（·，+)，加权平均型算子”。经计算，其测度向量为：

B_1=A_1 × R_1=（0.143913，0.587876，0.160757，0.089516，0.01794）

国家安全情报质量绩效的测度分数 Score（1.1）等于行向量 B_1 与评价等级对应分数值所构成的列向量的乘积。经计算得：

Score（1.1）= B_1 × $(100，85，70，60，50)^T$=81.8816 分。

其他 6 个二级指标计算过程和方法与此类似。计算过程如下。

②国家安全情报实战绩效所对应的 7 个三级指标项的权重向量 A_2=

(0.148760，0.142595，0.140594，0.141897，0.144396，0.145015，0.136743)。经计算，其测度向量为：

$B_2=A_2\times R_2=$（0.163456，0.374539，0.391551，0.070454，0）

国家安全情报实战绩效的测度分数 Score（1.2），经计算得：

Score（1.2）$=B_2\times(100,\ 85,\ 70,\ 60,\ 50)^T=79.8172$ 分。

③突发事件发生前战略抗逆力的绩效所对应的 8 个三级指标项的权重向量 $A_3=$（0.124534，0.123496，0.125187，0.128340，0.127109，0.122209，0.125840，0.123285）。经计算，其测度向量为：

$B_3=A_3\times R_3=$（0.094554，0.374947，0.405425，0.109638，0.015437）

突发事件发生前战略抗逆力的绩效的测度分数 Score（2.1），经计算得：

Score（2.1）$=B_3\times(100,\ 85,\ 70,\ 60,\ 50)^T=77.0557$ 分。

④突发事件应对过程中战略抗逆力的绩效所对应的 7 个三级指标项的权重向量 $A_4=$（0.147131，0.141988，0.145869，0.140841，0.140037，0.138775，0.145360）。经计算，其测度向量为：

$B_4=A_4\times R_4=$（0.109590，0.607239，0.211257，0.054167，0.017749）

突发事件应对过程中战略抗逆力的绩效的测度分数 Score（2.2），经计算得：

Score（2.2）$=B_4\times(100,\ 85,\ 70,\ 60,\ 50)^T=81.4997$ 分。

⑤突发事件结束后战略抗逆力的绩效所对应的 3 个三级指标项的权重向量 $A_5=$（0.329851，0.345538，0.324611）。经计算，其测度向量为：

$B_5=A_5\times R_5=$（0.125，0.167537，0.541886，0.165576，0）

突发事件结束后战略抗逆力的绩效的测度分数 Score（2.3），经计算得：

Score（2.3）$=B_5\times(100,\ 85,\ 70,\ 60,\ 50)^T=74.6073$ 分。

⑥二者间融合的共享与合作绩效所对应的 7 个三级指标项的权重向量 $A_6=$（0.141365，0.144960，0.147244，0.146372，0.143357，0.137946，0.138755）。经计算，其测度向量为：

$B_6=A_6\times R_6=$（0.108141，0.305199，0.460983，0.107757，0.017920）

二者间融合的共享与合作绩效的测度分数 Score（3.1），经计算得：

Score（3.1）$=B_6\times(100,\ 85,\ 70,\ 60,\ 50)^T=76.3862$ 分。

⑦二者间融合的协同与联动绩效所对应的6个三级指标项的权重向量 A_7=(0.162848，0.174083，0.168797，0.163363，0.163571，0.167337)。经计算，其测度向量为：

$B_7=A_7\times R_7=$（0.084224，0.165187，0.561060，0.167768，0.021760）

二者间融合的协同与联动绩效的测度分数 Score（3.2），经计算得：

Score（3.2）$=B_7\times(100，85，70，60，50)^{T}$=72.8916分。

（4）在二级指标的测度向量的基础上，分别计算3个一级指标的测度向量和测度分数。

①国家安全情报绩效所对应的2个二级指标项的权重向量 r_1=（0.495956，0.504044)。经计算，其测度向量为：

$U_1=r_1\times(B_1,B_2)^{T}=$（0.153764，0.480345，0.277087，0.079908，0.008897）

国家安全情报绩效的测度分数 Score（1），经计算得：

Score（1）$=U_1\times(100，85，70，60，50)^{T}$=80.8411分。

②战略抗逆力绩效所对应的3个二级指标项的权重向量 r_2=（0.338963，0.337173，0.323864)。经计算，其测度向量为：

$U_3=r_2\times(B_3,B_4,B_5)^{T}=$（0.109484，0.386097，0.384152，0.109051，0.011217）

战略抗逆力绩效的测度分数 Score（2），经计算得：

Score（2）$=U_2\times(100，85，70，60，50)^{T}$=77.0557分。

③二者间融合绩效所对应的2个二级指标项的权重向量 r_3=（0.498913，0.501087)。经计算，其测度向量为：

$U_3=r_3\times(B_6,B_7)^{T}=$（0.096156，0.235041，0.511130，0.137827，0.019844）

战略抗逆力绩效的测度分数 Score（3），经计算得：

Score（3）$=U_3\times(100，85，70，60，50)^{T}$=74.6351分。

（5）计算国家安全情报与战略抗逆力融合绩效的测度向量及测度分数。

其所对应的3个一级指标的权重向量 r_3=（0.329942，0.331287，0.338771)。经计算，其测度向量为：

$U=r\times(U_1,U_2,U_3)^{T}=$（0.119579，0.366020，0.391843，0.109184，0.013374）

国家安全情报与战略抗逆力融合绩效的测度分数 Score（T），经计算得：Score（T）= $U \times (100, 85, 70, 60, 50)^{T}$=77.7183 分。

（三）绩效评价数据的分析

（1）7 个二级指标绩效的分析。为了直观地了解 7 个二级指标绩效评价结果，进行比较以及更进一步的分析，见图 5.2 的雷达图。

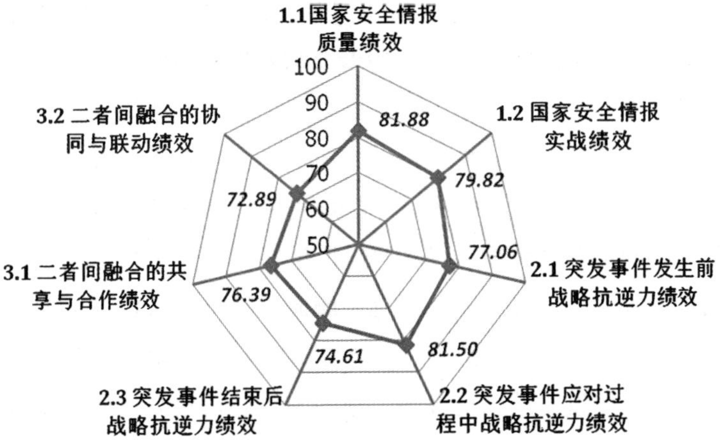

图5.2　7个二级指标绩效评价分数的比较

①国家安全情报绩效的分析。首先，在国家安全情报的绩效评价中，国家安全情报实战绩效分数（79.82 分）略低于国家安全情报质量绩效分数(81.88 分)。说明在反恐情报分析和决策支撑过程中，可能比较重视分析过程，而对于情报支撑决策、服务决策能力存在一定的问题。其次，国家安全情报质量绩效与实战绩效分数距离 85 分以上，还存在一定的提高空间，需要强化反恐领域情报在实战中的灵活工作。

②战略抗逆力绩效的分析。在此次评价中，3 个二级指标项中的突发事件指的是反恐中的突发事件。首先，在战略抗逆力的绩效中，突发事件发生前战略抗逆力绩效分数（77.06 分）小于突发事件应对过程中战略抗逆力绩效分数（81.5 分）。前文分析中指出，应急管理能力的侧重点是突发事件的应对能

力，而战略抗逆力的重点是准备阶段各种能力的形成与冗余。因此，应当强化反恐过程中战略抗逆力的形成。其次，在战略抗逆力的绩效中，突发事件结束后战略抗逆力绩效分数（74.61 分）最低，说明人们应对突发事件的重点是在突发事件的应对和准备阶段，忽视突发事件结束后的总结与反思。总结与反思为人们提供新的知识、能力和智慧，也为进一步与情报工作共享信息、知识提供基础。最后，3 个二级指标项的绩效评价等级介于“一般”和“良好”之间。这说明在反恐过程中需要同时强化战略抗逆力各个阶段的形成、作用和反馈，既要重视战略抗逆力的形成和发挥作用阶段，也要关注结束阶段的总结和反思。

③二者间融合绩效的分析。可以看出评价专家对于二者间融合绩效的评价不高，等级为“一般”。其中，二者间共享与合作的绩效分数（76.39 分）大于二者间协同与联动绩效（72.89 分），说明国家安全情报与战略抗逆力融合的形式是基础性的，即（相关信息、资源）共享与合作，更多地表现为情报信息的共享与合作。而二者间的协同与联动相比较而言偏低，有待从机制、体制层面解决，如设立反恐情报融合中心、反恐情报与执法联动机制，认真贯彻打防结合、专群融合、军民融合等重要原则和措施。

④ 7 个二级指标项的总体评价。从图 5.2 雷达图中可以看出，没有二级指标项达到“良好”（85 分）以上水平，与“优秀”（100 分）差距甚远。每个层面绩效水平均有相应的提高空间。

（2）3 个一级指标绩效的分析。从图 5.3 中可以看出，国家安全情报绩效分数（80.84 分）大于战略抗逆力绩效分数（77.06 分），战略抗逆力绩效分数（77.06 分）又大于二者间融合的绩效分数（74.64 分）。相比较而言，在反恐能力体系中，国家安全情报能力比战略抗逆力较容易获得提升，战略抗逆力需要较长周期去准备、教育、培训、宣传、模拟、演练等，才能取得相应的成效。二者间融合的绩效最低，原因可能包括两个方面：一方面，受国家安全情报与战略抗逆力各自绩效水平不高影响，基础性绩效水平不高，二者间融合的绩效必然受到影响；另一方面，没有形成有效的融合机制和体制，表现为发生恐怖袭击之后，二者才形成临时性的融合运作机制，任务结束后便不再保持。

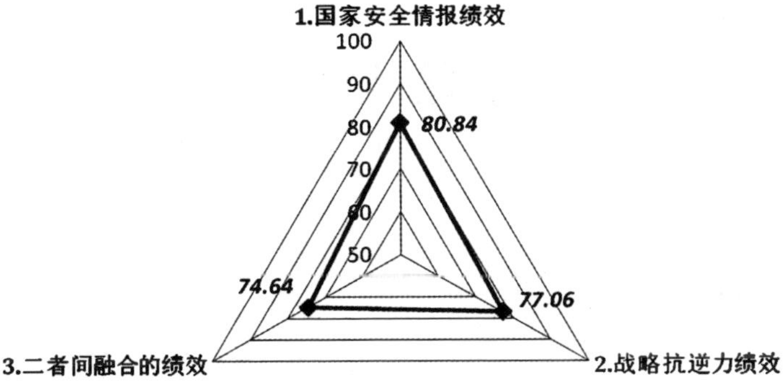

图5.3　3个一级指标绩效评价分数的比较

（3）国家安全情报与战略抗逆力融合绩效的整体性分析。总体绩效评价分数为77.72分，处于“一般”与“较好”中间值。在反恐任务比较艰巨的K市，这个层次的绩效水平是偏低的，反恐领域的国家安全保障能力有待进一步提升，尤其是战略抗逆力绩效水平和二者间融合的绩效水平，应得到进一步的强化和重视。我们与K市W警官进行了反馈和交流，他认为该绩效评价结果比较准确地反映了K市在反恐斗争中的能力水平，而且通过绩效评价也发现了该市反恐工作中存在的问题与差距。另外，本书提及的国家安全情报与战略抗逆力融合模式和运作机制，对于K市反恐工作能力的进一步完善和提升提供了有益的参考。

第六章
总结与展望

一、研究总结

本书主题虽然事关国家安全保障的宏大命题，似乎与微观层面及个体无涉，但在当前充满不确定性的世界中，现代社会的风险有着高度不可预测性。如各种自然灾害、技术事故、环境污染事故、食品安全、疾病传播、恐怖主义袭击、经济危机、军事冲突等产生的安全威胁、风险频发，无不与每个人的生命和财产安全息息相关。因此，国家安全保障攸关所有人的安全。

在国家安全保障体系中，国家安全情报的作用是“耳目、尖兵和参谋”，是被“激活”的知识，为国家安全决策提供战略选择、支持等服务，有助于消除国家安全领域潜在的不确定性。当然，情报也有其自身的局限性。首先，情报工作有其自身的规律和周期，即围绕预先确定的目标、问题或任务而开展的情报工作流程，即是情报工作的选择性；其次，情报产品的静态特征与外部世界动态性的矛盾，也说明了情报本身并不能从根本上消除不确定性。

在国家安全保障体系中，战略抗逆力的作用相当于“国家安全保障之盾”，是被“激活”的能力，通过评估自身脆弱性、进行演习或演练、制订各种预案、强化环境感知能力和预警能力等，以增强抵御未来的未知不确定性；在突发事件发生时，抵御各种不利影响，并从中恢复过来。现有的战略抗逆力研究多局限于生态环境、建筑学、社会学、心理学、城市管理、应急管理等，以中观或微观层面为主。尚无研究从系统性、宏观性、战略性的视角探究战略抗逆力在国家安全保障中作用的发挥，以及如何与国家安全情报进行融合，实现二者之间的共享与合作、协同与联动。

因此，在国家安全保障体系中，国家安全情报与战略抗逆力的实践一直是双轨平行，鲜有交叉与融合，没能发挥二者在国家安全保障中的最大效能。基于此，我们需要从理论视角建构国家安全情报与战略抗逆力融合的理论框架与模型，并且为相应的实践提供理论指导。本书即是在总体国家安全观理论框架下，主要内容是厘清和探究国家安全保障体系中两种基础性能力的融合与评价问题，包括对国家安全情报与战略抗逆力之间相互关系如何、如何相互支持（融合模型）、怎样保障相互支持（运作机制），以及如何知晓相互支持的程度（二者间融合的绩效评价）等方面进行了相应的研究。具体如下。

（1）总体国家安全观视域下国家安全保障理论体系。①国家安全情报基础理论分为三个部分：信息链与情报学的基本原理（一般性）、国家安全情报概念与过程（特殊性）、ACP 平行情报体系（实践性）。②战略抗逆力由于其应用领域多域性、学科多元性、范围多维性，还没有形成系统的、一般意义上的基础理论。因此，本书采取了词频分析工具结合统计分析软件从各领域抗逆力研究文献中，提取抗逆力的概念、特征，归纳战略抗逆力的维度与层次，划分战略抗逆力的作用阶段，评价战略抗逆力的过程等。通过跨学科的抗逆力研究，抽象出一般意义上的战略抗逆力理论框架。③应急管理理论则是联结国家安全情报与战略抗逆力的纽带，也是二者融合的基础，并且共同构成国家安全保障理论体系。

（2）国家安全情报与战略抗逆力之间的多维关系，是二者融合的内在动力。从总体国家安全观理论视角来看，国家安全情报与战略抗逆力是所有国家安全领域的基础性能力，即对应于不同的国家安全领域，均有相应的国家安全情报与战略抗逆力。因此，国家安全情报体系有 11 类国家安全领域的情报，战略抗逆力体系也有 11 种国家安全领域的战略抗逆力。其中，国家安全情报是根据离散的目标进行工作，战略抗逆力则是无缝地应对所有潜在的威胁、危机和风险，但它们的目标是一致的——消除国家安全中的不确定性，而且它们的任务是相同的——保障国家安全。再者，国家安全情报与战略抗逆力存在各种天然的、内在的相互关系和作用效应。①从国家安全保障体系来看，国家安全情报与战略抗逆力存在相互竞争与合作的关系；②从国家安全情报与战略抗逆力各自的特点和不足来看，它们之间存在互补效应，即可以取长补短；③从国家安全情报与战略抗逆力之间存在着相互协调、相互牵制的关系来看，它们之间又存在共轭效应；④在面临复杂的国家安全威胁、危机或危险时，需要二者的相互配合、彼此支持、共生共荣的意识和观念，即共生效应；⑤国家安全情报与战略抗逆力之间融合过程中达到协同与联动的状态，即是共振效应。

（3）本书确定了国家安全情报与战略抗逆力融合模型，从而为国家安全保障理论与实践之间架设了“桥梁”。一方面，该模型框架没有囿于传统国家安全保障实践中多依赖于国家安全情报“耳目、尖兵和参谋”的作用，而是把国家安全情报与战略抗逆力同时系统性地纳入国家安全保障层面，从而实现“双轮驱动”的国家安全保障能力组合。另一方面，根据本书的研究，我们认为在国家安全保障体系中，国家安全情报与战略抗逆力之间融合过程中存在多种关系和效应，如竞合关系、互补效应、共轭效应、共生效应和共振效应等，这些关系和效应证明国家安全情报与战略抗逆力存在彼此融合之内在需求。根据融合层次的差异性，该模型框架提出了国家安全情报与战略抗逆力的融合路径。

国家安全情报与战略抗逆力之间的融合，还需要有相应的运作机制来推动、规范和保障。书中提出了共享与合作机制、预警与预防机制、协同与联动机制以及激励与保障机制。为了解释和证明国家安全情报与战略抗逆力融合模型框架的合理性、可行性和有效性，本书还从美国情报融合中心实践以及伊朗核电站遭病毒攻击这正反两个案例进行了分析。

（4）建立国家安全情报与战略抗逆力融合绩效评价指标体系，作为相应的评价工具，有助于评价国家安全情报工作、战略抗逆力工作以及二者融合等三方面的绩效水平，发现问题并解决问题。其中，国家安全情报工作评价包括：过程性评价（国家安全情报质量绩效评价）和总结性评价（国家安全情报实战绩效评价），重点在总结性评价。战略抗逆力评价根据突发事件发生流程划分为三个阶段：事前、事中和事后，重点在于突发事件发生前的准备阶段，也是战略抗逆力培育和形成的阶段。二者融合绩效的评价，主要分为两个层次：共享与合作的评价为二者融合的最低要求；协同与联动的评价为二者融合的最高层次。

首先，根据国家安全情报理论、战略抗逆力理论以及融合要素特征，遴选相应层面的指标项，并请相关专家进行初选，形成第 1 轮德尔菲法专家咨询调查问卷。其次，通过对第 1 轮德尔菲法专家咨询调查结果进行统计分析，删、增、拆、移、改相应指标项，并附以相应指标项的第 1 轮统计属性，作为第 2 轮德尔菲法专家咨询调查问卷。再次，根据反馈，确定国家安全情报与战略抗逆力融合的评价指标体系，并采用模糊综合评判法确定各指标项的权重体系。同时，对评价指标体系进行具体的量化、细化，使之变得更具可测性。这为国家安全情报与战略抗逆力融合绩效评价提供了评价依据和评价尺度，即绩效评价标准体系，从而为二者融合绩效提供了可实际操作的绩效评价工具。最后，选择 K 市反恐领域进行二者融合绩效评价实践，依据统计分析结果反馈至相应人员，得到了肯定的回应。

二、研究展望

本书的主要目的是探究国家安全保障体系中的两种基础性能力——国家安全情报和战略抗逆力融合模型与绩效评价指标体系的构建。由于主客观的原因，本研究仍存在很多不足之处，有待于后续研究进一步完善和充实。

（1）国家安全情报与战略抗逆力融合模型构建过程中，缺少相应的量化分析。严格来说，书中二者融合模型是一个定性的逻辑结构模型，是通过理论基础的分析、二者间相互关系或效应等方面研究而建构模型的。通过该模型，目的是清晰地表述国家安全情报与战略抗逆力间融合应具备的要素、目标、动力、流程或阶段、各种流（信息流、决策流、事件流、反馈流）、功能的实现。但是，该模型还不是或者未能包含测量模型，未能以量化的方法体现国家安全情报与战略抗逆力中各要素相互之间的关系、效应，以及各种因果联系。因此，可能需要新的量化模型来验证模型中各要素之间的关系或效应。

（2）国家安全情报与战略抗逆力融合模型及融合绩效评价体系，有待于实践验证。对于融合模型，本书第四章进一步通过相应正反两个案例分析进行佐证，并提出对相关国家安全领域的启示。但是在实践中，还没有在某个领域或组织中整体性验证该模型。另外，本书也没有将二者融合绩效评价体系进行更广范围内的施行和比较，以及评价体系的领域适应性等也未能进行进一步实践检验。

（3）国家安全情报与战略抗逆力融合绩效评价指标体系，有待于进一步完善。鉴于研究周期的局限，本书主要完成了二者融合的评价指标体系和权重体系的构建。针对评价标准则只是提供了相应的评价依据和等级，还有待进一步完善对应的等级内容的标准。对于二者融合绩效指标体系在不同领域的适应性与可移植性，也需要进一步验证和完善。

总之，在总体国家安全观提出之后，关于国家安全、国家安全保障、国家安全情报等研究逐渐升温。战略抗逆力在非传统国家安全领域也已为各领域的学者所关注，但纳入国家安全保障体系的研究并不多见。从国家安全保障的视角探索国家安全情报与战略抗逆力融合的研究才刚刚开始，相关理论探索和实践应用有待进一步完善和发展。因此，未来仍有诸多问题亟待深入探究。

首先，国家安全保障理论体系的建立。目前，有关国家安全理论研究相对较多，而国家安全保障理论体系尚未建立。本书提出的国家安全情报理论、战略抗逆力理论，仍显单薄。我们需在总体国家安全观指导下，在国家安全理论、系统理论等上位理论的框架下，将情报学理论、抗逆力理论、应急管理理论与国家安全保障实践进行有机整合，探索和建立国家安全保障理论体系。

其次，进一步探索在国家安全不同领域国家安全情报与战略抗逆力融合模型的合理性、适应性。从本书已经确定的定性模型入手，探究定量模型的建立，从而使得该融合模型更丰满与更具鲁棒性。

再次，在本书国家安全情报与战略抗逆力融合绩效评价体系的基础上，进一步拓展至国家安全各领域，构建主要国家安全领域的情报与抗逆力融合绩效评价体系，使之有用、可用。

最后，未来的研究还将持续关注非传统国家安全领域国家安全情报与战略抗逆力的融合，如本书已经提及的反恐斗争、信息与网络安全、科技安全、文化安全（意识形态）、智慧城市建设（含关键基础设施）、战略安全等。

参考文献

中文参考文献

[1] [德] 克劳塞维茨 . 1997. 战争论 [M]. 北京 ：商务印书馆，中国人民解放军军事科学院译，103-104.

[2] [美] 爱德华 • 弗里曼 . 2006. 战略管理 ：利益相关者方法 [M]. 上海 ：上海译文出版社，王彦华，梁豪 译，29-30.

[3] [美] 乔治 • D. 哈岛，琼 • A. 布洛克，达蒙 • P. 科波拉 . 2012. 应急管理概论 [M]. 北京 ：知识产权出版社，龚晶 等译，1-2.

[4] [美] 谢尔曼 • 肯特 . 2012. 战略情报 ：为美国世界政策服务 [M]. 刘微，肖皓元译，北京 ：金城出版社，3-4.

[5] GB/T15237.1-2000. 术语工作词汇第 1 部分 ：理论与应用 [S]. 北京 ：中国标准出版社 .

[6] 百度百科 . 共振 [EB/OL][2016-10-12]. http://baike.baidu.com/item/ 共振 .

[7] 包昌火 等 . 2011. 竞争情报导论 [M]. 北京 ：清华大学出版社，25-27，46-47，350-351.

[8] 蔡文 . 1983. 拓集合和不相容问题 [J]. 科学探索，(1) ：83-97.

[9] 查先进，陈明红 . 2010. 信息资源质量评估研究 [J]. 中国图书馆学报，(2) ：46-55.

[10] 陈祖琴，苏新宁 . 2014. 基于情景划分的突发事件应急响应策略库构建方

法 [J]. 图书情报工作, (19)：105-110.

[11] 范维澄 . 2015. 构建智慧韧性城市的思考与建议 [J]. 中国建设信息化, (21)：20-21.

[12] 冯立杰，罗慧，崔立新 . 2008. 突发公共事件应急管理质量评价体系研究 [J]. 北京理工大学学报 (社会科学版), 10(2)：39-43.

[13] 傅毓维，尹航，刘拓，等 . 2007. 风险投资与高新技术产业共轭双驱动机理分析 [J]. 科技管理研究，27(2)：129-132.

[14] 辜胜阻，杨建武，刘江日 . 2013. 当前我国智慧城市建设中的问题与对策 [J]. 中国软科学, (1):6-12.

[15] 郭济 . 2005. 中央和大城市政府应急机制建设 [M]. 北京：中国人民大学出版社, 84-85.

[16] 贺德方 . 2007. 我国科技情报行业发展战略与发展路径的思考 [J]. 情报学报, 26(4)：483-487.

[17] 胡园园，顾新，程强 . 2015. 知识链协同效应作用机理实证研究 [J]. 科学学研究, 33(4)：585-594.

[18] 解学梅，吴永慧，赵杨 . 2015. 协同创新影响因素与协同模式对创新绩效的影响——基于长三角 316 家中小企业的实证研究 [J]. 管理评论, 27(8)：77-89.

[19] 军事科学院世界军事研究部 . 2004. 美国军事基本情况 [M]. 北京：军事科学出版社, 56-57.

[20] 李纲，李阳 . 2014. 情报视角下的突发事件监测与识别研究 [J]. 图书情报工作, 58(24)：66-72.

[21] 李纲，李阳 . 2015b. 情报视角下的城市智慧应急研究——兼谈熵理论的引入 [J]. 图书与情报, (1):66-71.

[22] 李纲，李阳 . 2016. 智慧城市应急决策情报体系构建研究 [J]. 中国图书馆学报, (3):39-54.

[23] 李少军 . 2002. 国际政治学概论 [M]. 上海：上海人民出版社, 150-151.

[24] 李勖，汪应洛，孙林岩 . 2003. 组织的环境适应性及生存战略——基于知识供应链的分析 [J]. 南开管理评论, 6(4)：61-65.

[25] 李阳，张家年 . 2015. 关于突发事件信息失灵的研究 [J]. 图书馆，(7)：91-96.
[26] 梁战平 . 2003. 情报学若干问题辨析 [J]. 情报理论与实践，26(3)：193-198.
[27] 刘春燕，安小米，侯人华 . 术语标准研制方法及在信息与文献领域中的应用 [J]. 图书情报工作，2014，58(9)：91-95.
[28] 刘卫东，刘毅，马丽，等 . 2002. 论国家安全的概念及其特点 [J]. 世界地理研究，2：1-7.
[29] 刘跃进 . 2014. 非传统的总体国家安全观 [J]. 国际安全研究，(6)：3-23.
[30] 刘跃进 . 2005. 论国家安全的基本含义及其产生和发展 [J]. 华北电力大学学报 (社会科学版)，(4)：62-65.
[31] 柳经纬 . 2014. 标准的规范性与规范效力 [J]. 法学，(8)：98-104.
[32] 陆忠伟 . 2003. 非传统安全论 [M]. 北京：时事出版社，15-16.
[33] 马费成 . 2008. IRM-KM 范式与情报学发展研究 [M]. 武汉 : 武汉大学出版社 .
[34] 马费成 . 2008. Web2.0 信息自组织功能与序化机制研究——兼论情报学的有序性原理——导言 : 情报学中的序 [J]. 图书情报知识，(3)：5-7.
[35] 马费成 . 2007. 论情报学的基本原理及理论体系构建 [J]. 情报学报，26(1):3-13.
[36] 马费成 . 2013. 情报学发展的历史回顾及前沿课题 [J]. 图书情报知识，(2)：4-12.
[37] 马凯 . 2009. 落实科学发展观 推进应急管理工作 [J]. 中国应急管理，(3):5-8.
[38] 缪其浩 . 2009. 重大经济损失需要情报失察调查 [J]. 竞争情报，(3)：1-1.
[39] 莫祖英，马费成 . 2012. 网络环境下信息资源质量控制的博弈分析 [J]. 情报理论与实践，35(8)：26-30.
[40] 钱学森 . 1983. 情报工作的科学技术 [J]. 情报学刊，(4)：4-12.
[41] 秦安 . 实施网络空间军民融合，推动国防建设跨越发展 [EB/OL].[2016-12-18]. http://www.cnitsec.com.cn/index.php/index/articontent/menuid/15/tabid/41/id/2976.html.

[42] 邱均平，文庭孝 . 2014. 知识计量学 [M]. 北京 ：科学出版社 .

[43] 人民网 . 习近平的网络观 ：没有网络安全就没有国家安全 [EB/OL].[2015-12-15]. http://cpc.people.com.cn/xuexi/n/2014/1120/c385475-26061137.html.

[44] 闪淳昌，薛澜主编 . 2012. 应急管理概论 : 理论与实践 [M]. 北京 ：高等教育出版社，26-27，51

[45] 沈固朝 . 2005. 两种情报观 :Information 还是 Intelligence?——在情报学和情报工作中引入“Intelligence”的思考 [J]. 情报学报，24(3):259-267.

[46] 沈固朝 . 2009. 情报失察——西方情报研究的重要课题及其对我们的启示 [J]. 图书情报工作，53(2):34-37.

[47] 史波，梁静国 . 2008. 企业应急管理中的信息策略研究 [J]. 情报理论与实践，31(5):687-690.

[48] 孙碧娇 . 2010. 组织内部信息服务工作的“共 X 效应”[J]. 情报杂志，29(2):168-171.

[49] 孙成权，曹霞，黄彦敏，等 . 2008. 战略情报研究与技术预见 [M]. 上海 ：上海科学技术文献出版社，1- 10.

[50] 谭跃进，吴俊，邓宏钟 . 2011. 复杂网络抗毁性研究进展 [J]. 上海理工大学学报，33(6) ：653-668.

[51] 田军，邹沁，汪应洛 . 2014. 政府应急管理能力成熟度评估研究 [J]. 管理科学学报，17(11) ：97-108.

[52] 童真 . 美第三次“抵消战略”述评 [EB/OL][2016-9-12]. http://news.gmw.cn/2016-03/02/content_19120965.htm.

[53] 王定，山丹 . 2016. 反恐研究与新疆模式 [J]. 情报杂志，(11) ：20-26.

[54] 王芳 . 2006. 社区卫生服务绩效评价指标体系研究 [D]. 华中科技大学博士论文，40-42.

[55] 王飞跃，李晓晨，毛文吉，等 . 2013. 社会计算的基本方法与应用 [M]. 杭州 ：浙江大学出版社 .

[56] 王飞跃，邱晓刚，曾大军，等 . 2010. 基于平行系统的非常规突发事件计算实验平台研究 [J]. 复杂系统与复杂性科学，07(4) ：1-10.

[57] 王飞跃 . 2015. 情报 5.0: 平行时代的平行情报体系 [J]. 情报学报, (6) : 563-574.

[58] 王丽娟, 何妍 . 2009. 绩效管理 [M]. 北京 : 清华大学出版社, 1-2.

[59] 王蔷 . 2000. 战略联盟内部的相互信任及其建立机制 [J]. 南开管理评论, 3(3):13-17.

[60] 王荣 . 2014.《美国国家安全战略报告》研究 [M]. 北京 : 时事出版社, 34-5.

[61] 王逸舟 . 1999. 全球化时代的国际安全 [M]. 上海 : 上海人民出版社, 45-46.

[62] 王哲, 陈清华 . 2004. 企业竞争情报的特征及作用 [J]. 情报杂志, 23(1):35-37.

[63] 巫细波, 杨再高 . 2010. 智慧城市理念与未来城市发展 [J]. 城市发展研究, 17(11):56-60.

[64] 武夷山 . 2001. 用“广快情准特”指导信息增值服务 [C]// 庆祝中国科技信息事业创建 45 周年学术研讨会, 83-85.

[65] 席居哲, 桑标, 左志宏 . 2008. 心理弹性 (Resilience) 研究的回顾与展望 [J]. 心理科学, 31(4):995-998.

[66] 新华网 .《国家网络空间安全战略》全文 [EB/OL].[2017-1-13]. http://www.sh.xinhuanet.com/2016-12/27/c_135935940.htm.

[67] 新华网 . 中共中央政治局召开会议审议通过《国家安全战略纲要》[EB/OL][2015-05-25]. http://news.xinhuanet.com/politics/2015-01/23/c_1114112093.htm.

[68] 徐全军 . 2003. 企业理论新探 : 企业自组织理论 [J]. 南开管理评论, 6(3) : 37-42.

[69] 徐绪堪, 钟宇翀, 魏建香, 等 . 2015. 基于组织—流程—信息的突发事件情报分析框架构建 [J]. 情报理论与实践, 38(4):70-73.

[70] 喻小军, 谭建 . 2007. 企业集群的生态系统竞合模型 [J]. 系统工程, 25(7) : 108-111.

[71] 张海波, 童星 . 2015. 中国应急管理结构变化及其理论概化 [J]. 中国社会科学, (3) : 58-84.

[72] 张家年 . 2017. 国家安全保障视域下安全情报与战略抗逆力的融合与对策 [J]. 情报杂志, (1) : 1-8.

[73] 张家年，马费成 . 2016. 国家科技安全情报体系及建设 [J]. 情报学报，(5)：483-491.

[74] 张家年，马费成 . 2015. 我国国家安全情报体系构建及运作 [J]. 情报理论与实践，38(8)：5-10.

[75] 张家年，谢阳群 . 2014. 信息管理理论视角下差错信息资源的研究 [J]. 图书情报工作，58(18):11-18.

[76] 张家年，卓翔芝，谢阳群，等 . 2016. 创新情报科技保障国家安全 :IARPA 的研究机制与启示 [J]. 情报杂志，35(1)：1-7.

[77] 赵冰峰 . 2015. 论情报 (下)——情报活动机理及和平建设型国家情报体系 [J]. 情报杂志，(8)：1-6.

[78] 中国人大网 . 中华人民共和国网络安全法 [EB/OL][2016-11-17]. http://www.npc.gov.cn/npc/xinwen/2016-11/07/content_2001605.htm.

[79] 中国政府网 . 中华人民共和国突发事件应对法（主席令第六十九号）[EB/OL].[2015-11-20]. http://www.gov.cn/flfg/2007-08/30/content_732593.htm.

[80] 朱力 . 2007. 突发事件的概念、要素与类型 [J]. 南京社会科学，(11)：81-88.

[81] 朱新球 . 2015. 应对突发事件的弹性供应链研究 [M]. 北京：社会科学文献出版社，131，143-156.

英文参考文献

[82] Adger W N. 2000. Social and ecological resilience: are they related?[J]. Progress in human geography, 24(3): 347-364.

[83] Akgün A E, Keskin H, Byrne J C, et al. 2014. Complex adaptive system mechanisms, adaptive management practices, and firm product innovativeness[J]. R&D Management, 44(1): 18-41.

[84] Arnold Wolfers. 1962. Discord and Collaboration, Essays on International Politics[M]. Baltimore: Johns Hopkins University Press, 28-30.

[85] Attoh-Okine N O, Cooper A T, Mensah S A. 2009. Formulation of resilience

index of urban infrastructure using belief functions[J]. IEEE Systems Journal, 3(2): 147-153.

[86] Ayyub B M. 2015. Practical resilience metrics for planning, design, and decision making[J]. ASCE-ASME Journal of Risk and Uncertainty in Engineering Systems, Part A: Civil Engineering, 1(3): 04015008-3.

[87] Ballou D P, Pazer H L. 1985. Modeling data and process quality in multi-input, multi-output information systems[J]. Management science, 31(2): 150-162.

[88] Betts R K. 1978. Analysis, war, and decision: Why intelligence failures are inevitable[J]. World Politics, 31(01): 61-89.

[89] Brown S, Fai F. 2006. Strategic resonance between technological and organisational capabilities in the innovation process within firms[J]. technovation, 26(1): 60-75.

[90] Bruijn H D. One fight, one team: the 9/11 commission report on intelligence, fragmentation and information[J]. Public Administration, 2006, 84(2): 267-287.

[91] Bruneau M, Reinhorn A. 2007. Exploring the concept of seismic resilience for acute care facilities[J]. Earthquake Spectra, 23(1): 41-62.

[92] Burnard K, Bhamra R. 2011. Organisational resilience: development of a conceptual framework for organisational responses[J]. International Journal of Production Research, 49(18): 5581-5599.

[93] Burns T., Stalker G M. 1961. The Management of Innovation[M]. London: Tavistock , 1-2.

[94] Chen C, Ibekwe-Sanjuan F, Hou J. The structure and dynamics of cocitation clusters: A multiple-perspective cocitation analysis[J]. Journal of the Association for Information Science and Technology, 2010, 61(7): 1386–1409.

[95] Christopher M, Peck H. 2004. Building the resilient supply chain[J]. The international journal of logistics management, 15(2): 1-14.

[96] Clark J R. 2007. Intelligence and national security: A reference handbook[M]. Westport: Greenwood Publishing Group, 26.

[97] Clark R M. 2012. Intelligence Analysis: A Target-Centric Approach[M]. Los Angeles: CQ Press, 412-422.

[98] Dale C. 2008. National security strategy: Legislative mandates, execution to date, and considerations for Congress[C]. Library of Congress Washington DC: Congressional Research Service.

[99] Das T K, Teng B S. 2000. A resource-based theory of strategic alliances[J]. Journal of management, 26(1): 31-61.

[100] Eshel Y, Kimhi S. 2016. A new perspective on national resilience: Components and demographic predictors[J]. Journal of Community Psychology, 44(7): 833-844.

[101] Farwell J P, Rohozinski R. 2011. Stuxnet and the future of cyber war[J]. Survival, 53(1): 23-40.

[102] FEMA. Community Resilience Indicators and National-Level Measures: A Draft Interagency Concept [EB/OL][2016-12-17]. https://www.fema.gov/community-resilience-indicators.

[103] Fitzgerald M, Lebow R N. 2006. Iraq: The Mother of all intelligence failures[J]. Intelligence and National Security, 21(5): 884-909.

[104] Francis R, Bekera B. 2014. A metric and frameworks for resilience analysis of engineered and infrastructure systems[J]. Reliability Engineering & System Safety, 121: 90-103.

[105] Friedman J A, Zeckhauser R. 2012. Assessing uncertainty in intelligence[J]. Intelligence and National Security, 27(6): 824-847.

[106] Gartner S S. 2013. All mistakes are not equal: Intelligence errors and national security[J]. Intelligence and national security, 28(5): 634-654.

[107] Goldstein B E. 2011.Collaborative resilience: Moving through crisis to opportunity[M]. Massachusetts: MIT press.

[108] GOV.UK. The National Cyber Security Strategy 2016 to 2021[EB/OL][2016-11-20]. https://www.gov.uk/government/publications/national-cyber-security-

strategy-2016-to-2021.

[109] Greg Bruno, Sharon Otterman. National Intelligence Estimates[EB/OL][2016-8-20]. http://www.cfr.org/iraq/national-intelligence-estimates/p7758#p1.

[110] Hatlebrekke K A, Smith M L R. 2010. Towards a new theory of intelligence failure? The impact of cognitive closure and discourse failure[J]. Intelligence and national security, 25(2): 147-182.

[111] Hoffman R M. 1948. A generalized concept of resilience[J]. Textile Research Journal, 18(3): 141-148.

[112] Homeland Security Council. National Strategy for Homeland Security (2007) [EB/OL].[2015-10-25]. https://www.dhs.gov/national-strategy-homeland-security-october-2007.

[113] Holling C S. 1973. Resilience and stability of ecological systems[J]. Annual review of ecology and systematics, 1-23.

[114] IBM. 智慧的城市在中国（白皮书）[EB/OL].[2016-10-13]. http://www.ibm.com/smarterplanet/cn/zh/smarter_cities/overview.

[115] Intelligence.gov. The structure of IC[EB/OL][2014-10-20]. http://www.intelligence.gov/mission/structure.html.

[116] Jenkins B M. 2006. Unconquerable nation: Knowing our enemy, strengthening ourselves[M]. Santa Monica: Rand Corporation.

[117] Johnson L K. 2007. Handbook of intelligence studies[M]. New York: Routledge, 363.

[118] Johnson L K. 2012. The Oxford handbook of national security intelligence[M]. Oxford: Oxford University Press, 5-7.

[119] Kaplan C P, Turner S, Norman E, et al. 1996. Promoting resilience strategies: A modified consultation model[J]. Children & Schools, 18(3): 158-168.

[120] Kuehl D T. 2009. From cyberspace to cyberpower: Defining the problem[M]// FD Kramer, SH Starr. Cyberpower and national security, Washington, D.C., National Defense University Press, 26-28.

[121] Lengnick-Hall C A, Beck T E, Lengnick-Hall M L. 2011. Developing a capacity for organizational resilience through strategic human resource management[J]. Human Resource Management Review, 21(3): 243-255.

[122] Linkov I, Bridges T, Creutzig F, et al. 2014. Changing the resilience paradigm[J]. Nature Climate Change, 4(6): 407-409.

[123] Mabee B. 2007. Re-imagining the Borders of US Security after 9/11: Securitisation, Risk, and the Creation of the Department of Homeland Security[J]. Globalizations, 4(3): 385-397.

[124] McManus, S., Seville, E., Vargo, J., & Brunsdon, D. 2008. A Facilitated Process for Improving Organizational Resilience. Natural Hazards Review, 9(2), 81-90.

[125] McManus, S.. 2007. Organisational resilience in New Zealand[D]. Univ. of Canterbury, Christchurch, New Zealand, 10.

[126] Merriam-Webster. Full Definition of RESILIENCE[DB/OL].[2016-06-20]. http://www.merriam-webster.com/dictionary/resilience.

[127] Norris F H, Stevens S P, Pfefferbaum B, et al. Community resilience as a metaphor, theory, set of capacities, and strategy for disaster readiness[J]. American journal of community psychology, 2008, 41(1-2): 127-150.

[128] OECD. Economic resilience[EB/OL][2016-8-22]. http://www.oecd.org/economy/growth/economic-resilience.htm.

[129] OECD. Guidelines for Resilience Systems Analysis: How to analyse risk and build a roadmap to resilience[DB/OL].[2016-07-20]. http://www.oecd.org/dac/Resilience%20Systems%20Analysis%20FINAL.pdf.

[130] OECD. Overview Paper on Resilient Economies and Societies[DB/OL].[2016-07-20]. https://www.oecd.org/mcm/C-MIN(2014)7-ENG.pdf.

[131] Ouyang M, Dueñas-Osorio L, Min X. 2012. A three-stage resilience analysis framework for urban infrastructure systems[J]. Structural Safety, 36: 23-31.

[132] Parsons M, Glavac S, Hastings P, et al. 2016. Top-down assessment of disaster resilience: A conceptual framework usingcoping and adaptive capacities[J].

International Journal of Disaster Risk Reduction, 19: 1-11.

[133] Paton D, Johnston D. 2001. Disasters and communities: vulnerability, resilience and preparedness[J]. Disaster Prevention and Management: An International Journal, 10(4): 270-277.

[134] Peter Brown. 1983. Thinking about National Security[M]. Boulder: Westview Press, 4.

[135] Robert M. C. 2012. Intelligence Analysis: A Target-centric Approach (4th. Edition)[M]. Washington, DC: CQ Press, 29-37.

[136] Sabel C F. 1993. Studied trust: Building new forms of cooperation in a volatile economy[J]. Human relations, 46(9): 1133-1170.

[137] Shulsky A N, Schmitt G J. 2002. Silent warfare: understanding the world of intelligence[M]. Washington D.C.: Potomac Books, Inc., 1- 11.

[138] Stephenson A, Vargo J, Seville E. 2010. Measuring and comparing organisational resilience in Auckland[J]. The Australian Journal of Emergency Management, 25(2): 29-34.

[139] Strong D M, Lee Y W, Wang R Y. 1997. Data quality in context[J]. Communications of the ACM, 40(5): 103-110.

[140] Sutcliffe, K.M. & Vogus, T.J. 2003. Organizing for Resilience[M]. In Cameron, K.S., Dutton, J.E. & Quinn, R.E. eds. Positive organizational scholarship: Foundations of a new discipline. San Francisco: Berrett-Koehler, 94-110.

[141] The Department of Homeland Security of U.S. Resilience[EB/OL].[2016-07-22]. https://www.dhs.gov/topic/resilience.

[142] The Institute for Economics and Peace (IEP). The Global Terrorism Index 2015 [EB/OL][2016-7-11]. www.economicsandpeace.org.

[143] The Rockefeller Foundation. City Resilience Framework [EB/OL][2016-7-11]. https://assets.rockefellerfoundation.org/app/uploads/20140410162455/City-Resilience-Framework-2015.pdf.

[144] Tierney, K.J. 2003. Conceptualizing and measuring organizational

and community resilience: lessons from the emergency response following the September 11, 2001 attack on the World Trade Center[EB/OL][2016-8-15]. https://udspace.udel.edu/server/api/core/bitstreams/0c290331-74a5-4893-9986-d0614bd26c54/content.

[145] Tierney K, Bruneau M. 2007. Conceptualizing and measuring resilience: A key to disaster loss reduction[J]. TR News, 250: 14-17.

[146] UNISDR. Disaster Risk and Resilience[EB/OL][2015-8-15]. http://www.un.org/en/development/desa/policy/untaskteam_undf/thinkpieces/3_disaster_risk_resilience.pdf.

[147] Wang R Y, Reddy M P, Kon H B. 1995. Toward quality data: An attribute-based approach[J]. Decision Support Systems, 13(3): 349-372.

[148] Wang R Y, Strong D M. 1996. Beyond accuracy: What data quality means to data consumers[J]. Journal of management information systems, 12(4): 5-33.

[149] West C. 2001. Competitive intelligence[M]. New York: Palgrave Publishers, 180-183.

[150] Wheaton K J, Beerbower M T. 2006. Towards a New Definition of Intelligence[J]. Stanford Law and Policy Review, 17: 319-330.

[151] whitehouse.gov. 2016 Federal Cybersecurity Research and Development Strategic Plan[EB/OL][2016-5-24]. https://www.whitehouse.gov/sites/whitehouse.gov/files/documents/2016_Federal_Cybersecurity_Research_and_Development_Stratgeic_Plan.pdf.

[152] Wieland A, 2012. Marcus Wallenburg C. Dealing with supply chain risks: Linking risk management practices and strategies to performance[J]. International Journal of Physical Distribution & Logistics Management, 42(10): 887-905.

[153] Wikipedia. Donald Rumsfeld[EB/OL][2016-9-22]. https://en.wikiquote.org/wiki/Donald_Rumsfeld.

后　记

本书是在笔者的博士论文基础上修改成稿的，终于付诸正式出版，也是对笔者博士三年的一个交代，在此要感谢所有帮助和支持过我的人。

首先，向我的导师马费成教授表达我发自内心的感激、感谢与感恩。三年来，正由于马老师诲人不倦的指导和帮助、润物无声的关心和支持，从本书的选题、研究视角的选择、研究方法的确定以及论文撰写过程给予耐心细致指导，鼓励我一步步完成读博学业。这里以两则微叙事作注脚。其一，2015 年随马老师赴北京参会，马老师连续两天参与高密度、高强度的会议组织全过程，十分辛苦，凌晨 2 点返回武汉，马老师还坚持让车绕至我宿舍门口后才回。其二，马老师两次反馈论文修改建议，但我均未收到附件。后来还是收到马老师第三封带有附件的邮件——摘出每页带有修改意见的文档。马老师所做的正如他所说，“有求必应，无求先应”，“我的学生无论是参天大树还是小草，我都爱”。马老师的高尚人格、师德是我今后学习和工作的楷模，所谓桃李不言，下自成蹊。同时，感谢师母石老师在读博期间如家人般的关心和鼓励。

其次，感谢读博期间曾经传授、指导和帮助我的老师。如在专业学习、论文开题、答辩等期间，得到了夏立新教授、程焕文教授、邓仲华教授、李纲教授、查先进教授、胡昌平教授、陆伟教授、唐晓波教授、范昊教授、陆泉教授、邓胜利教授、宋恩梅副教授、赵一鸣教授等指导和宝贵建议。感谢安徽大学谢阳群教授在学术研究、个人发展等诸多方面给予无私的指导、关心和支持，正由于他的引领，我得以踏上情报学研究之路。在本书完成的过程中，还得到了《情报杂志》主编张薇院长的支持，在此也表达诚挚的谢意！本书得到了淮北师范大学学科建设经费的资助！

最后，特别感谢金城出版社的责编老师，正是他们的细致工作减少了本书的不少疏漏。在本书付梓出版之际，对他们的辛勤付出表示感谢。

另外，本书撰写过程中借鉴很多国内外专家的研究成果，参考文献也难免挂一漏万，这里一并向他们致意。虽然笔者力图使本书的研究成果能对相关领域专家有所助益，但是囿于学识水平，书中不当之处，敬请批评指正。

张家年